- 吉林大学中国特色社会主义理论体系研究中心
- 吉林大学马克思主义学院（重点马克思主义学院建设项目）
- 北京大学吉林大学中国道路与中国化马克思主义协同创新中心
- 吉林省社会科学重点领域（中国特色社会主义理论）研究基地
- 教育部人文社会科学研究规划基金（课题编号：12YJA880006）结项成果

常艳芳 著

组织文化视阈下现代大学制度模式建构研究

ZUZHI WENHUA SHIYUXIA
XIANDAI DAXUE ZHIDU MOSHI
JIANGOU YANJIU

中国社会科学出版社

图书在版编目(CIP)数据

组织文化视阈下现代大学制度模式建构研究/常艳芳著.—北京：中国社会科学出版社，2019.12
ISBN 978-7-5203-5600-8

Ⅰ.①组… Ⅱ.①常… Ⅲ.①高等学校—教育制度—制度建设—研究—中国 Ⅳ.①G649.22

中国版本图书馆 CIP 数据核字（2019）第 256619 号

出 版 人	赵剑英
责任编辑	刘 艳
责任校对	陈 晨
责任印制	戴 宽

出 版	中国社会科学出版社
社 址	北京鼓楼西大街甲 158 号
邮 编	100720
网 址	http://www.csspw.cn
发 行 部	010-84083685
门 市 部	010-84029450
经 销	新华书店及其他书店

印 刷	北京明恒达印务有限公司
装 订	廊坊市广阳区广增装订厂
版 次	2019 年 12 月第 1 版
印 次	2019 年 12 月第 1 次印刷

开 本	710×1000 1/16
印 张	17.25
插 页	2
字 数	249 千字
定 价	96.00 元

凡购买中国社会科学出版社图书，如有质量问题请与本社营销中心联系调换
电话：010-84083683
版权所有 侵权必究

目　　录

导论　现代性、组织文化与现代大学制度 ……………………（1）
　　一　现代性与现代大学 ……………………………………（5）
　　二　组织文化与现代大学 …………………………………（17）
　　三　现代学术组织与现代大学制度 ………………………（23）

第一章　组织文化：现代大学的内在品性 …………………（30）
　第一节　学术的组织：文化范型 ……………………………（33）
　　一　学术组织与组织文化的含义与特性 …………………（35）
　　二　学术组织、文化与社会之间的关系 …………………（37）
　　三　学术文化、社会文化与文化创造力 …………………（39）
　第二节　组织的结构：中层理论 ……………………………（40）
　　一　学术的内在结构与社会结构 …………………………（41）
　　二　学术组织的规范结构功能 ……………………………（44）
　　三　大学作为学术组织的社会功能范式 …………………（45）
　第三节　组织的大学：历史变迁 ……………………………（48）
　　一　作为组织存在的最初的现代大学 ……………………（49）
　　二　学术组织和大学自治的最初探索 ……………………（50）
　　三　现代大学的国际发展趋势 ……………………………（52）
　第四节　组织的文化：人文诉求 ……………………………（55）
　　一　学术组织的文化气质与学术人的人文诉求 …………（57）
　　二　组织文化传统的传承与文化创造 ……………………（58）

三　学术组织管理目标的参与诉求 …………………（60）
　第五节　组织的制度：发展保障 ……………………………（63）
　　一　学术组织的制度环境 …………………………………（64）
　　二　学术组织的制度张力 …………………………………（66）
　　三　学术组织的制度优势 …………………………………（67）
　第六节　组织的规划：激励机制 ……………………………（69）
　　一　学术组织发展规划的特征 ……………………………（71）
　　二　学术组织发展规划制定的内容和原则 ………………（74）
　　三　学术组织发展规划实现的可能前景 …………………（75）

第二章　理论原型：现代大学制度的整体研究 …………（77）
　第一节　制度的基本因素：现代大学制度的概念探源 ……（80）
　　一　制度的内涵与结构 ……………………………………（80）
　　二　制度过程与制度设计 …………………………………（83）
　　三　制度环境与制度逻辑 …………………………………（85）
　第二节　制度的发展渊源：现代大学制度的发展理路 ……（86）
　　一　现代大学制度的内涵与特点 …………………………（88）
　　二　现代大学制度的结构框架 ……………………………（89）
　　三　全球化浪潮下的制度策略 ……………………………（92）
　第三节　制度的理念共生：现代大学制度的价值诉求 ……（93）
　　一　现代大学的价值传统受到冲击与挑战 ………………（94）
　　二　现代大学的精神使命对现代大学制度的价值 ………（96）
　　三　制度与理念的共生引领大学走出困境 ………………（98）
　第四节　制度的社会建构：现代大学制度的社会规制 ……（100）
　　一　社会规制、社会秩序与学术秩序 ……………………（100）
　　二　现代大学制度建构的国际化参考因素 ………………（101）
　　三　现代大学制度建构要尊重院校传统和本土实际 ……（103）
　第五节　制度的现实范型：大学学术共同体的博弈生存 …（106）

一　学术共同体的构成与特点………………………………（107）
　　二　学术共同体的使命与坚守………………………………（108）
　　三　学术共同体是学术人学术成长的精神家园……………（110）
第六节　制度的保障机制：现代大学制度的激励与
　　　　问责…………………………………………………（111）
　　一　善用激励与问责是大学优秀管理人员的特质…………（112）
　　二　激励与问责的大学制度文化……………………………（113）
　　三　现代大学制度激励与问责机制的实现可能……………（115）

第三章　制度模式：现代大学制度的经典样态……………（117）

第一节　中世纪大学模式：怀抱世界的自由…………………（118）
　　一　中世纪大学与社会的距离………………………………（119）
　　二　中世纪大学的教学理念…………………………………（121）
　　三　中世纪大学的学术组织特性与学者学人的人格
　　　　气质………………………………………………………（123）
第二节　英国牛桥模式：教学制度的合法确立………………（126）
　　一　英国大学制度模式的形成背景…………………………（127）
　　二　英国大学制度的经典模式：学院制、寄宿制和
　　　　导师制……………………………………………………（129）
　　三　英国大学制度模式的内在合法性与外在竞争力………（131）
第三节　德国洪堡模式：研究制度的兴起……………………（133）
　　一　洪堡关于研究与教学统一模式的产生与影响…………（134）
　　二　历代学者学人对学术研究制度的识读与捍卫…………（135）
　　三　洪堡力倡的研究教学并重模式对今日各国学术职业的
　　　　影响………………………………………………………（137）
第四节　美国创新模式：服务制度的初建……………………（138）
　　一　美国大学制度模式的形成与发展………………………（140）
　　二　美国大学制度模式：教学科研服务的变迁……………（143）

三　美国大学制度模式的管理特色……………………（144）
　第五节　法国权力模式：政府集权与资源整合…………（146）
　　一　法国大学制度模式选择的理论与政策依据…………（148）
　　二　法国大学制度的灵活变通与重视大学教师的权力……（149）
　　三　后现代语境下大学制度模式的困境…………………（150）

第四章　角色冲突：现代大学制度模式选择的内外困境………（155）
　第一节　人才与质量：大学使命的偏离……………………（158）
　　一　对大学质量的认知与追求……………………………（159）
　　二　大学质量标准的设立与实现的可能…………………（160）
　　三　大学"以人为本"的质量使命…………………………（162）
　第二节　教师与资助：学术资本的漂移……………………（164）
　　一　大学教师要坚守专家的职业操守和道德底线………（166）
　　二　学术职业的评价与选择标准对教师与资助的影响……（167）
　　三　大学教师教学责任心的弱化给学生学习带来的负面
　　　　影响加深……………………………………………（169）
　第三节　流动与分层：学术阶层的天职追求………………（171）
　　一　学术职业人在学术阶层中的"异化"问题……………（173）
　　二　学术界中学术职业人的分层与流动…………………（174）
　　三　学术职业人的天职迷失与重塑………………………（176）
　第四节　需求与供给：办学市场的动力与压力……………（178）
　　一　高等教育市场化带来的影响…………………………（180）
　　二　学历社会与高等教育市场竞争相互加剧……………（181）
　　三　文化资本在大学内外部关系中的变化………………（183）
　第五节　失范与坚守：学术不端的整治与规范……………（185）
　　一　学术失范的社会与个人根源…………………………（186）
　　二　大学制度的缺位与规范建构的可能…………………（187）
　　三　学术制度的缺位与学术责任的失守…………………（189）

第六节　竞争与机遇：全球化对大学发展的挑战 ……………（191）
　　一　经济全球化与高等教育的全球化 ……………………（192）
　　二　发展中国家学术职业面临的全球挑战 ………………（194）
　　三　高等教育全球化与国际化的区别共建与互鉴…………（196）

第五章　实践路向：现代大学制度模式建构的中国特色………（199）
第一节　学术自由与大学自治：现代大学制度的价值
　　　　追求 ………………………………………………（201）
　　一　学术自由的价值流变 …………………………………（202）
　　二　学术自由对大学发展的意义 …………………………（204）
　　三　学术自由与大学自治在全世界的保障问题 …………（206）
第二节　服务国家与人民满意：现代大学制度的社会
　　　　责任 ………………………………………………（208）
　　一　大学服务国家的政治责任 ……………………………（209）
　　二　学者的学术使命与社会责任 …………………………（212）
　　三　学生的责任 ……………………………………………（215）
第三节　以学生为本与专注教学：现代大学的教学制度 ……（217）
　　一　教学对科学研究的引领 ………………………………（218）
　　二　优秀教学对学生、学者和管理者的要求 ……………（220）
　　三　为学生创造良好的学习环境 …………………………（222）
第四节　一流大学与一流学科：现代大学制度的目标
　　　　使命 ………………………………………………（223）
　　一　世界一流学科与一流大学的评价标准 ………………（224）
　　二　世界一流大学与一流学科建设的价值 ………………（226）
　　三　科学理性看待世界大学排名 …………………………（228）
第五节　科学研究与学术职业：现代大学的评价聘任
　　　　制度 ………………………………………………（229）
　　一　从事科学研究与学术职业的态度与精神 ……………（230）

二　科学研究的标准与原则 …………………………………（231）
　　三　科学研究与学术职业规范制度 …………………………（232）
　　四　学术职业聘任制度的变革 ………………………………（235）
第六节　学术规范与问责激励：现代大学发展创新的保障
　　　　机制 …………………………………………………………（237）
　　一　有效治理的保障激励与问责 ……………………………（238）
　　二　学术失范与问责机制的规范 ……………………………（239）
　　三　学术规范的目的是保障发展的自由 ……………………（241）

结　语 ……………………………………………………………（243）

参考文献 …………………………………………………………（255）

后　记 ……………………………………………………………（265）

导论　现代性、组织文化与现代大学制度

中国的大学已经走过了一百多年的历程，大学制度建设是一个热点也是一个难点问题，《国家中长期教育改革与发展规划纲要（2010—2020）》中提出要"完善中国特色现代大学制度"，大学制度是什么，应该如何建构，中国大学制度建设的路径该怎样创建与创新？这是一个亟待解决的理论和实践课题。因为现代大学制度的创建与创新的路径依赖于历史传统的渊源、文化发展的路径、现实的内外环境和道德和谐的制度创新。因此，大学与现代大学制度、大学的精神理念是共生的。中国传统文化中对制度的研究早已有之。可以说，中国文化传统的一个特色，是对人、人与人的关系十分关切。今天中国面临的文化使命是面对社会结构和社会制度的深层次的变革需求引领价值重建，在实现中华民族伟大复兴的征程中真正做到文化自觉和理论自信。文明的深层危机激发了学者渴求探索制度智慧的热情，也表达了发展的超越诉求。在现代理性社会、在人类文明高度发展阶段和人类文化成就的最高峰中如何构建中国现代大学的制度模式？与此同时，我们也要理性地认识到：现代大学制度模式建构也是一个社会文明和文化建制的发展问题，对任何学术发展的把握都隐含了过去的历史背景，如果忽略了历史，就无法真实表达现实学术状况，盲目会造成自我毁灭。

教育能够推动国家进步，未来取决于国家的教育实力和人力资本的增长，这是社会和经济繁荣的先决条件。1998年中国政府启动了"985"工程建设项目，中国一流大学的建设目标正式调整为要创建

世界一流大学，中国高等教育的发展不仅要满足和推动国家及地方区域现代化建设的需求，还要面向国际学术前沿，培养兼具全球视野和卓越能力的高素质和拔尖创新人才。以往西方世界一流大学的培育，政府并未起关键作用，它们获得今天的世界名望都是经过数世纪的演变，是一个循序渐进的过程，而非政府刻意干预的结果，虽然不同时期政府资助的情况不同，但是这些一流大学在价值使命方向确定和治理方式选择上具有很大的自主权。可是，今日之高等教育发展的情境发生很大变化，先进的研究设备及配套设施的成本超高，精英人才的全球选拔，"如果没有一个良好的政策环境和直接的公共投资及支持，短时间内建立一所世界一流大学是不可能的"①。中国自20世纪80年代开始强国战略，对高等教育发展展开针对性的投资和改革计划。

中国政府启动的"世界一流大学和一流学科建设"，就是坚持教育为经济社会建设发展服务的价值定位，双一流建设方案是以"两个一百年"奋斗目标为着力点，以2015年11月国务院印发的《统筹推进世界一流大学和一流学科建设总体方案》为基本遵循，制定了三步走的战略目标：第一步是若干所大学和一批学科进入世界一流行列，时间节点是2020年；第二步是提升高等教育整体实力，让更多的大学与学科能进入世界一流的行列，时间节点是2030年；第三步是基本建成高等教育强国，一流大学和一流学科的实力和数量进入世界前列，时间节点是21世纪中叶。"双一流"建设方案与国家建设规划同步实施，"以绩效为杠杆"，引入竞争，实行动态管理，以5年为建设周期，"双一流"建设作为国家战略全面启动，旨在培养适应创新型国家发展的创新型拔尖人才，以往的"985"和"211"建设计划都同时纳入。因此，世界上的一流大学都是我们学习、借鉴和赶超的目标。在世界一流大学学习的学生不仅为在本国成为一名负责任的公民而且还要为成为一名世界公民的生活做好准备。全球化带动了学生的国际流动，大学的领导要具有一定的判断：国家安全与签证要求；兼

---

① [美]菲利普·G.阿特巴赫主编：《世界级大学领导力》，姜有国译，中国人民大学出版社2014年版，第221页。

顾本国对毕业生的需求和吸引更多的海外留学生；学术项目同质化的压力、英语的通用以及对国家文化环境的影响；发达国家在发展中国家建立海外分校数量的增加及质量保证。在这个进程中，信息技术在推动全球化过程中发挥着至关重要的作用："全球化在高等教育领域也迎来了一个前所未有的竞争时代。"①

从一定意义上说，现代性是社会现代化进程中追求秩序与制度所形成的传统，有人称其为后现代传统，在这个进程中所形成的秩序与习惯虽然成为保证现代化机制发挥作用的秩序，但是传统并未被理性的不可抑制取代。现代大学人为现代性的诸多制度所形塑，与此同时，大学人也形塑了现代大学制度本身。"自我并非一个被外在影响所决定的被动实体。在人类形成自我认同的过程中，不管他们行动的特定背景如何具有地方特性，每个个体都会对那些在后果和启示上均带有全球性的社会影响有着直接的促进和增强作用。"在现代社会生活特征的时空深刻重组过程中，还需要制度的反身性辅以脱域机制，"将社会关系从特定场所的控制中强行解脱出来，并通过宽广的时空距离对其加以重新组合。时空重组，加之脱域机制，使得现代性所固有的制度特质变得极端化和全球化，也导致日常社会生活的内容与实质发生转型"②。特别是在全球信息技术急剧扩张的背景下，媒体及其媒体融合无处不在，社会文化和知识经济进程的持续发展与西方经济的"去工业化"（deindustrialization）的相关性程度，都成为现代性自身发展逻辑的一部分。困扰现代性的难题依然悬而未决，争论和探讨仍在继续，这会导致现代性文明终结吗？当代技术文明所导致的异化状况，如同"因现代文明而发生了剧烈变化的自然世界一样，在人类活动的所有领域，'荒漠'在不断增长，因而这种状况需要一种来

---

① ［美］菲利普·G. 阿特巴赫主编：《世界级大学领导力》，姜有国译，中国人民大学出版社2014年版，"前言"，第5页。
② ［英］安东尼·吉登斯：《现代性与自我认同》，夏璐译，中国人民大学出版社2016年版，"导论"，第2页。

自当代思想的肯定性回应"①。因此是否还能够将伟大理念寄托于价值与理性,现代理性和现代大学制度应成为现代学术组织的文化支撑。中国学术界面对权力、虚无和谬误的争论,"欧洲虚无主义思想尤其认为,无利害的、科学的、完全理性的、绝对客观的、中立的真理探索,是西方思想为了自身利益而创造出来的一种幻觉"②,该做出怎样的价值判断,如何规划自身的现代发展蓝图?如今的世界包括学术界是差异的世界,是被解释了的世界。虽然后现代主义思想家努力设想超越现代性的种种理论困境,但是,到目前为止,还没有任何一位思想哲人为我们提供"任何有效的'克服'现代性错误和超越它们的'进步的错误'的体系,除了运用现存体系外,我们别无选择"③。

现代大学制度模式建构的有效进路存在不同的选择。有一种观点认为进步被消解在消费社会的常规之中,"这个社会依赖于'新的'消费商品的不断生产——不论是服饰、轿车还是观念——因而也依赖于'纯粹生存体制'的持续进步……这种进步总是导向更大的进步的循环进步,它消解了历史向前运动的真正意义,消解了'新'意味着与先于它的东西有着质的区别的意义,由此导致了一种'历史终结'的经验"。但是,"在西方文化和社会的发展过程中,人们并没有把进步的世俗化和随之出现的后历史理解为否定性事件",而是"把历史和历史性消失的经验——还有,伴随这些经验的新的范畴和克服的概念——视为20世纪人文科学的'建设性良机'和'可能性领域'"④。正是在中西方历史与现实思想经验的基础上,本书试图从组织文化的视角建构中国现代大学制度模式,进而重构中国现代学术职业的伦理逻辑。

---

① [意]詹尼·瓦蒂莫:《现代性的终结》,李建盛译,商务印书馆2013年版,"英译者导论",第2页。
② 同上书,"英译者导论",第8页。
③ 同上书,"英译者导论",第13—14页。
④ 同上书,"英译者导论",第15页。

一 现代性与现代大学

"现代性"的讨论缘起于欧洲18世纪后期,伴随着全球化进程的加深与加快,现代性的探讨已经跨越了西方的范围,成为全球共议的热门话题。20世纪与21世纪之交,对现代社会分析前提的重构与对现代社会制度形式和本质的探求并行展开。现代制度与以前社会秩序的所有形式都迥然不同。这一方面体现在社会外在的转型:根本上改变了日常生活的实质,影响了个体经验。另一方面,从制度层面探讨现代性,需要考虑两个因素,一是全球化的诸多影响,二是个体的经验反应(新的自我认同机制的出现)。现代性在"20世纪日益具有世界和历史性影响的制度及行为模式"。现代性的制度维度有两个:一是大规模机械生产所体现出来的社会关系的工业主义;二是包含产品市场竞争和劳动力商品化过程的商品生产体系的资本主义。"现代国家是具备反身特征的监控体系,即便它们在严格意义上无法进行任何'行动',它们也会在地缘政治层面遵循已协调好的政策和计划来行动。因此,现代国家就成为现代性更普遍化的特征——组织兴起——的典型例证。"① 知识的专门化强化了权威的多种来源;中国在朝向现代化进程的道路上艰难求索,既有建构的激情,又有迂回曲折;现代性虽然发端于西方,但是伴随着全球化进程的潮流,现代性已席卷越来越多的民族国家和个体,这一趋势不可阻挡,成为当今社会发展进程的总体性特征。因此,现代性对中西方而言都是一个难题:现代性的极盛为现代社会创制出进一步存在与发展的制度场景,但是其存在方式却以一种不可阻止的两面性的方式呈现。②

(一)现代性的发展历程

从法国大革命到19世纪末是自由现代性时期,"这个时期出现了

---

① [英]安东尼·吉登斯:《现代性与自我认同》,夏璐译,中国人民大学出版社2016年版,第14—15页。
② [德]乌尔里希·贝克、[英]安东尼·吉登斯、斯科特·拉什:《自反性现代化:现代社会秩序中的政治、传统与美学》,赵文书译,商务印书馆2016年版,"总序",第2页。

一种以世俗主义和文化差异为中心的新的文化形式。由于世俗化和理性化，19世纪进入了一种文化想象（cultural imagination），这种文化想象表现为权利自治的理想和追求知识。资产阶级或市民社会取代了宫廷社会，在知识模式中，古典现代性的知识整合模式转变为面向知识自治的新人文主义的、实证论的和受启蒙启发的知识模式……在黑格尔和孔德的哲学……在主张自然法则和道德法则分离的康德哲学中也有体现。尽管他们的知识观念差别很大，但是黑格尔和孔德都把历史看做是通过知识的形式进行的人性进步的自我塑造的历史……自由的现代性在颓废的危险情绪的背景中和围绕'一战'的文化焦虑中终结，这就形成了现代性的第二次危机：反对真理、自治和理性"①。齐格蒙·鲍曼认为现代性本身的固有可能是现代性的本质要素：理性精准计算、技术道德中立、管理程序化趋向，灭绝人性的大屠杀演变为社会制度设计者、践行者与受害者之间的集体合作，极端理性与非理性的错位，高度文明与高度野蛮的交织，在看似荒谬中隐含着逻辑必然，拯救之责导向个体道德责任承担的毫无条件。道德冷漠和失落真的是社会历史发展进程中的合理断裂、社会文明进化中的合情毒瘤，还是心智健全的合法疯狂？②

现代化新条件下的各种界标性趋势所导致的传统秩序的瓦解、现代民族国家的巩固、现代文明某些特性之间的联系，在分工越来越细、职业越来越专业化的世界里，最后都是对现有社会秩序的逃避，从一定意义上说，"体现个人自主性和自发性的途径被限制在社会机构的有限空间里。在当今世界，任何别的事情都在逃离理性的非理性控制"③。因此，"现代性的第二次危机导致自由的现代性的衰落和组织化的现代性的到来，从20世纪初到20世纪70年代组织化的现代

---

① ［英］杰勒德·德兰迪：《知识社会中的大学》，黄建如译，北京大学出版社2010年版，第26页。
② ［英］齐格蒙·鲍曼：《现代性与大屠杀》，杨渝东、史建华译，译林出版社2011年版，"前言"，第2页。
③ ［英］安东尼·吉登斯：《资本主义与现代社会理论》，郭忠华、潘华凌译，上海译文出版社2013年版，第305页。

性发挥了重要的作用。这个时期，出现了新的文化形式、社会整合的理想、大众社会替代资产阶级社会的发展，同时也是制度建设和民族国家形成的时期。盛行于20世纪大部分时间的知识模式是各不相同的、专门化的、在专家制定的学科界限内的知识模式之一，是更广阔的社会现代化进程中的一部分"①。正是在这个时期，现代性步入第三个时期，也是最后的危机期："文化整合模式受到新的排斥与分裂形式的挑战，知识的模式、专业的自我立法受到岌岌可危的社会的普遍危机的挑战，而且消除差异的过程也破坏了现代性有关的分化原则。"②海德格尔认为，"盲目崇拜科学和技术用文化来说明一切直至产生了文化政治、美学垄断了对艺术的解释、诸神退隐以及主观主义和客观主义、个人主义和集体主义不加遏制地趋于极端，等等，就是现时代世界变成图画之后必然要产生的种种现象和悲剧"。他从其根本的思想立场出发，沉痛剖析了现代人文学科面临的或已经发生的堕落："人文学科在现时代也无例外地变成了对世界图画式的把握。也就是说，人文科学的存在论根基崩溃了。人文学科也成为对存在愚蠢的'探究'。人文学科应有的浪漫精神，它的诗意，它对存在亲切的回忆，已经荡然无存。"海德格尔对学术界发出悲鸣："如今笼罩学术的，只是现时代普遍性的虚无主义阴影。"③虽然有过于悲观之嫌疑，但是，海德格尔对科学技术、学术研究及学者的批判性反思的启示价值是意义深远的。

正如伽达默尔所认为的"为使科学和技术不至于越来越异化于文化传统，它们应该置于'与我们的文化遗产相联系的道德命令的控制之下'"④。瓦蒂莫将西方"衰退的本体论"——"没有任何固定的目的地：这意味着一种方向，而不是一个目标"——比作"微弱的思

---

① ［英］杰勒德·德兰迪：《知识社会中的大学》，黄建如译，北京大学出版社2010年版，第26页。
② 同上。
③ ［德］海德格尔：《人，诗意地安居——海德格尔语要》，郜元宝译，广西师范大学出版社2002年版，第129页。
④ ［意］詹尼·瓦蒂莫：《现代性的终结》，李建盛译，商务印书馆2013年版，"英译者导论"，第48页。

想",认为"西方的确是黄昏,是尼采的'墓地',但是这种黄昏并不是颓废的西方文化和社会的黄昏。恰恰相反,今天的西方是衰退的场所——形而上存在和理性思想的微明和黄昏,从古希腊到现代性终结就一直与它结伴而行"①。也正是基于此,"现代性减少了某些特定领域和生活方式的总体风险,但同时也引入了一些先前年代所知甚少或者全然未知的新的风险参数。这些参数就包括后果严峻之风险;它们源自现代性社会体系的全球化特征。晚期的现代世界……极盛现代性世界,有着对未来的启示录般的预见性;这并非因为它会不可避免地步入灾难,而是因为引入了前代人未曾遇见和经历过的风险"②。当下,危机的消退势必产生新的社会形式、社会环境,进而出现新的文化原型和知识模式。20世纪60年代以来出现的后现代性就是起始于组织化的现代性的危机,由这场危机带来的转变运动推动了认知变化,认知方面的变化总体上表现为:建立在国家框架内的学科制度化、专门化、现代化和日常化以及文化形式合法化基础之上的旧知识模式的解体,具体表现在四个方面:一是全球化影响了知识的推广机构,历史上与民族国家联系密切的知识现在由其他社会机构推动。二是自然界和人类社会成为学科知识结构的基础,即两种文化的基础,大学里的学科知识结构需要一场有力度的改革。三是后工业社会技术与咨询传媒和教育的大众化的发展,知识获得多渠道和便捷性,使得知识成为一种实用的必需品,与知识相关的文化公民身份和技术公民身份引发了新的民主观念和公民身份观念出现。但是,伴随着知识的扩张,知识的竞争性也随之增加。政治和文化价值的多元认识也开始渗入到知识的构成之中。四是专业知识与普通知识之间的相互联系及学科之间的差异,随着科学的去合法化和专门文化的传播,成为大学究竟是什么和知识是否需要重新定位的关键,从而成为专业知识公共

---

① [意]詹尼·瓦蒂莫:《现代性的终结》,李建盛译,商务印书馆2013年版,"英译者导论",第51页。
② [英]安东尼·吉登斯:《现代性与自我认同》,夏璐译,中国人民大学出版社2016年版,"导论",第4页。

适用性的问题。①

科技带来的好处是文化的富足和生活的便捷,但科技是否能够承担起解决人类生存困境的责任?美国存在心理学家和人本主义心理学家罗洛·梅深入技术突飞猛进的现代社会来揭示现代人所处的生存困境:对自身存在的疏离导致生存境遇异化。原因在于现代人逃避自我,不愿承担作为一个人的责任,所以在生存处境中会感到软弱无力,导致焦虑和压力。罗洛·梅虽然考察的是20世纪中期人的生存困境,但是今日之现代人的生存境遇由于竞争的激烈、人们生活节奏的加快、承受压力的剧增、内心的孤独、焦虑和空虚愈发严重,生存境遇不仅没有改善,甚至加剧恶化。新生事物日新月异,而个性化的体验日益被冷落,自身存在的疏离,导致现代人更加孤独与离群索居。"一定意义上,罗洛·梅更是一位预言家,他所展现的现代人的生存图景依然需要当代人认真地对待和思考。"② 在迅速变迁的现代生活中,我们要竭力避免的事情是:"刻板地坚持现状,因为现状正是我们想要通过变迁去改变、改革的对象。"③ 因此,学术界要充分发挥自身精神资源的独特优势;从事创造性的活动,勇敢地担当起社会批判的责任,积极行动,重塑学人的未来。

(二) 现代性的发展对大学的影响

18世纪末自由现代性来临,大学成为知识生产的重镇,其作为职业精英培养、民族文化集散地和服务民族国家的功能愈益彰显。以德国柏林大学(又译为洪堡大学)为杰出代表的新人文主义大学,以知识自治的观点为基础,其精神的特点是:19世纪主流新文化形式所主张的知识本身就是目的——自治的知识,在大学中体现为教学与科学研究的统一,统一在教学科研为追求真理服务。这"是一种吸收了康德把现代大学作为批判理论的保护者的最著名的大学观点。这

---

① [英]杰勒德·德兰迪:《知识社会中的大学》,黄建如译,北京大学出版社2010年版,第30页。
② [美]罗洛·梅:《权力与无知:寻求暴力的根源》,郭本禹、方红译,中国人民大学出版社2013年版,"总序",第29—30页。
③ 同上书,第41页。

是启蒙时期有关知识的思想的发展，也是对更广泛的人文主义的知识概念的反映"①。到目前为止，启蒙理念的最主要源泉虽然是教会改革，但是在法国天主教统治时期，启蒙运动更加激烈地反对教会，但是大学被排挤到社会的边缘，后来又被革命政权重建；自我审视、自我修养的思想被彻底忽视。总的来说，19世纪大学的观念是康德的理性思想占主导地位，与此同时，柏林大学的新人文主义文化观念具有更大的影响力。在英国的维多利亚时代，文学虽然发挥着哲学的功能，但是，英国也受到洪堡新人文主义大学理念的影响，例如，阿诺德的《文化与无政府主义》就是对德国传统传播的例证。在英国工业时代大学发挥着精神引领的文化"守门人"角色，维多利亚时代激进改革派的代表——边沁、密尔和斯宾塞都曾怀疑高深文化的最终消亡，进而提出以实用知识引领社会变革和道德改善。

与对物质或金融资本的投资所收获的经济收益相比，以"增加人们的知识、想法以及使用符号与代号的能力"②为表征的人力资本投资的效果日益增大。全球经济富有竞争性的挑战意味着，企业需要创新精神，个体需要更多的技能，大学被看作是促进这些发展的关键力量：通过现在乃至未来的雇员的教育，大学科学研究的转化，服务于某些企业或法人团体的竞争与创新。大学作为学术的神秘花园已经难以保持其神秘性了。西方大学作为社会机构的特点是机构松散、变化多、更有批判性、接受工会的管辖；中国大学接受教育部或省、自治区、直辖市各级教育行政主管部门的管辖；中西方大学有一个根本的前提就是大学的教学和科学研究不被干扰。大学与政府之间始终存在一定程度的张力关系：拨款与管理目标的协同、国家对政治的考虑与大学的国际协作等。民族国家的大学肩负维护国家利益义务，而西方大学与跨国组织也具有自己的团体利益。面对全球化的挑战，各民族国家并没有对大学采取相似的政策。各国的大学有自己的传统，面对

---

① [英]杰勒德·德兰迪：《知识社会中的大学》，黄建如译，北京大学出版社2010年版，第28—29页。

② [英]罗杰·金等：《全球化时代的大学》，赵卫平主译，浙江大学出版社2008年版，"导言"，第3页。

导论　现代性、组织文化与现代大学制度

全球化的影响，其反应和应对与理解大学和政府之间的关系密切相关，各国并没有同时倒入自由主义模式怀抱。

从19世纪晚期到20世纪六七十年代是组织化的现代性时期，这一时期从根本上动摇了自由现代性的理想。古老的知识模式坍塌，颓废的理念彻底摧毁了自由现代性的文化形式，以作为大众世俗化社会秩序组成部分的、超越国家治理体系约束的、强调专门化和学科基础的知识开始普及并被广泛传播与应用。新人文主义者所首倡的教学与科研的统一受到研究型大学和学科精确界定新思想的挑战。"20世纪是一个专门化、职业化的时代，也是取代启蒙时期人文主义最后遗留物的时代。它要求大学具有新的社会功能——提供训练有素的劳动力；要求教师和研究者扮演新的角色——职业培训。大学作为一种机构，承认社会整合的新文化形式，这种机构服务于社会的经济需求、维护民族威望、保卫国防以及培养技术专家。"① 克拉克·克尔在其《大学之用》一书中支持这一论断。但是同一时期，具有代表性的学者希尔斯和基斯曼在其著作中关于大学的见解仍坚持古老的大学自治的观念。

科技全球化在加快，科学自身的特质也变化显著：在"大科学"主导的时代，边缘学科、交叉学科和科技的合作正在逐步展开，在全球化浪潮的主导下，科学日益发展为国际性的事业，改善人类生活。"我们进入了一个更加日新月异的时代。一个崭新的全球时代即将来临。我们的生命——通过我们共同承担管理职责的地球环境、通过我们的经济和产品系统、通过即时共享信息、通过普遍拥有的梦想的联结——正以前所未有的方式穿越国界交织在一起。这些梦想包括依靠经济和社会手段，而不是依靠军事力量来确保国家安全的世界观，也包括重获社会正义感、人人机会均等这样一种国家观。"② 科技进步使得全球紧密联络成为可能，世界一流大学应以整合的方式将来自世

---

① ［英］杰勒德·德兰迪：《知识社会中的大学》，黄建如译，北京大学出版社2010年版，第29页。
② ［美］查尔斯·维斯特：《麻省理工学院如何追求卓越》，蓝劲松主译，北京大学出版社2013年版，第5页。

界各地的不同领域的杰出学者吸引来，以应对全球化的重大挑战。大学要努力寻找一种新的方式将跨越学科和组织界限的杰出师资联合在一起，在文化和政治壁垒之间架起沟通合作的桥梁，强化我们的智力和社会活动能力，使我们能做出明智决策。约翰·肯尼斯·加尔布雷斯在《新工业化国家》一书中，"抓住了组织化的现代性的精髓"，他认为："教育机构，尤其是大学，在这个新兴社会中拥有无穷的力量。因此，如果大学敢表现出出手相助的意愿，它将有可能被用来达到一些政治目的。"① 20世纪的前几十年是自由现代性走向消亡时期，大学也被工业社会的商业化吞噬，也正是在这一时期20世纪普及的认知结构正式出现。这是一个分道扬镳的世纪，事实与价值、理性与激情、技术专家与知识分子、现代与传统分离的世纪，这使得"大学丧失了它在启蒙时期拥有的判断价值以及为客观事实正名的权力。大学成为专家的聚集地，与此同时知识分子退回到社会的边缘。正是在这些认知结构的基础上，现代文化形式的基本结构，即新的知识模式出现了。尽管大学丧失了许多原有的特征以及和现代性的矛盾关系，但是一个新的特征产生了：把广阔社会中的民主价值观念纳入大学"②。

20世纪大众化社会推动了大学的发展，大学属于新人文主义的资产阶级社会的产物；大学文化反映的是社会整合中的主流文化模式，这种主流文化模式建立于民族国家公民身份之上；文化表达出进步主义的知识具有解放力量。"20世纪的现代大学主要的基础是一种趋向整合的社会环境，而并非那种强调分而治之的文化。对公平的信仰，而不是对真理和进步的追求……成为大学社会责任的中心。大众化大学致力于那些已被接受的知识主体和文化传统的传播。最近，这个已被接受的知识主体的观念受到了来自文化、政治和经济发展的巨大挑战，不过，20世纪很长一段时间的目标就是使知识对一个相对

---

① ［英］杰勒德·德兰迪：《知识社会中的大学》，黄建如译，北京大学出版社2010年版，第53页。
② 同上书，第52页。

温和的社会（a relatively uncritical society）有用。这样，知识模式和社会之间的关系就是新的认知结构向制度架构扩散。"① 在整个 20 世纪，知识模式保持相对独立，与社会决定因素保持一定距离。但是，随着新文化形式产生于组织化的现代性之中，大学对社会作出越来越多的反应。在自由现代性时期，大学作为一个相对较小的机构，利用传统对知识的需求来使自身的存在合法化。但是，随着大众化大学的兴起和公民社会需求的增长，原有的大学已经无法完成其使命，因此大学存在的合理性开始转向——由人文科学转向自然科学，大学由此逐渐成为我们今日所熟知的所谓"文凭社会"（credential society）的中心，这样大学作为一个专业机构的地位最终变得不可撼动。

自由现代性时代是一个多样化的时代，此时的大学也试图平衡多样化的需求和整合带来的压力，导致知识与文化领域不断分裂，专门化与理性化时代来临。同时，全球化加速了文化与社会的融合，与之对应，民族主义亦开始抬头，因此民族国家纷纷建立，民族国家开始承担社会整合的任务。组织化现代性时期的大学成为独有的包含更多促进文化和社会变革动力的机构。这时的大学与民族国家是命运共同体，二者紧密地联系在一起；由于社会共同体变大，而所需要的理念却相对较少，组织化现代性时期的大学理念的影响力开始逐步下降。而与 19 世纪初期普鲁士的柏林大学在拥有绝对权力的国家的严密控制下生存不同，法国的大学从未像德国大学那样进行过有力的抗争与辩论。

（三）现代性与现代大学制度

对于大学而言，现代性在西方社会孕育发展的过程也是西方大学从古典样态向现代样态变迁的过程。因此，现代性理论为现代大学诸多问题的思考与解决提供了一种哲学思考向度——塑造现代大学的构成性图景。我们生活在一个全球竞争日益激烈的时代，各民族国家为了经济的繁荣和发展，采取各种竞争手段，对很多人来说，"大学看

---

① ［英］杰勒德·德兰迪：《知识社会中的大学》，黄建如译，北京大学出版社 2010 年版，第 54 页。

起来比以前更有吸引力","大学被看成是……知识主导型社会中的关键因素和助推器"①。对于世界上的大多数大学而言,来自政府预算的公共拨款是其资金的主要来源,这同时伴生的就是不同形式的审计和监督、媒体和公众的关注、争论乃至抗议等,由此问责制应运而生。自由现代性时期的现代大学的理念始于启蒙运动时期,这一时期大学理念的基本思想是:认为大学要以知识模式的合法化作为其内涵的理念基础,即建立在时代文化的统一流行形式和文化价值的普遍性基础之上,因此,19世纪的文化信念是坚信真理的可能性和知识使命的精神性——大学因其作为知识生产的主要场域由社会的边缘转由国家管理。由于知识无法被完全制度化,大学制度架构与社会文化形式之间存在一定的张力,因此,"尽管不同民族传统对待知识的地位和功能的态度有所不同,但是为了社会繁荣而追求知识的观念还是得到了广泛的支持……当政府试图给知识强加一种认知制度时,知识模式就表现出对政府的一定程度的抵抗。这种抵抗正是大学民族化和国际化矛盾中的一个最好例证"②。大学走出象牙塔并开始承担社会责任在一定程度上体现了知识的抵抗模式,同时也体现了新兴社会文化形式所处的支配地位。

正是由于理性无法压制非理性,文明也控制不住情感和暴力,因此,"社会化进程走岔了道因而无法产生所需量的道德驱力"③。因此,管理者们设计出高效运转的官僚制度体系。现代大学制度也是整个社会工程的一个庞大工作计划。在问责制的影响下,科学精神是否存在被扭曲的趋向?为此,韦伯对现代社会发展趋势展开诊断:对科层制、理性精神、效率原则、科学思维、价值无涉等进行了最有价值的分析,但是现代社会中日益增加的理性统治却导致了人类"没有预

---

① [英]罗杰·金等:《全球化时代的大学》,赵卫平主译,浙江大学出版社2008年版,"导言",第3页。
② [英]杰勒德·德兰迪:《知识社会中的大学》,黄建如译,北京大学出版社2010年版,第32页。
③ [英]齐格蒙·鲍曼:《现代性与大屠杀》,杨渝东、史建华译,译林出版社2011年版,第8页。

料到的后果"①。就犹如"韦伯提出的以更少的代价换取更大的收益的理性化观点,精神分析要去揭示、挖掘和驯化人类兽性的许诺,马克思关于人类一旦从目前日益衰弱的狭隘性中解放出来就能完全掌握生命和历史的伟大预言……而且最重要的是,专家们众口一词地要我们相信人类的问题是错误政策的结果,而一旦政策正确了就可以消灭这种问题"②。而事实并非如此。

现代大学见证和催生了人类的文明,与此同时,现代大学也成为科学管理的组织设计。19世纪和20世纪初,大学逐渐被看作杰出人士养成和文化与技能传播的重要阵地,这些人才、文化和技能是促进世界经济发展和赢得国家竞争最重要的影响因子,也是确保国家安全和繁荣的必备因素。基于此,大学逐渐取得享有很高声望的社会地位,国家也依靠大学培养社会和文化的精英。现代文明社会存在一种道德力量,这种道德力量是在规范性秩序和"法制当中相互合作、相互补充的制度体系,而秩序和法制维护了社会和平与个人安全的状况……"③。

民族国家面临诸多挑战,其中之一是政策趋同,经济合作与发展组织对所有成员国的政府都产生一定影响:"经济领域存在跨国公司,政治领域存在多国的、全球的和地区性的管理层。"④ 特别是私立高等教育的加入,成就了无边界的高等教育,作为可交换的服务,高等教育的作用越来越大。当高等教育被纳入世贸组织的权限范围之时,高等教育也就朝着更广泛的全球自由化方面发展了。若要理解现代大学所面临的这些境遇,我们需要一种历史的观念来探究促成大学起源和发展的原因。大学起源于中世纪,其历史还与19世纪下半叶和20世纪一些大国的工业化、军事化和民主化连在一起,大学的发展轨迹

---

① [英]齐格蒙·鲍曼:《现代性与大屠杀》,杨渝东、史建华译,译林出版社2011年版,第14页。
② 同上书,第17页。
③ 同上书,第38页。
④ [英]罗杰·金等:《全球化时代的大学》,赵卫平主译,浙江大学出版社2008年版,"导言",第7页。

在各个国家中各不相同，因此大学体制的发展也是不同的。

　　大学的多样化可以满足发展迅速和充满活力的社会的多种多样的需求。但是大学制度中的根深蒂固的影响因素是市场的压力和院校之间的"力量差距"——分层。政策的关键是鼓励创新和动态的竞争，在高等教育大众化过程中，一个可见的预期是：专注于教学的大学，最终获得更高声望和更大回报的可能性更大。① 在西方大学里，发展规划提供了相互对话、反思体制及寻求权宜之计的中间地带，发展规划只有让各利益团体都参与，才能有利于找到共同价值观和目标。

　　从社会控制到社会自治制度现代性的文化倾向和技术成就的背景对现代大学制度模式建构具有启示价值。也正是在现代大学制度模式的内部同时滋生出与文明进程和高尚道德相悖的人性迷失和强制性的权威。② 现代大学制度与权威模式的密切关系在现代官僚体系中发展到了完美的程度。现代性和文明化进程及主流理论对现代大学治理和制度建构的冲击何在？这是一个消费的时代：市场法则和竞争机制强势进入大学的方方面面。商业化和私有化对高等教育的冲击影响了制度安排，高等教育也成为服务产品；"市场至上"的观念成为人们奉行的最高价值原则，组织的思想和行为都受到市场的影响，而传统价值观念在强势市场的面前日渐式微；追求利益最大化成为组织和个人行为的出发点和最终目的。这一切给大学敲响了警钟：如果大学放弃了对人类终极关怀的追求，远离守望社会的使命，如果大学将沦陷在追求利益最大化的泥潭无法自拔，那么大学终将因失去理性自觉的思想独立而再次被边缘化。③ 因为社会的剧烈变迁，学术职业人的学术工作虽然遭遇困境，但是批判思考是文化牛虻的天职这一观点始终被众多学人坚守。现代大学是科学研究的

---

　　① ［英］罗杰·金等：《全球化时代的大学》，赵卫平主译，浙江大学出版社2008年版，"导言"，第13页。
　　② ［英］齐格蒙·鲍曼：《现代性与大屠杀》，杨渝东、史建华译，译林出版社2011年版，"前言"，第9页。
　　③ ［美］罗伯特·波恩鲍姆：《高等教育的管理时尚》，毛亚庆等译，北京师范大学出版社2008年版，"总序"，第3页。

动力之源，这种动力来自于学者自身，另一个关键因素是大学校长。大学源源不断的人才培养、学术成就和学术声望，使其实现并巩固了其在学术秩序中的支配地位。

二 组织文化与现代大学

伴随着18世纪现代国家的产生、19世纪产业革命过程中公司的出现，组织得到了前所未有的发展。在今天的社会中，组织遍布，正如塔尔科特·帕森斯（Talcott Parsons）所言：社会在高度分化，各类组织的产生和发展，提供的机制和手段，能够帮助人们实现单凭个人力量无法实现的目标。[1] 组织的内部活动之间的关系包括组织内部各种工作之间的关系、权力关系和同辈群体之间的压力及要求等。组织的外部活动于组织的关系体现为组织的环境对于组织的运行重要性，技术与市场因素对组织产生影响。权力机构也会对组织运行提出要求和施加压力。在一定程度上，理性化文化逻辑在自然与社会世界的出现是组织兴起的重要原因。理性化过程中，人们为了获得想要的结果往往通过正式的编码手段，组织作为社会实体督促项目或计划的施行，这种信念已经深入社会生活领域，组织成为无所不在的集体行动的手段。[2]

(1) 组织文化与组织特性的发展与共生

20世纪70年代，制度视角复兴，并应用于组织研究，学术界开始认识到文化与规范因素对组织所产生的重要影响。"制度视角对于理解不同时空中组织过程的差异非常有帮助，也为我们对组织进行理论比较与分析提供了至关重要的概念和思想基础。"世界各国的组织都经历了一个快速现代化的过程。"在这个过程中，组织越来越受到外部的政府以及各种团体所确立的文化模式和规范的影响，当然同时

---

[1] 转引自[美]W.理查德·斯科特《制度与组织——思想观念与物质利益》，姚伟、王黎芳译，中国人民大学出版社2010年版，"中文版序言"，第1页。

[2] [美]W.理查德·斯科特：《制度与组织——思想观念与物质利益》，姚伟、王黎芳译，中国人民大学出版社2010年版，第100页。

也受到组织自己的独特传统和过去经验的影响。"①

默顿认为，特定组织、特定职业中的制度过程，逐渐形成一种价值观念，并且不再仅仅作为促进管理的技术手段。② 组织是理性行为的机构性表达，正如菲利普·塞尔兹尼克所认为的，如果组织被设计为为获取特定目标的工具性机器，在历史进程中会不同程度地转化为制度，制度化一定意义上是一个过程，制度化是在组织的发展进程中实现的：学术自由、大学自治，"为科学而共处"成为获得"人格身份"的独特的学术价值观。这种"人格结构"与独特身份成为学术组织中的学术职业人为"保持一套独特而唯一的价值观念的斗争或努力"③。

帕森斯从三个层面划分组织层次：生产技术性组织；管理性组织，负责资源获得与产品处理；制度性组织，关注组织与社群、社会规范及习俗之间的联系。学术组织的规范结构的广泛性和有效性，为组织的存在提供合法性。学术组织价值观发挥其功能并使其运行模式合法化的途径是大学将培训和教育作为其存在与发展的合法性与合理性。现代大学制度模式的分类受不同的规范框架支配。在价值观系统中，越是为统领的、受到尊崇的价值观服务的组织，就越会因更具有合法性而获得更多的社会资源。大学制度有让大学取得合法性的功能，学术组织的结构如何使组织中个人决策简化并达到个人行为的协调一致，制度化组织结构的支持至关重要。"个人在获得组织成员资格的过程中，被预期会接纳组织的价值偏好，并用以指导其决策……组织中的行为是理性的，因为选择受到规则的约束，而个人也受到规则的指引。"④

（2）组织文化与现代大学

美国 19 世纪和 20 世纪之交的文化人类学家弗朗茨·博厄斯

---

① ［美］W. 理查德·斯科特：《制度与组织——思想观念与物质利益》，姚伟、王黎芳译，中国人民大学出版社 2010 年版，"中文版序言"，第 2 页。
② 同上书，第 27—28 页。
③ 同上。
④ 同上书，第 31—32 页。

（Franz Boas）奠基性地开展文化理论研究，他"通过强调人类文化的可塑性……拓展了人的性质，使人具有无限的可能性，而不仅仅是受着各种制约的囚徒"。人类作为社会动物，马克斯·韦伯认为，人类生活在由自身所编织的意义之网中，克利夫德·格尔茨认为，"文化就是这些网……文化是由社会确立的意义结构所组成的"。"文化则是由人们创造出来的，加以传播的价值观、思想的内容与模式，以及符号与规范系统所构成的'象征意义系统'。"文化系统对行为具有独立而重要的影响。"文化也能够导致变迁，或者能使变迁成为可能。"① 法国社会理论家皮埃尔·布迪厄提出"社会场域"，指"由独特的价值观与手段、方法所支配的社会场合"。而"社会场域的争斗性质，以及权力在解决这些争斗中的重要作用……可以作为外在于任何具体行动者的一种社会现象来研究，也可作为一种主观的、内化的心智要素而存在"。社会场域理论更"强调文化规则的内在的重要性"②。

韦伯眼中的现代大学学术生活也发生了异化："在社会组织状态中发生这些科层方面的变化的同时……知识分子则与对大学的控制权相疏离，即发生了某种异化的过程。"③ 学术组织的特点是遵循学术组织价值观承诺的独特性和重要性，与一般社会组织价值观承诺的差异在于：学术职业制度的理论路向、学术组织的"自然历史"方面存在不同；学术组织的独特结构、能力和责任的历史过程也不同。学术组织的外在目标（来自政府、社会需求的目标）不同于组织的"真正"目标，"在组织内外的利益群体的相互作用中，组织的正式目标被转化了"④。但并不是所有的文化规则都会对组织起支持作用，理性化信念的重要性是为了获得特定目标而设计各种规则程序。文化

---

① ［美］W. 理查德·斯科特：《制度与组织——思想观念与物质利益》，姚伟、王黎芳译，中国人民大学出版社2010年版，第45—47页。
② 同上书，第50页。
③ ［德］马克斯·韦伯：《学术与政治》，冯克利译，生活·读书·新知三联书店2013年版，第188—189页。
④ ［美］W. 理查德·斯科特：《制度与组织——思想观念与物质利益》，姚伟、王黎芳译，中国人民大学出版社2010年版，第29页。

规则理性化趋向为组织建构提供了独立基础,制度环境的变迁对组织结构具有重要影响。学者遵守文化认知制度,是由学术人的行为类型决定的,是由制度角色决定的,"制度体现为作为角色的个体的体验……制度及其'程序性的'行动集合"。在学术组织中,行动模式渐渐习惯化和客观化,但"个体与组织在很大程度上都要受到各种信念体系与文化框架的制约,会接纳各种信念体系与文化框架"①。

(3) 大学学术组织与组织制度文化

大学一开始是松散组织,其行为模式伴随着现代性的产生和进程的深化而变得更加专门化、更加精确化。组织文化一定意义上是"所有文化都有某种时间估算的既定模式,以及对自身进行空间定位的方式。个体在其中无法感知未来、现时及历史,这样的社会是不存在的。每一种文化都有特定的标准化的空间标识,用以表现其特殊的位置意识"②。而当下现代社会组织的主要特征,"与其说在于其规模或科层制特征,不如说在于其既认可的又需要的那种集中性反身性监控。当人们提及现代性时,所指涉的不仅仅是组织的种类和数量,还包括组织过程本身——跨越无限的时空距离而对社会关系所采取的规范化控制"③。学术组织也会存在学科、学院和稀缺资源的"固定范式",要打破这种长期形成的利益框架,重新核定内部奖励标准,改革领导人选拔的参考因素,"这些措施在任何学院和大学都可能被证实是难以成功的"④。现代大学制度首先表现为一套正式规范、规则;其次需要学术人在已经确立的职业角色中集体行事遵循,这样制度才能得到实施。埃弗里特·休斯指出:在个体与制度间的多种方式互动中,大学制度勾勒出"职业轨迹":塑造生命历程、创造身份特质,为工作任务的许可与禁止提供基本原则。在现有的科研管理和绩效奖

---

① [美] W. 理查德·斯科特:《制度与组织——思想观念与物质利益》,姚伟、王黎芳译,中国人民大学出版社2010年版,第67页。

② [英] 安东尼·吉登斯:《现代性与自我认同》,夏璐译,中国人民大学出版社2016年版,第16页。

③ 同上书,第15页。

④ [美] 罗伯特·波恩鲍姆:《高等教育的管理时尚》,毛亚庆等译,北京师范大学出版社2008年版,第87页。

惩体制下，学术研究不再是对具有创造性的未知领域的探索，而是被异化的"发表"或"出版"劳动。学术生产和绩效问责制度已经改变了学术研究和探索的意义与性质。学术信仰、学术规范和学术权力的关系结构，是学术人思想观念与学术实践活动的产物。但对于学术体制中的人来讲，是外在和客观的事物了。

高等教育发挥功用的流程包括教学、研究和服务。高等教育流程再造是为了提高绩效，改善质量，满足人们对高等教育的需求，降低成本，帮助学术管理者重新思考大学使命和核心竞争力的定位。因此高等教育的流程再造应从教和学着手，而非管理。"集中于管理会扭曲高校的使命：目标和评价标准会着重管理的而非学术的价值，注意力也会集中在对资源、教员和学生的管理上，而不是集中在教、学和研究上。为了使流程再造在高等教育中行之有效，'流程再造必须由学术目标来驱动；类似教、学和研究的适合性和有效性这样的问题，一定要比衡量管理的标准如效率和利润更为重要'。"① 因此，现代大学制度在建构中应重新思考教学体系、课程、组织结构，寻找更有效率的方法来提供教育、服务和研究的产品。因此，管理过程的重新设计在大学里很难真正实现，因为缺乏足够的支持，而且成效甚微。"高等教育的成功变革取决于教员的自愿参与。但如果流程再造的思想用于改变教育教学系统，以较低的成本改善学习、提高学生满意度的话，这样的自愿参与可能不足。"②

（4）学术组织全球范围内的使命延伸

大学的规模扩张，引发超大规模、多校区的"多元化巨型大学"出现，导致的结果：一是大学管理主义倾向明显；二是政府通过财政资助强化了对大学的控制与干预。"自20世纪90年代以来，管理超越了学术成为应对激烈竞争性市场挑战的主要动力源泉……大学正在从传统的学院（学者社团）精神向经济理性主义和新管理主义

---

① ［美］罗伯特·波恩鲍姆：《高等教育的管理时尚》，毛亚庆等译，北京师范大学出版社2008年版，第87页。
② 同上书，第89页。

意识转化。"高等教育的话语体系也日益更新为"市场价值、成本—效益、良好管理、战略规划、成就指标、质量保障、问责和审计等"①。大学的管理范式主要表现为市场优先的战略选择和行政主导的有力控制。高等教育中行政人员数量的增多、权力的加强、行政人员和管理人员之间的裂缝也在加宽加深。大学无可避免的官僚化，使得约翰·霍普金斯大学校长在博洛尼亚大学建校九百年的纪念大会上感慨："早期存在的人之间的密切关系和人文标准正在受到规模、制度和程序的侵蚀。这种演变使得大学自治更难于实施。"与此同时，大学学术文化和行政文化的冲突加剧。中国大学官学一体的制度安排决定了学术权力隶属于行政权力，造成学术委员会作为大学最高的决策咨询权力机构的式微。"在新管理主义的影响下，各国政府纷纷制定政策，监控大学经费的使用，力图引入按大学的绩效分配公共经费的原则，逐渐使政府的管理模式和程序渗透到大学，使大学的管理与政府的管理趋同。"这一切引发我们思考：大学的各职能部门如何定位院系、中心、研究所？如何定位教师？各职能管理部门为谁工作，为谁服务？各国大学都存在一种倾向：大学各职能部门的管理人员"更多的是在为领导工作，对领导负责，缺少的是为学术服务，为教师服务的思想"②。中国强调一流大学和一流学科的作用，这些双一流大学和学科在国家科学理性的选拔和规范之下，形成一种制度框架，限制恶性竞争，力主合作，以动态管理引导良性竞争，使得双一流大学和学科在一个给定的场域中运行，发挥这些一流大学和一流学科各自的优势。双一流大学和学科建设所能操控的资源，不仅取决于该学术组织固有的优良学术传统和积淀，还取决于其与其他学术组织所具有的各种网络关系。因为各个学术组织在社会地位、与其他学术组织存在的网络联系等方面存在差异，差异是由现存的制度和学术规范造成的。

---

① ［美］罗伯特·波恩鲍姆：《高等教育的管理时尚》，毛亚庆等译，北京师范大学出版社2008年版，"总序"，第5页。
② 同上书，"总序"，第6页。

三　现代学术组织与现代大学制度

现代性的来临导致个体所处外部环境发生重大变迁。"社会情境既不与个人生活相分离，同时也不仅仅是一种外在于个体的环境。在致力于解决个人问题的同时，个体也在积极主动地为重建其周围的社会活动领域而贡献着自己的力量。"① 因此，现代生活时时"传递给我们今天生活方式的信息——我们为了安全所依赖的制度的性质，我们衡量自己的行为与认为正常并加以接受的互动模式是否适当的标准的效力——默默无声、没有听众，也没有人去传递。即使被专家阐明并且提交到圈内会议上讨论，在别处它也不会有什么声音，对所有圈外人而言仍然是一个神秘之物。它还没有进入（至少不是以一种严肃的方式）当代意识。更糟糕的是，它至今还未对今天的现实生活产生影响"②。安东尼·吉登斯以制度因素解读晚期现代秩序："现代制度的全部主旨即在于为人类行动创造大环境：这种大环境以现代性自身之动态过程为依据而展开，并与外部标准（即外在于现代性社会体系的元素）割裂开来。尽管也存在大量例外和反向趋势，但日常的社会生活却愈发变得既与'原初'自然状态割裂，又与各种有关人类存在问题和困境的经历割裂。"③

学术职业属于专家体系。专家体系本质上依赖于信任来展开，"信任意味着将有一次迈向承诺的跨越，而承诺又是'信仰'的一种品质"。大学中的专家属于在"'高信任度'岗位上的工作，则绝大多数在无管理或监督人员在场的情境下展开……就专家体系而言，信

---

① ［英］安东尼·吉登斯：《现代性与自我认同》，夏璐译，中国人民大学出版社2016年版，第12页。
② ［英］齐格蒙·鲍曼：《现代性与大屠杀》，杨渝东、史建华译，译林出版社2011年版，"前言"，第7—8页。
③ ［英］安东尼·吉登斯：《现代性与自我认同》，夏璐译，中国人民大学出版社2016年版，"导论"，第7页。

任限定了一些技术性知识的范围……"①。我们需要创立制度来处理学术共同体行动问题——以规制学术人自己及他人，因此，学术人会对制度规则做出反应。制度框架不是对物质条件的简单适应，现存的各种社会制度为学术人界定了学术情景或者是学术背景。学术活动总是植根于社会活动中，"这些背景规定了对于行动者而言有价值的、想要的结果，以及追求这种结果的适当方式；通过考虑这些社会规则与行为导引，行动获得其恰当的合理性"②。工具主义的逻辑会追问，在这种制度框架内，"我的利益是什么"；追求适当性逻辑的行为，则关注"制度对学术人的期待是什么"；规范性要素在制度中被强化，"认为选择根植于社会背景之中，并以解释某人对这种情景中他人的关系和责任的道德框架为导向"③。

（1）学术组织与秩序规约

19世纪晚期与20世纪早期的实用主义哲学主张"思想不是'外在于那里'，等着人们去发现，而是一种……人们设计用来处理他们发现自己所处世界的工具"；因为"思想'不是由个人产生的，而是由个人构成的群体产生的，即思想是社会的……依赖于……它们的人类传递者和环境'"④。在大学里传统的行为模式若已不再可行，是否"许多人则选择更为积极的态度去抓住那些伴随问题而来的新机遇并进而改变其身。这些焦虑、危险和机遇新在何处？现代性的制度安排又以何种方式显著地影响着它们"⑤？危机不仅意味着断裂，也在一定程度上意味着一种持续的事态。这种大背景也深深形塑和影响着大学里学者和学人的自我认同与对学术的个人感受。在社会整体大背景下，现代大学从侧重个体学术生活转向高一层的制度化层面。"自我

---

① ［英］安东尼·吉登斯：《现代性与自我认同》，夏璐译，中国人民大学出版社2016年版，第18页。
② ［美］W. 理查德·斯科特：《制度与组织——思想观念与物质利益》，姚伟、王黎芳译，中国人民大学出版社2010年版，第79页。
③ 同上书，第78页。
④ 同上书，第79页。
⑤ ［英］安东尼·吉登斯：《现代性与自我认同》，夏璐译，中国人民大学出版社2016年版，第13页。

认同构成了我们跨越现代性的不同制度场景的轨迹，而'生命周期'这一术语在非现代的场景中比在现代的场景中更具恰当性。我们每个人不仅拥有，而且经历着个人的成长历程，而后者是依据有关可能的生活方式的社会或心理信息流，并以一种反身性的态势形成的。"①

人类文明进程中也存在破坏性的一面，因此将认为"现代社会秩序具有双面性的批评家推向了沉默和边缘"②是存在巨大危险的。但是，官僚制度行为规则也具有令人震惊的效果：官僚制度文化得以实现的特定环境是将社会视作一个管理对象——一个需要被"控制""掌握"，可以加以"改进""重塑"的"社会工程"的合法目标。③

（2）制度的无所不在与制度的必要性

对于大学而言，当前国家影响开始下降，经济全球化的影响加剧，这会带来大学深刻的变革。因此，有学者存在这样的担忧："如果民族国家失去了直接支配大学的能力以及作为大学的主要资助者的地位的话，大学将越来越成为独立的商业性实体而在世界范围内活动，追求……它们自己团体的利益……到那时，又如何引导大学为国家利益服务……政府是否有可能希望国家利益更多地得自于'国内'独立的和超国家的大学成功的经济活动，而不是得自于这些具有公共影响力的机构为更广泛的社会目标服务的活动呢？"④

制度为协调关系而产生，"现代制度本质和影响的核心要素——社会关系'摆脱'（lifting out）本土情景的过程以及社会关系在无限的时空轨迹中'再形成'的过程"。马克斯·韦伯认为"脱域机制可分为两种类型……'象征标识'与'专家体系'……象征标识……它具备标准价值……相互替换。……由于时间被视为一种信用手段，

---

① ［英］安东尼·吉登斯：《现代性与自我认同》，夏璐译，中国人民大学出版社2016年版，第14页。
② ［英］齐格蒙·鲍曼：《现代性与大屠杀》，杨渝东、史建华译，译林出版社2011年版，第38页。
③ 同上书，第24—25页。
④ ［英］罗杰·金等：《全球化时代的大学》，赵卫平主译，浙江大学出版社2008年版，第2—3页。

而标准化的价值亦使从未谋面的人们之间的交易得以顺利进行,故货币这种象征标识本身就可以把两者联结在一起并置于同等重要之地位……专家体系则通过对技术性知识的利用将时间和空间联结起来,而……技术性知识的有效性独立于利用它们的具体从业者和当事人。在现代性的各种条件下,这种专家体系无孔不入,渗透到社会生活的方方面面,从食品到药品、从住房到交通,不一而足。事实上,专家体系并不局限于专门的技术知识领域,它们能扩展至各类社会关系以及个人的私密关系中"①。

与此同时,我们也要深刻地认识到:现代制度并非前现代文化和生活方式的延续,"现代时期"与以往所有历史时期都有巨大不同:"现代世界是一个'飞速发展的'世界:不仅其社会变迁的速度远远快于先前各种制度,而且其社会变迁的广度和深度也与以前迥然有别。……现代世界的社会变迁深刻地影响着早已存在的社会习俗和行为模式。"② 大学生活中存在一种制度性压抑——羞耻感而非愧疚感——自我认同的异化。"'有关人类存在的孤立状态'并非每个个体与其他人的分离,而是他们道德资源的分离,而这些道德资源是人们过一种圆满惬意的生活所不可或缺的。自我的反身性投射催生出自我实现与自我驾驭的方案……只要这些可能性在很大程度上被视作现代性的控制体系之延展,那它们便会缺乏道德意义。"在学术界,对真理的追寻既是一种最高价值,也是一种自我实现的方式。为摆脱我们所面临的道德困境,现代性制度是否也应关注"在本土与全球之间相互关联日益紧密的大环境下,对生活方式的选择愈来愈能引发诸多道德问题,而面对这些问题我们又不能简单作出非此即彼的判断。解决上述问题需要各种形式的政治参与,而后者正是由新兴的社会运动所预言并由其引发的"③?

---

① 转引自[英]安东尼·吉登斯《现代性与自我认同》,夏璐译,中国人民大学出版社2016年版,第17—18页。
② [英]安东尼·吉登斯:《现代性与自我认同》,夏璐译,中国人民大学出版社2016年版,第15页。
③ 同上书,"导论",第8页。

(3) 现代大学制度的组织文化特性

现代大学制度建构是文明化趋势的合理产物，因此我们应该"严肃地对待这些批评并借此扩展文明化进程的理论模式，以涵盖文明化进程那种降低贬斥社会行动中的道德动机并使之丧失权威的趋向，我们需要斟酌这样的事实……文明化进程是一个把使用和部署暴力从道德计算中剥离出去的过程，也是一个把理性的过迫切要求从道德规范或者道德自抑的干扰中解放出来的过程"①。国家的起源不同，各国大学制度的历史发展轨迹也不相同，但是，在全球化境遇下的各国大学越来越面临着一种相似的困境。在欧洲大陆、英国、美国的大学制度和文化中，大学的理念呈现出差异性——将大学作为公共服务机构还是私立机构，这种差异也体现在大学与政府之间的关系上。但是，大学常常将大学生"局限"在校园、课堂之内，与社会联系相对较少；教师将更多的时间投入科学研究和学科教学，对社会形势变化和人才需求并不敏感，对学生整体素质的提高缺乏责任感。当代很多大学的大学生都是处于被动的学习环境中，"大班上课非常普遍，许多大学拥有多校区，致使教师和学生之间的互动缩小到极限。这种整体的被动环境可能对学生造成终身性影响，使大学生缺少强烈的学习欲望和独立学习的能力，缺少创造精神和适应能力"②。大学及其学术职业人正在远离大学创建的初衷：教育是点燃学生心中的火种还是装满他们知识的水桶？

世界一流大学，并非仅仅靠政府的巨额资助和大量投入，大学理念和制度建构是重中之重，否则，大学无法真正走出危机。大学作为一个特殊的学术组织，即使获得了巨额的资助，也许仅是表面的繁荣，在大学规模扩张、学科完备、设备更新的同时，危机也许更加加深。因此，学术生活方式具有特殊的重要意义，因为"在现代社会生活中……传统的控制力愈发丧失，同时，人们的日常生活愈发被本土

---

① [英]齐格蒙·鲍曼：《现代性与大屠杀》，杨渝东、史建华译，译林出版社2011年版，第38页。
② [美]罗伯特·波恩鲍姆：《高等教育的管理时尚》，毛亚庆等译，北京师范大学出版社2008年版，"总序"，第10页。

与全球的交互辩证所重构，个体就愈发会在多样性的选择中被迫对生活方式的选择进行讨价还价……然而，由于当今社会生活的'开放性'，亦由于人类行为所处场景的多元化和'权威'之多样性，故在自我认同和日常活动的构成中，生活方式的选择变得日益重要。具备反身性特征的、有组织的生活规划，通常被认定为经专业知识过滤后对风险的考量"，以上规划构成自我认同过程的核心特征，因为"现代制度在保持解放的可能性之外，还同时制造着自我压抑而非自我实现的机制"①。

（4）完善管理制度，制定大学的战略规划

管理制度需要完善，即便相对理想的大学管理制度也无法达到所有的标准："一项完美的大学管理制度，应具有保证各学院合法、高效、有力地运行的一些机制。完善的管理制度，能满足管理者的利益、管理者应为其负责人们的利益和服从于这项制度的人们的利益……没有任何一项制度已经达到——或能够达到——所有的标准，部分原因是因为合法、高效和有力的要求可能有矛盾，部分原因是因为参与大学管理的各群体之间的利益存在冲突。不同的制度服务于不同的目的。对一项管理制度的接受不仅是一种技术上的抉择，而且同样也是一种为谁的利益服务的政治抉择。"② 大学管理制度具有历史的延续性，因为"每一种新的管理制度都是在前一种制度的缺陷中产生……它的缺陷导致了其后续制度的发展，但在当时它却是一项创新"③。现简列高等教育中的战略规划制定历程如下：1972年学术组织开始关注战略规划的研究与实践，1981年科勒和墨非发表文章《高等教育的战略规划》，1983年科勒出版专著《学术战略》标志着战略规划正式被引入高等教育领域。20世纪80年代高等教育领域中战略规划是由"新时期深刻而广泛的社会、经济、人口统计学的和技

---

① ［英］安东尼·吉登斯：《现代性与自我认同》，夏璐译，中国人民大学出版社2016年版，"导论"，第5页。

② ［美］罗伯特·波恩鲍姆：《高等教育的管理时尚》，毛亚庆等译，北京师范大学出版社2008年版，第24页。

③ 同上书，第25页。

术上的变化以及新的国际竞争形势"推动的。高等教育的战略规划具有科层性质,是由组织的高层管理者制定,然后逐级推及至下层完成。"大学不应该等待危机到来激发它们的在战略上的变革,而是应该按照战略(制订)的过程来积极应对危机,这种过程包括:环境和资源分析,以及……形成目标、制定策略、组织再造、设计信息系统。"① 大学发展规划引领大学发展与社会发展尽可能同步。

---

① [美]罗伯特·波恩鲍姆:《高等教育的管理时尚》,毛亚庆等译,北京师范大学出版社2008年版,第52—53页。

第一章　组织文化：现代大学的内在品性

民族国家的崛起和高等教育的普及，使人们认识世界的范式发生了前所未有的转变。任何学术研究都是从一个侧面，以一种特定的视角来考察给定事物的总体性。学术研究的发展是将总体性分解为具体的性质和功能，进而依照分工从某个视角来加以探索。本书就是以组织文化作为一种独特方式将大学与社会联系在一起，在现代生活的碎片中，探求时代精神的总体性，进而建构起中国特色的现代大学制度模式。人与人之间的沟通促成文化发展，但正如康拉德·劳伦兹（Konrad Lorenz）所说的："纵使人类社会一代一代地活下去，但文化会死，这是我们现今受到的威胁，因为这个逐渐积累起来的庞大知识体，其成长与扩充都需要头脑、书本与传统。文化并不是在人类头顶上翱翔的东西。它就是人类自身。"① 文化在其漫长的构建过程中，人性是生命过程的一种表达，人应该尊重、珍视人性中的真善美，认真地对待自己，从而赢得拥有人类尊严的权利。

为面对时代命运和正视现实生活，为追求人类的幸福和证明人类的伟大，我们已经走在现代化的道路上，当我们在现代化的征程中一往无前行进时，有的社会学家开始反思现代化，认为现代性的消极后果之一就是将一切予以量化，出现了将质化约为量的生活倾向，正如齐美尔所说的："现代心灵已经变得越来越带有计算性。……数量范

---

① ［美］罗洛·梅：《权力与无知：寻求暴力的根源》，郭本禹、方红译，中国人民大学出版社2013年版，第61页。

畴日益比品质范围占据优势……是品质消融于数量的趋势……"人们对金钱与物质的无限欲求,使得价值的代言人变为货币,"无可挽回地掏空了事物的核心,抹杀了它们的个体性,它们的独特价值,以及它们之间的不可比性"。换言之,就是"所有的事物都以相同的重力漂浮在奔腾不息的货币之流中。所有的事物都处在同一平面上,只是面积大小不同而已"。人在现代社会也越来越被裹挟到物欲的洪流中,漂浮在城市生活的表面。组织多样性的根源在于对制度规则存在不同的解释和解码;制度传递者的差异会改变所传播的制度信息;组织成员在应用规则时会出现误读或误解;组织成员对制度规则的感受是不同的;组织成员的关系会影响对制度要求的明了或应对策略;制度的采纳和选择会被调整或创新;被整合的各种组织模型之间存在竞争和冲突;各个组织对相同的制度要求或压力存在不同的应对策略;组织网络或学术共同体对同样的制度要求或压力存在不同的应对策略。①

为什么以组织文化为视角来展开研究?本书对学术组织制度理论探讨建基于默顿的角色冲突理论、科层结构理论、社会秩序与社会变迁理论。学术研究要有一个连贯的学术体系,但未必每个人都能建立一个学科体系,更多的是选择研究视角。默顿在理论研究中选择中观层次的研究视角,提出的越轨理论、科学共同体、角色冲突理论、社会学矛盾选择理论、科层结构理论、参照群体理论等都属于中层理论,都不是对社会秩序和社会变迁提出的一般性解释论证。"当今制度理论的凸显,完全是始于20世纪60年代中期的、把开放系统理论引入组织研究的知识革命之继续与拓展。其中开放系统理论一改过去组织理论的研究视角,强调比组织更大的外部环境对于组织的重要性,认为这种环境对组织起着制约、塑造、渗透和革新的作用。"②在此之前,研究者只将研究视域集中在资源、与组织任务相关的信息对组织的影响——内部影响,认为组织是一种生产系统;到了20世

---

① [美] W. 理查德·斯科特:《制度与组织——思想观念与物质利益》,姚伟、王黎芳译,中国人民大学出版社2010年版,第186—187页。

② 同上书,第2页。

纪70年代中期，研究者们才开始认识到社会与文化因素也会对组织产生重要的影响，这就是制度环境。因此，组织，特别是学术组织，作为社会文化系统的特质日益明显。

现代社会人与人之间的关系也越来越"矜持"，越来越疏离，而正是学术职业人的思想自由和精神解放独立，才使得"谁都不愿积极地充当社会控制的代理者"[①]。学术职业人的思想自由与精神独立能有效应对时代变迁所引发的各种困扰。因为世界高等教育规模的现代扩张是大学和学术职业人都无从控制的局面和趋势，但正是这种规模扩张在一定程度上成为学术职业人获得更大自由的逻辑与历史的前提和基础。自由成为学术职业人学术生活与个人生活的特质，学术职业人自由的职业生活与个人生活方式是一种内在自觉的追求而非外在的强加。[②] 现在全世界许多国家都具有这样的共识："人民的素质和智慧是现代国家最可贵的资源。受过教育的人民往往更健康、更富有且更具忍耐性与和谐性。因此，培养最优秀的年轻人的大学从来没有像现在这样具有更为重要的意义。最优秀的大学必定运转良好，且所从事的教学和学术工作不只是杰出的，而且是未来社会所急需的。"[③]在变动不居的世界中，因为大学已无法沉浸于昔日的辉煌，因此，面对现实，制定战略规划，强力执行才是最佳选择。

中国大学"双一流"建设的目标之一是在文化传承与创新方面：传承中华优秀传统文化以推进社会主义先进文化建设；增强中华文化传播的国际影响力以建构文化自信；以优秀而各具特色并获得师生认同的学风、教风、校风开阔大学文化视野；以大学文化、大学精神引领社会风尚，增强文化创新能力。因为文化是创造出来的，大学是创造、继承和传播文化的集散地，为引领文化创造者的活动，使其不至于走向自我迷失，大学需要一种作为学术组织的独特文化精神。大学

---

① 成伯清：《格奥尔格·齐美尔：现代性的诊断》，杭州大学出版社1999年版，第89页。
② 同上。
③ [美]乔治·凯勒：《大学战略与规划：美国高等教育革命》，别敦荣主译，中国海洋大学出版社2005年版，"中文版序"，第2页。

的根本目的是培养完善的人，而现代人却越来越被自己所创造的物质世界奴役，越来越迷失在麻木、空虚中，人们不禁要反思：追求不断完善之路是否会被文化自身的悲剧性阻碍？① 除培养个体性之外，学术文化的使命还体现在要尊重、遵循大学作为学术组织的内在品性，建设独具特色的大学学术组织文化。

创新现代大学制度选择组织文化视角的价值在于：一是组织规模越大，采纳创新的需要就要更强烈，特别是多元化巨型大学，其资源丰富、组织庞大、功能分化程度也越高，对环境变迁更敏感，更易引发公众的关注。二是大学作为公共的学术组织，对制度和规范的要求也更高，受到制度的影响更大。三是大学里的人力资源和社会保障部门更有可能接受创新，特别是人事聘用方面的创新，在中国大学的改革中这属于开拓领域，牵一发而动全身。四是在中国大学，教职工代表大会、教师工会也会影响学术组织选择创新类型。五是知名专家和学者、学科带头人、制度设计者也会影响对制度的采纳。

第一节 学术的组织：文化范型

现代组织被建构成积极的博弈者，而不是消极的走卒。② 制度与组织之间的关系是制度综合设计影响组织发展，"制度要素影响组织行动以及组织行动又塑造制度要素……"③。组织受到环境因素的影响主要是指生态的或制度的环境因素。组织场域这一概念得到广泛接受，但也遭到强有力的挑战。组织场域包括：一是由在某部门或领域中运行的多种组织所构成的组织集合；二是除生产组织外，还包括交易伙伴、消费者、竞争者、机构规范、中介组织、提供资金来源的金融机构的集合；三是对相同性质组织和竞争同种资源组织的认知关

---

① 成伯清：《格奥尔格·齐美尔：现代性的诊断》，杭州大学出版社1999年版，第106页。

② [美] W. 理查德·斯科特：《制度与组织——思想观念与物质利益》，姚伟、王黎芳译，中国人民大学出版社2010年版，第187页。

③ 同上书，第188页。

注、组织环境及其之间的各种机会可能和威胁可能。① 在更广大的社会环境中，所有的大学都是博弈者，相互竞争，争夺资源；学者和学人自我理解与相互理解的重要性体现在其学术生命是个人认识社会环境的一种觉解。

本书建构现代学术组织的思考向度包括学术组织的结构框架、职称职责、专门功能、规范规则、传统和惯例、具有影响力的理性制度环境的规定与指引，等等。有一种观点认为：在复杂的制度环境中，组织无关绩效与制度环境逐步同化，以此获得其存在的合法性和发展的资源。用这种同化（或同形）原理来研究组织的开创者是人类学家阿莫斯·霍利，他认为处于同一制度环境中的组织获得相似的组织形式是源于组织间的竞争过程，在竞争过程中采用相似的结构形式能够使组织对特定的环境产生最好的适应。新制度主义者的组织分析者主张，在特定制度环境中的组织采用合法的结构形式是为了"社会适应性"，强调三个同形特点，即强制、规范与模仿，三种机制"会使组织彼此之间日益相似，但不一定会直接提高组织的生产绩效"②。

组织的现代特征体现在三个方面：一是同一场域中的组织具有结构上的相似性，例如，大学具有在竞争中遵守规制规范，获得文化认同、生存能力的结构特征。二是组织中既存在正式结构，也存在非正式结构。前者是官方认可的职位，后者是学术组织内部的实际行为模式及工作惯例。而且正式结构和非正式结构可以同时存在。三是制度环境既包括教学科研的职责使命，也包括认知性的规制、规范与制度文化的要求，大学作为学术组织，在一定意义上，其使命之一在于文化创造，大学特有的文化氛围，聚集了具有不同文化兴趣的学术部落，无论是否为志同道合者，都可以在学术探索中获得学术地位和取得学术造诣，积累学术资本以贡献学界与社会。

---

① ［美］W. 理查德·斯科特：《制度与组织——思想观念与物质利益》，姚伟、王黎芳译，中国人民大学出版社 2010 年版，第 190 页。
② 同上书，第 160 页。

第一章　组织文化：现代大学的内在品性

一　学术组织与组织文化的含义与特性

早期的组织理论有三大研究流派：一是以韦伯科层制著作研究为主的第一大研究流派，其发端始于帕森斯将韦伯科层制理论译成英文，并在哥伦比亚大学引起社会学家的关注。二是以帕森斯的"文化—制度"理论来研究组织为代表的第二大早期研究流派，是由帕森斯在哈佛大学将组织研究与社会制度研究之间建立起联系。三是以赫伯特·西蒙开创性地开展的组织决策研究为代表的第三大研究流派，赫伯特·西蒙在卡内基技术学院（今天的卡内基—梅隆大学）发起研究，后来他与詹姆斯·马奇一起将研究进一步拓展和深化，对组织决策的性质进行了很有影响的阐释。在三大研究流派中，帕森斯对工具性的、非个人的社会形势的形成和发展的价值导向和规范系统展开探索，他的"模式变项分类"提供了行动导向和支持性结构的各种基本价值维度，正是这些基本价值维度，包括"普遍主义（与特殊主义相对）、情感中立（情感性）、成就（归属）、专一性（扩散性）等规范导向，促进了组织的出现"[①]。学术组织强调共有的文化模型是组织化的基础性力量。组织理论的研究工作大都发生在相同的学科知识背景之中，这有利于"形成广泛的共同认知，然后这种共同认知作为一种管理机制而运行：只有通过这种形成共同认知的话语，研究工作才能逐渐得到协调，自组织才有可能"[②]。帕森斯用合法性来评估组织的目标，组织目标合法性以组织对其所属系统的功能性为依据，学术组织是专门化社会结构的子系统，学术组织只有遵守规范要求，才能确保其组织目标符合普遍的社会价值诉求。[③] 学术组织的目标与其社会功能目标之间存在一定的差异。

学术组织是非线性的复杂组织，各部门相互关联，任何部门的变革，在一定程度上，都会对其他部门产生直接甚至非预期的影响。

[①] ［美］W. 理查德·斯科特：《制度与组织——思想观念与物质利益》，姚伟、王黎芳译，中国人民大学出版社2010年版，第83页。
[②] 同上书，第163页。
[③] 同上书，第160页。

"即使大学的行为与对技术效率的追求不一致,社会依然对学院和大学充满了信心,认为它们做了被期望做的事情。当技术上的效果不可测量时,信心对于组织的生存能力就非常重要。加强对组织的评估和检查,动摇了该组织的社会合法性。量化的讽刺在于,我们对学院和大学的有效性所做的测量越多,我们就越可能认为它们是无效的。"①大学改革的各方利益相关者都会思考一个共同的问题:什么能够改善学术组织的绩效?有些管理变革"使组织的人力资源贬值,破坏了管理能力和组织特性……流行的商业出版物中所宣传的许多流行趋势,破坏了管理工作的地位和关联性,而这种地位和关联性对那些大型的、综合的全球性公司取得成功至关重要"②。大学不是公司,学术组织的发展如果遵循公司的发展和生存路径,组织文化的多样性和独特性就常常被忽略,因此大学的发展和学术组织的变迁,与管理时尚要保持一定的距离。因为管理时尚引入的新管理过程、新管理程序、新管理语言和新管理意识形态,这些都不会完全融入学术组织,而且学术职业人的思想和行动在学术组织中会具有更大的制度依赖性。

学术组织内部如果要改变领导风格,需要重新定义组织文化、组织结构和重新制定学术组织发展战略。因此,学术组织的变革需要重点了解和关注人的维度,重视学者和学人对学术组织保有忠诚的价值观和对学术组织未来改革发展的信心。例如,大学里的绩效考核,如果说让大多数教师都面临减薪,增加教学工作量,带来重重压力,甚至还有可能被淘汰退出,这对制度设计者和管理者可能意味着更大的困境,因为这种变革需要处理好学术组织场域系统内部各种关系:权力与控制程序、行动的能力、大学治理系统等。大学的治理系统是这样一种独特安排:以合法的等级制权威形成的共识机制或非法的强制机制,实现对学术组织内部的常规控制和管理。③大学治理系统是一

---

① [美] 罗伯特·波恩鲍姆:《高等教育的管理时尚》,毛亚庆等译,北京师范大学出版社 2008 年版,第 155 页。
② 同上书,第 158 页。
③ [美] W. 理查德·斯科特:《制度与组织——思想观念与物质利益》,姚伟、王黎芳译,中国人民大学出版社 2010 年版,第 194 页。

种公共建构，通过规制性、规范性制度要素的结合来管理学术组织场域中的学术职业人、管理者和相关人员。学术组织场域的结构化、解构与再结构化意味着制度与秩序的重建与重构，制度和秩序的重建与重构需要制度信念与制度实践。制度先是被制定，然后才会有制度变迁；制度变迁也是制度研究要解决的新问题，制度变迁的过程是去制度化—新制度安排—再制度化。制度弱化与消失的过程是去制度化；去制度化是指制度性系统的弱化、人们疏于遵守规范、义务期待逐渐丧失与惩戒力量消失的过程。[①] 在制度变迁的过程中，以往的制度文化理念与信念日益被侵蚀，曾被遵循的制度规范与传统也日益受到质疑。

二 学术组织、文化与社会之间的关系

当今时代最鲜明的特征之一就是知识时代的来临，我们生活的所有领域都为知识所渗透，我们拥有以往任何时代都无法匹敌的自我解释和自主行动的能力。而知识、文化与社会之间的关系是高等教育社会学理论的研究基础，塔尔科特·帕森斯和杰拉尔德·普拉特在《美国的大学》一书中指出："大学就是认知文化的机构。"但是，杰勒德·德兰迪认为："帕森斯的理论的缺陷在于没能看到知识是如何竞争的，这样知识与社会和文化之间的联系也就容易产生冲突。"[②] 学术组织需要文化指引，因为知识界的热情和流行风尚会引导人们对专家的地位和作用有新的认识。[③] 同时，当今时代也是知识发展日新月异的时代，知识模式的变化与文化模式的变革有关，"在这些变化的背后是意义更深远的社会制度架构方面的变化。目前的状况要求阐明公民身份的技术形式和文化形式，使公民身份中原有的公民的、政治

[①] ［美］W. 理查德·斯科特：《制度与组织——思想观念与物质利益》，姚伟、王黎芳译，中国人民大学出版社2010年版，第204页。

[②] ［英］杰勒德·德兰迪：《知识社会中的大学》，黄建如译，北京大学出版社2010年版，第23页。

[③] ［德］马克斯·韦伯：《新教伦理与资本主义精神》，彭强、黄晓京译，陕西师范大学出版社2002年版，"作者导论"，第29页。

的与社会的权利更为完善……这些观点最终往往走向技术决定论。知识比信息更丰富，因为它比信息的适用范围更广，知识是工具性知识，它与社会的认知结构相关"①。知识与信息不同，不能将知识简化为对信息的运用，知识不仅仅是专家们的事情，专业知识与普通知识之间的界限也并非像以往那么分明，一般而言，知识"……指的是一个社会提供学习机会的能力，一种与文化模式及制度革新成果相关的认知能力……知识社会的理念还包含一些基本的东西：逐渐开放与知识反思有关的新的认知领域"②。

社会生存境遇与社会文化形态直接影响了个体的生存样式和生活感受。文化作为社会系统的一部分，虽然具有产生、发展和消亡的生命过程，但是，存在过的文化样式都曾获得自身的固有形式，这种固有形式一旦固定下来，永不停歇的生命发展节奏和裂变就会逐渐消散。可以说，即使是富有创造力的文化形式的生命框架，一旦形成了自身的逻辑性、同一性和合法性，就无可避免地与创造文化并使其独立的精神动力之间保持必要的张力和距离。文化形式的自主性使其自成体系，而"文化形式作为一种社会体系越是独立自主，它们与文化创造力之间的对抗性张力越强"③。

大学文化在一定程度上属于公共管理文化。大学中的个体要适应学术特色显著的院校组织文化，这种文化关注整体，给予院校的每一个成员一种利益，并以必要的组织归属感、必要的妥协、不断变化且日益激烈的竞争、目标一致的努力来激励每一个学术职业人。大学校长和行政管理层作为制度设计者，他们的工作经历和学术经历会影响大学制度的战略架构。学术组织的文化模式先于组织而存在，因为学术组织的创建者在创建组织之前头脑中就以某种组织模型为模板，而这个头脑中的模型"往往要受着文化环境的影响。大多数的组织场

---

① ［英］杰勒德·德兰迪：《知识社会中的大学》，黄建如译，北京大学出版社2010年版，"导论"，第6页。
② 同上。
③ 成伯清：《格奥尔格·齐美尔：现代性的诊断》，杭州大学出版社1999年版，第94页。

域，都不只存在一种而是存在（有限的）数种组织模型或原型"①。大学校长或行政管理者、学者头脑中存在的各种文化蓝图或模式支配着制度设计实践。

三 学术文化、社会文化与文化创造力

现代文化发展呈现出一种距离倾向，也就是人类与他们的对象之间存在距离扩大的倾向。因为人类的精神状态存在于空间和时间上更广的利害关系联系之中，使人们"对由于跟人和事物的接近和接触而遭遇的震荡和混乱益发敏感"。格奥尔格·齐美尔认为这种"接触的焦虑"产生的原因之一，是"货币作为一个调停者，一个公分母，横插在人与人之间、人与商品之间，任何价值必须归结为货币价值，才能转换成其他价值"②。而我们学术界面临的是科研资助、科研成果这些"中间价值"，我们的关注点更多都集中在此中间阶段，以科研成果、科研奖励、科研项目等衡量学术职业人的价值，结果导致学术职业人离真理探寻越来越远。坚守与社会保持一定距离的象牙塔精神是平衡大学学术职业人与社会文化环境关系的一种社会平衡策略。由于现代社会的个体属性之一是文化消费者，因此"现代人总是处于过度刺激的状态，但又不能有效地将这些刺激转化为文化创造力。现代人知道或许还享受着太多的东西，但又无力将它们吸收并整合进自己的人格结构。所以，缠绕在现代人周围的各种文化要素，对他来说既不是毫无意义，但也不是意味深长；他既不能简单地拒绝，也不能全盘地接收"③。

文化体系与文化创造力之间的张力是文化体系的开放和相对独立，在既有文化制度中能够实现文化创造力，否则对抗的力度会加大。社会文化体系为个体创造力提供发展空间，否则会产生普遍的"文化不适"，也就是"个体创造者不再满足于根据自己的需要来改

---

① ［美］W. 理查德·斯科特：《制度与组织——思想观念与物质利益》，姚伟、王黎芳译，中国人民大学出版社2010年版，第167页。
② 成伯清：《格奥尔格·齐美尔：现代性的诊断》，杭州大学出版社1999年版，第125页。
③ 同上书，第105页。

变现存的文化制度，而是对现存的一切文化制度，都予以拒斥和反对"。最终的结果将是："在文化变迁中新旧制度交替的过程被打断了……文化制度和文化创造力之间的对抗，既没有导致制度创新……"①也没有导致无节制、无政府的权力泛滥。学术职业人追求真理的原因是："我们都在这条路上，不是在彼此责难。去学，意思是让我们的所作所为顺从作为本质向我们呈报的无论什么东西。随着这些本质的种类之不同，随着它们向我们呈报的领域之不同，我们的顺从及与之相联的学习的种类也各不相同。"②

学术界的生存境遇与社会发展境遇密切相关。作为学术部落的一员，学术职业人与社会其他成员一样在现代都市生活中被挤压、被抛在光怪陆离的都市，"个体的精力显然无法让自己在量上同庞大的机制抗争，只能从质上做文章，即凸现自己质上的分化，以吸引他人的注意，激发对于差异的敏感"。学术职业人与现代都市人一样，都"缺乏内在的安全感和确定感，感到的只是永远的紧张和模糊的欲望，所以，他们需要通过不停的追逐来安抚心中的躁动不安。在都市生活中，灵魂深处确定感的缺失，驱使人们在一个又一个新的刺激、感觉和外部活动中寻求暂时的满足。正因这样，人们陷入了动摇和无助之中，一如都市本身的喧嚣"③。学术职业人的精神自由并未因获得更多的资助、更大的竞争压力和绩效考核而迸发出应有的创造力，其生存境遇并未真正走向自主发展和自由探索。

第二节 组织的结构：中层理论

默顿提出的"角色丛"是"人们由于占据一个特定的社会地位

---

① 成伯清：《格奥尔格·齐美尔：现代性的诊断》，杭州大学出版社1999年版，第96—97页。

② [德]海德格尔：《人，诗意地安居——海德格尔语要》，郜元宝译，广西师范大学出版社2002年版，第19页。

③ 成伯清：《格奥尔格·齐美尔：现代性的诊断》，杭州大学出版社1999年版，第98页。

而具有的角色关系的总体"①。人类社会是一个复杂、分化、异质的整体,学术界及学术职业也是如此。社会结构分为三个维度:规范的、机会的和观念的。一个人在其所处机构的位置是其社会地位;也是其在社会系统中的社会身份;个体的社会地位是多重而非单一的。社会地位是社会结构的重要组成部分,包括三个方面:一是社会地位的规范方面,"它是关于地位占有者的恰当行为的一套模式化的社会(共同)期望"。二是社会地位的机会方面,即"每个社会地位都使地位占有者附带有一系列'生活机会'、选择、资源、便利条件"。三是社会地位的观念方面,"每个社会地位都具有附带的一套典型地被地位占有者所持有的模式化的信念、观点、信条"②。社会结构具有多元性、分化性和异质性,看似简单的学术机构也是极为复杂的。默顿从狭义上区分了文化结构与社会结构的概念,他认为个体生存环境包括文化结构和社会结构两方面,"文化结构可被定义为对特定社会或群体成员共同的行为进行控制的一整套规范价值观。社会结构则是指社会或群体成员以各种形式相关联的一整套社会关系"。文化结构是"业内成员被期望的引导其行为的一套共享和传递的观点、价值观和标准"③。

一 学术的内在结构与社会结构

学术的内在社会结构对外在社会环境具有一定的影响作用。学术的精神气质及学术组织内部特殊的组织形式,可以为政体和经济提供一种模式或模型,"并可能反映到社会组织的民主形式中"④。大学无法从文明社会中独立出来,关于知识分子在大学和公共领域如何让批判制度化,帕森斯认为大学的职能之一就是有助于社会文化的自我理解,"这种职能不是源于一种形成认知理性的特殊的学术角色,而是

---

① [波] 彼得·什托姆普卡:《默顿学术思想评传》,林聚任等译,北京大学出版社2009年版,第159页。
② 同上。
③ 同上书,第160页。
④ 同上书,第44页。

在参与公共生活的过程中被发现。学术专业人员，如专家、专业的教练或教师，在科学专业领域这样一个相对封闭的世界中工作。然而对知识的追求，除了为社会提供有用的知识外，还发挥公共作用。它有助于公民身份的形成和文化价值观在社会中的广泛传播"①。

知识是累积性的，制度的建构和形成也是累积性的，当然这种累积是有选择的累积，绝不是单线进展，制度变迁也具有一定的革命性，但是，这种变革总是与过去具有一定的连续性。宏大理论是纯粹抽象的、概念性的框架，经验研究拘泥于经验事实的发现，鉴于此，默顿开创了"中层理论"，提出了"中层问题"。在中层理论上，"社会理论和经验研究之间的'双行道'可以产生最佳效果"。在研究方法上也是定性研究和定量研究的有效结合。② 现代大学制度分析包括结构分析与功能分析；现代大学制度的创建应遵循功能理论框架，学术共同体才能获得达到最佳状态所需的条件。如果缺乏这些要素，系统就无法达到制度、规范、价值、社会行动模式等协调运转的理想状态。大学作为学术共同体是同质的、统一的及高度整合的学术性组织，虽然这种情况并不普遍，但是，其"整合程度是一个经验变量，在同一个社会里会不时发生变化，在不同的社会里也会不一样。认为所有的人类社会都必须有某种程度的整合只是一种一厢情愿的事情——并且也难以成立。并不是所有的社会都有这种高度的整合，即不是每一标准化的文化活动或观念对作为整体的社会都是有功能的，对生活于其中的人都有同样的功能"③。在《社会理论和社会结构》中，默顿转变了功能分析的定向，他由对总体体系的关注，转为对在社会体系中不同类型的社会组织进行分析，一方面按总体系的需求，另一方面由整体系统文化互动而建立、维持和改变对总体系统需求的抽象表达。这就是"要建立'中层理

---

① [英]杰勒德·德兰迪：《知识社会中的大学》，黄建如译，北京大学出版社2010年版，第90页。
② [波]彼得·什托姆普卡：《默顿学术思想评传》，林聚任等译，北京大学出版社2009年版，第238页。
③ 同上书，第128页。

论'……必须重视各个系统组成部分相互之间及其对系统整体的、相互的和多样性的后果"①。

组织的新制度主义对组织结构、社会结构与组织过程进行整体性研究，强调中观层次的研究，因此，制度理论的适用是有条件的，并且强调组织运行背景的重要性，组织不仅仅是建构于环境之中，而且为环境所渗透和建构。中观层次研究要求"我们必须搞清楚当下的一个周期、一个国家与一个职业，才能明确一个人是什么，以及制度如何作用于他"②。由于制度形成的历史、结构特征与功能效力方面存在差异，面对相似的挑战，学术组织以相似的制度要求，采取不同的应对策略，从而形成多样化的制度安排。帕森斯和克拉克·克尔都描述了这样一种现实："在现今大众化、工业化社会中，大众教育条件下自由的大学理念的消退。"但这并不是一种悲观的论调，而是对学术界和社会中被整合的多元主义的认知。事实上，"在现代大学中，知识拥有社会实用性已经不再被视为是对大学自治的威胁。人们认为大学是在对外界压力作出反应——如来自市场和阶层系统的压力，而并没有处于失去自我同一性的危险之中"③。凡是具有批判精神的学术组织，就会引进新的制度范式和规范方式；为谋求共同的利益诉求而挑战现有规则是学术组织的特征。作为学术组织的现代大学受到国家保护，国家在制定明确的国家使命和政府政策的智库方面对大学的依赖也在逐渐增强，在市场发挥主导力量的全球趋势下，大学仍在坚守理性道德力量和公民身份认同，虽然离学术资本主义时代来临还有相当距离，但是，"大学可以在国家与市场之间找到一条中间道路"④。

---

① ［波］彼得·什托姆普卡：《默顿学术思想评传》，林聚任等译，北京大学出版社2009年版，第127页。
② ［美］W. 理查德·斯科特：《制度与组织——思想观念与物质利益》，姚伟、王黎芳译，中国人民大学出版社2010年版，第220页。
③ ［英］杰勒德·德兰迪：《知识社会中的大学》，黄建如译，北京大学出版社2010年版，第68页。
④ 同上书，第69页。

二 学术组织的规范结构功能

社会结构是指社会及其成员以各种形式关联而成的一整套社会关系。这一整套社会关系以社会地位和社会角色的形式提供相互依存的基本社会形式。结构选择与结构功能相伴而生,结构的选择由社会特定因素、组织的要素与外部环境因素决定,结构选择和功能选择的主要理论依据都要关注到:相同的功能其结构安排具有巨大的差异性,从中可以探求其历史与文化的多样性。默顿在《社会理论和社会结构》中认为,规范结构是社会结构的核心,分三个等级。第一个等级是价值观和规范。默顿认为价值观是规定的、预期的、合法的行动目标,是"社会全体成员或处于不同位置的成员的目标……'值得为之奋斗'的东西"。价值观具有共享性和具体化;规范是社会互动中被期望的行为规定,"规范被理解为规定的、预期的、合法的行动过程,表明了达成既定目标的正确方式"。默顿认为规范是"服从于某一制度的人们普遍持有的对适当行为的道德约束性的期望",规范"是表明了什么是规定的、赞许的、许可的或被禁止的,在技术上和道德上认可的行为模式"。第二个等级是角色与制度。社会角色是"文化上被限定的期望"。制度是默顿以规范术语提出来的,"它指的是把社会生活的主要社会功能或领域整合起来的一系列规范和价值观"。默顿认为科学的核心规范,"就像其他制度一样,科学是拥有共享的、可传递的观念、价值观和标准的集合,以此来控制那些与此制度相关的人们的行为"。第三个等级是最复杂的、富有成果的角色丛。一个具体的社会地位会涉及与之相关的一系列角色,是"指人们由于占据一个特定的社会地位而具有的角色关系的总体"[①]。

学科与学术组织都具有社会性,它们既是社会的一部分,其自身也是一个社会世界。从学术界本身的历史中去探寻学科、学术组织的变迁,学科获得学术身份和专业身份。默顿的功能分析范式的

[①] [波]彼得·什托姆普卡:《默顿学术思想评传》,林聚任等译,北京大学出版社 2009 年版,第 162—163 页。

主要观点是：模型、角色、规范的存在是因为能为其系统提供利益，但是，什么机制把系统选择的目标与早有的手段联系起来？默顿认为是制度，"某种特定制度（或其他要素）在系统中的出现或存在，是作为应对该系统急迫需要的一种机制"①。在《美国大学》一书中，他认为大学是一个值得信赖的重要机构和复杂的理论框架，是文化系统和社会之间相互渗透的中间地带。大学具有创造社会认知价值观的功能，大学自身就是一个以文化系统为基础的认知联合体，并在现代社会结构中得以制度化。帕森斯认为，"……大学，代表了与认知事物相关的制度化。从文化方面来看，它关注的是文化系统中的认知子系统；从社会方面来看，关注的则是信托系统。换言之，大学是一种机构，也就是一系列的功能同时存在于文化领域和社会领域之中"②。

在一定程度上，学术的内在认识结构对外在社会环境的影响可以反映到社会组织、管理和行政的合理性中。社会环境对学科内在认知结构和宏观学术环境的影响体现在社会的文化氛围会影响学术界的思想方式、学术话语风格，科层制的"铁笼"对于学术威权、理性至上、精准计算的推崇等方面；对微观学术环境的影响体现在大学的学术传统、学术共同体的治学风格等方面。

三　大学作为学术组织的社会功能范式

学术组织的结构不仅要对称均衡还要关注组织的内外部关系。大学的组织结构由学科或专业组成，学术组织面临诸多挑战：如何组织学术单位，如何重整原有的系和学院，如何取消单一的学科限制？学术组织结构内，学者们根深蒂固的认知信念是什么？如果重新划定学科或专业界限，学者的身份将会受到威胁。学术组织的领导者和管理者虽有大胆的想法，但往往采用最安全的策略：避开学

---

① ［波］彼得·什托姆普卡：《默顿学术思想评传》，林聚任等译，北京大学出版社2009年版，第133页。
② 转引自［英］杰勒德·德兰迪《知识社会中的大学》，黄建如译，北京大学出版社2010年版，第63页。

术机构的边界需要重新界定的热点、棘手领域，选择影响范围较小的部门或专业着手，诸如跨学科中心、技术转化机构等。帕森斯的社会学理论分析了大学的认知功能，现代组织催生了学科范围内由专家控制的新知识模式，大学知识模式与启蒙运动时期倡导的真理与文化统一的主张一致。在自由现代性时期，虽然大学与民族国家紧密相连，但是社会规则的作用尚未凸显；大学虽对民族身份认同发挥了重要作用，处于社会的中心，但是启蒙运动时期形成的知识系统在专业化时期丧失了其存在下去的根基，专业知识需要可靠的标准使自身的存在合法化。①

在分析专门职业精神气质的发展过程时，默顿认为，因果机制的性质影响制度分析，"专门职业者的专门知识和特权地位赋予其权威、权力和特权，所有这些可能会使他们更轻而易举地用于获取个人利益，而不是为了他们当事人的利益。规范性制约作为制约力量，目的在于从结构上减少对当事人利用的企图"②。默顿的"功能分析范式"属于新功能主义，从非统一性、功能的矛盾选择和结构功能选择假定中，解释了社会的动态系统，"社会系统被看做充满了压力、张力、矛盾、冲突，不断地打破一致或均衡，从而导致社会变迁"③。默顿的"范式"关注到了当时注重社会结构静态分析的趋势，而且注意到研究中对结构变迁的忽视，他指出，由于"反功能概念在结构层次上包含着紧张、压力和张力的概念，为研究动态机制和变迁提供了分析方法"④，因此，外在社会环境对科学的内在结构即规范性精神气质和社会组织的影响受到社会和文化环境氛围的影响。这种精神气质和文化环境在不同的社会结构中影响的程度和发挥的作用各不相同。学术组织的认知结构对社会结构的影响通过精神气质、科学家的行为

---

① ［英］杰勒德·德兰迪：《知识社会中的大学》，黄建如译，北京大学出版社2010年版，第61页。
② ［波］彼得·什托姆普卡：《默顿学术思想评传》，林聚任等译，北京大学出版社2009年版，第134页。
③ 同上书，第137页。
④ 同上。

模式等形式实现规范与制度化的警觉机制。学术组织中的规则运用过程不是简单的,而是具有一整套程序:学术规范结构对学术组织结构的影响通过学术共同体的特征和学者的研究行为实现;学术共同体通过学术社会化和社会控制过程平衡学术组织与社会之间的关系;在此过程中学术职业人的"制度性规避"和"越轨模式"是其反功能的表征。①

经过两次世界大战、两大超级大国的冷战、工业资本的发展、民族国家的崛起、社会主义国家的建立,世界经济和社会发生巨大变化,就高等教育而言,对高等教育入学机会的需求大大增加,发达国家越来越多的中产阶级希望参与到教育中来,但是社会价值观和文化类型并没有因社会政治经济变迁而迅速变革和积极重建。现代社会组织虽然为大学创造了全新的发展环境,但是大学还沉浸在早期现代文化构想之中。在科学不断发展的社会背景下,学者的社会角色转变为:在尊重以往的历史成就的同时,更重面向未来;通过创造、创新知识而造福人类社会并为推动知识进步做出贡献。学术职业人尊重历史,这不仅包括历史上的各种成就,也包括历史上伟大的先辈,"站在巨人的肩膀上"是对学术继承人的学术规范教育,目前,已为学术后继者们所尊重、理解并遵循。因此,大学的改革构想是在社会的改革构想的大背景下展开的,"现代大学是组织化的现代性中社会构想的产物。大学在与公民身份和社会目标越来越紧密结合的过程中,就失去了它早期与世隔绝的、致力于知识探索的纯文化机构的地位,逐渐成为功能整体中的一个有机成分。它过去的学院现在已被组织为大学内部的各个系,并全方位地与社会功能联系在一起。大学中指向更高程度的专门化知识模式的改革与全社会主要的社会改革密切相关"②。现代大学作为高度依赖知识生产和人才培养而存在的学术共同体,是现代社会独特的组成部分,随着其在社会声望和学术影响方

---

① [波]彼得·什托姆普卡:《默顿学术思想评传》,林聚任等译,北京大学出版社2009年版,第46页。
② [英]杰勒德·德兰迪:《知识社会中的大学》,黄建如译,北京大学出版社2010年版,第71页。

面的与日俱增，现代大学已经成为社会发展的动力站和中心机构，大学作为学术共同体，其与社会共同体之间的结构功能性协调方面的能力不断提升，促使大学不断对文化与社会之间的空间进行充实和渗透。

第三节 组织的大学：历史变迁

弗朗西斯·培根在其《学术的进展》一书中提出了一个伟大的预言：知识是一种公共事业。现代大学从其产生之初就是以知识普遍性的传授来发挥其公共事业的职能，"大学的历史可以看做是知识模式从政治与宗教的权威中逐渐解放出来，经典的现代性形成、发展（尤其在启蒙运动时期）以及回归社会的过程"[①]。现代大学产生于中世纪，具有很强的适应性且充满活力，拥有高于政府的权威。19世纪末和20世纪建立的现代大学，对现代世界的工业化、对民族国家的形成和对民主的实现做出不懈努力。后现代主义对知识权威的评论与全球化问题相关。影响力日益凸显的科学界和知识界一致认为，"大学是重要知识最基本的和唯一的储藏处"[②]。但是，由于政府或公共资助的比例持续下降，政府拨款占大学总预算的比例普遍低于50%，发达国家的大学从商业或从国际学生学费中得到经费的比例不断增加，大学的传统活动范围和权威也受到不同程度的挑战。考察大学制度的发展历史并理解这些制度的产生，有利于我们更好地认识作为学术组织的现代大学的历史发展、现实状况与未来走向。

一定的经济、政治和社会条件是大学产生的必要前提，大学产生之初与城市的复兴分不开。城市的发展创建了生活条件，使得"不同出身的人们之间相互接触，不仅为物质丰富，也为知识和精神丰富提

---

① [英]杰勒德·德兰迪：《知识社会中的大学》，黄建如译，北京大学出版社2010年版，第56页。
② [英]罗杰·金等：《全球化时代的大学》，赵卫平主译，浙江大学出版社2008年版，第3页。

供了前所未有的可能性"①。各民族国家的变革不应成为大学发展的灾难，而应为大学的进一步发展带来生机和活力。大学规模扩张、机构发展、学生数量剧增最应伴随的是大学里学术论争的活跃和外部声望的昭著，从而赢得大学社会地位的提升。从大学机构的早期状况中可以探究大学的精神本源：中世纪大学的标志性学人是阿伯拉尔，他使塞纳河左岸的学校活跃与兴盛起来。当一种学术秩序建立起来，就不会因为某一个人的离去而受到影响，正如阿伯拉尔的挫折与离去并未影响巴黎学校的兴盛。12世纪学校数量的增加，不仅以房子出租拉动了当地的经济繁盛，还使得大学人口成为城市生活中的一个重要群体。中世纪，不断增加的学生和教师的数量超出了传统大学机构的接纳能力；求学人数的增长、教育的免费原则、教授的薪俸、大学生的经济来源、学习与学位的费用、住宿学院的收入等，这些现象都彰显出中世纪大学对城市发展的价值与影响。大学发展史上，对"秩序社会"的向往，成为从15世纪下半叶开始"关键时期"的思想，当时西方大学趋于崩溃，并在"矛盾中精疲力竭"，直至"文艺复兴的大学"的新形式使其得以再生。②从中世纪大学开始，"社会秩序保障都有利于吸引学生前往学习"③。中世纪大学生活的创新之处在于："他们学会团结，学会通过自身之间的讨论制定一项计划，学会与地方政权抗争、协商，以实现其要求，实现其市镇的自治，最后他们学会安排市镇政府的组成形式……"④

一 作为组织存在的最初的现代大学

学术组织的行动遵循超越工具逻辑迈向正当性逻辑的原则，学术组织由于面临的情景各不相同，从而选择不同的实践进路，"如果一个组织不这样做，就会被视为异端、落后于时代和不值得注意，最后

---

① [法]雅克·韦尔热：《中世纪大学》，王晓辉译，上海人民出版社2007年版，第16页。
② 同上书，第170页。
③ 同上书，第9页。
④ 同上书，第17页。

导致合法性的丧失，甚至其物质资源也随之而丧失了"。学术组织与学术职业都曾面临着更大的压力，为了保障学术组织有效运行，"必须采纳一种特定的、更加标准化的方法"①。然而大学最初的组织形式却未能按照这样的逻辑发展。

大学最初是教师和学者的社团，以行会的形式固定下来，但是，"行会组织的原则本身是糟糕的，与学习的良好进程是不相容的，'过去，当每个教师授课时，大学这一词汇本身并不被人所知，时常有阅读与讨论，人们热衷于学习。但现在，你们聚在一起要构建大学，课程变得稀罕，一切都匆匆忙忙，教学缩减得微乎其微，上课的时间都浪费于会议和讨论'"②。大学产生之初就给所在城市带来了知识和精神的声誉，但是，教会权威和教师权威之间的斗争不休。从一定程度上说，大学行会是自发组织起来的，"大学学者自身，全凭经验并审时度势地创造了他们所需要的机构，然后又求得教皇谕旨下的官方承认"。一般来说，教皇的决定与大学学者的愿望相符，但有时，"教皇的决定也向大学学者叫停，迫使他们屈服"③。

二 学术组织和大学自治的最初探索

中世纪的大学以罢课和离去与地方势力相抗衡。大学及学人的离去具有合法权，"这样离散体现了大学行会的纯个人特点，可能使大学的房屋闲置而无收入。但是，巴黎学校已经成为重要的消费者群体，并具有知识发源地之美誉，无论对于巴黎市民，还是对于巴黎教会、对于国王、对于教皇，大学离散都是难以承受的。大学学者因此可以以强势姿态就回返条件谈判"④。在法国，巴黎的大学教师几乎获得全部特许权，12世纪末到13世纪初大学机构基本形成了，格列

---

① [美] W. 理查德·斯科特：《制度与组织——思想观念与物质利益》，姚伟、王黎芳译，中国人民大学出版社2010年版，第171—172页。
② [法] 雅克·韦尔热：《中世纪大学》，王晓辉译，上海人民出版社2007年版，第24页。
③ 同上书，第26页。
④ 同上。

高利九世为了回应大学行会对巴黎主教和总监抨击的胜利而颁布了"知识之父"的谕旨,被称为真正的"大学的大宪章"。在 13 世纪中叶,大学的若干最高特许权被完善,从而确定了大学章程的合法性。这个大宪章有四项规定:一是掌控人员录用;申请授课准许证书的人不需要做忠诚宣誓。二是内部机构有权确定教学组织和互助组织的章程并要求其成员宣誓遵守,违规者予以开除。三是为确保大宪章落实选举官员的权利,以代行使大学诉讼和外部权利,选举的常规官员中包括校长(1245 年)。四是每个行会都有作为自治象征的一枚印章,以确认其行为。①

中世纪的大学生活并不总是充满阳光的,而是内部冲突不断,其中,大学的特许权是主要问题。权威部门对大学特许权产生威胁,他们不愿看到大学学者凌驾于共同命运之上;通常情况下,中世纪大学的冲突均是以大学学者取得胜利而告终;同时也正是通过冲突使大学从教会和世俗权力中逐渐分离出来。大学学者拥有免税权和司法豁免权;几乎所有的 13 世纪的大思想家都是大学学者。最早的学位首先是授课准许证,然后才是博士学位或硕士学位,这些文凭最后演变为一种庄严纳新的仪式,"新博士们与学士们,再与其未来同伴们进行相继两次辩论,其才干在学院全体人员面前得以检验,并接受校长颁发的文凭标志(学位帽、金指环、证书)"。博士生要想获得文凭需要付出巨大的"代价",即"新博士为所有与会者设盛宴,并伴有娱乐与礼物。这对于新博士来说是极大的付出,经常不得已负债累累。为此,许多不想从事大学教学的学生都放弃博士文凭,只满足于花费不大的授课准许证。在波伦亚,授课准许证的考试费用为 60 波伦亚镑,而博士文凭及其所辅助花销,可达 500 镑,甚至更多"②。

17、18 世纪的时候,大学与社会还没有专业壁垒;那时候,各学科还没有形成专门的"生活圈子",大学人也没有将自己与其他有

---

① [法]雅克·韦尔热:《中世纪大学》,王晓辉译,上海人民出版社 2007 年版,第 26—27 页。
② 同上书,第 52 页。

教养的人区别开来的意愿。与此同时，自学成才者在欧洲各国自由流动，充分参与科学学术研究活动。大学生进入现代社会必需的正式文凭和资格证书的"门槛"还没有出现，国家和其他组织合理合法的官僚体制还没有形成，那时的大学制度是尚未形成的、不成熟的。在此期间，民族国家开始意识到加强管理和扩大社会干预的专业技能培养需要大学，特别是大学在培养公务员方面扮演了重要角色。因此，大学成为广泛的学科和重视基础研究（不排除实用性）的代名词。①1810年洪堡以"教学科研相统一"的新人文主义大学理念创建了柏林大学，柏林大学获得政府资助并推动了科学研究的发展，从而带动德国的社会发展。柏林大学是一个理念与实践成功结合的典范，被誉为"洪堡模式"，"洪堡模式"的贡献有两方面：一方面的贡献是，"新型德国大学（以及适应这种模式其他一些大学）通过开展研究和培养科学家，对德国成为一个现代国家作出了贡献。洪堡模式的另一个重要贡献是既影响了科学又影响了高等教育组织的一个重要观念——'讲座'制，该制度基于学科而设立教授席位。这个创举有助于确定那些正在兴起的科学领域和形成大学的组织结构"②。

三 现代大学的国际发展趋势

国际高等教育在20世纪80年代之前的情况是，"发展中国家致力于提供基础教育而不是高等教育。在高等教育领域，世界上的许多国家尤其是发展中国家的政策制定者集中力量满足大众高等教育的需求，基本忽略了大学的研究职责。世界上有几个地区的环境导致了高等教育的危机，并且延缓了研究型大学的发展"③。由于非洲军事独裁政府20世纪60年代及后来漠视高等教育，许多优秀学者纷纷流亡国外；由于高等教育的规模扩张，很多国家无力施以财政支持和质量

---

① ［英］罗杰·金等：《全球化时代的大学》，赵卫平主译，浙江大学出版社2008年版，第5页。
② ［美］菲利普·G. 阿特巴赫：《高等教育变革的国际趋势》，蒋凯主译，北京大学出版社2009年版，第72页。
③ 同上书，第71页。

管理，但是无论是国家政策的制定者还是高等教育分析家，经合组织还是欧盟，都意识到研究型大学作为智库对国家发展所发挥的重大作用。"在许多发展中国家，尤其是在那些力图参与全球知识经济竞争的国家，研究型大学已经进入政策议程。在非洲这个世界上有着最严重的社会结构、经济和政治挑战的地区，一批捐赠基金会与非洲的大学结成伙伴关系，开始在肯尼亚、莫桑比克、加纳和其他几个国家的一些重点大学建设研究能力。中国已经积极地将本国的一批重点大学转型为研究型大学，政府在这方面投入了大量资金，并且合并了许多大学以产生更好的规模效益。印度设立了知识委员会（Knowledge Commission）以制定促进学术卓越的策略。韩国和新加坡在提升它们的重点大学方面已经进行了十余年的努力了。"①

20世纪中叶，波普尔认为，在一种较为普遍的政治和社会环境氛围中，任何国家都无法规划出一片特有的领地以真空状态使得学术自由得以生存，但是，"科学必须要有自由"②。克拉克·克尔指出，现今世界大多数研究型大学都属于多元化"巨型"大学，在多元化巨型大学拥有的众多使命中，本科生教育、科学研究和研究生教育的使命占主导地位，"提供大规模的本科生教育，为地方和国家提供社会服务，为学生提供职业的或专业的文凭……但是，研究使命在这些研究型大学中处于声望等级的顶端。对研究的强调会对本科教学质量带来负面影响，并且通常会对大学的办学方向造成重大影响……研究活跃的教师能够为他们的教学带来活力，使包括本科生在内的学生从中受益"③。大学真正发展成为现代大众教育的中心是在民族国家空前强大和战后经济繁荣时期；冷战时期大学成为国家重要的国防资源，大学在依靠国家和满足国家需要之间采取的是一种中间路线策

---

① [美]菲利普·G. 阿特巴赫：《高等教育变革的国际趋势》，蒋凯主译，北京大学出版社2009年版，第72页。
② [英]罗杰·金等：《全球化时代的大学》，赵卫平主译，浙江大学出版社2008年版，第7—8页。
③ [美]菲利普·G. 阿特巴赫：《高等教育变革的国际趋势》，蒋凯主译，北京大学出版社2009年版，第78页。

略，但是这种微妙的平衡未能持续太久。①

然而，全世界的大学都不得不面对普遍商业化的倾向，大学的宗旨使命定位与价值目标选择都遭到功利化和商业化的侵蚀。20世纪80年代，为应对大学经费短缺，大学也寻求办企业经商，商业化在大学各项工作中渗透的范围之广和程度之深，不同程度地破坏了学术发展。大学里普遍的商品交易深刻地影响了大学的公信力：一是大学招生中的制度性腐败，诱发了招生的潜规则；在中国大学招生考试制度相对来说是公平的，但是在一些高考成绩处于边缘地带的人群，的确曾经存在着权钱和入学机会交易的寻租空间，现在高考报考、录取在网上公开进行，各种竞赛和获奖在高考录取中加分政策的"瘦身"，在一定程度上，从根源上杜绝了这类不公平现象的发生。二是市场竞争引入的目的是带来办学的活力和提高生源的质量，但是，如果高等教育市场竞争处于无序状态，那么高等教育本身的不当行为会加剧这种不良博弈，"大学参与了各个层次高等教育和培训的竞争，浪费了自己宝贵的教育资源，贱卖了自己的无形资产，打击了高专、高职和民办高等学校"。三是专业设置上的趋同、趋势和趋利。例如，MBA的滥设和批量上市。四是现代大学治理综合改革的进程中，一些大学对教师聘用、绩效考核借用了企业公司的做法，出发点是好的，是为了激发教师的积极性、创造力和生产力，但是由于未能充分了解和尊重教师学术职业的特点和特有规律，对教师的科研管理和绩效考核制度，却不同程度地压抑了教师的创造精神和积极性。五是大学校园的学术文化氛围一定程度地受到商业化的挑战，大学校园的功利化倾向日益明显。②

研究型大学被誉为全球迈入21世纪知识经济大门的锁钥，在全球范围内激发了高涨的研究和实践热情。美国高等教育专家菲利普·阿特巴赫认为研究型大学应是"致力于众多学科和领域的知识创造和

---

① [英]杰勒德·德兰迪：《知识社会中的大学》，黄建如译，北京大学出版社2010年版，第61页。
② [美]罗伯特·波恩鲍姆：《高等教育的管理时尚》，毛亚庆等译，北京师范大学出版社2008年版，"总序"，第4—5页。

传播，拥有充分的实验室、图书馆和其他基础设施以及保障教学和研究处在尽可能最高水平的高等院校"①。其发展路向不同于普通高等院校：研究型大学有的选择"大而全"的发展模式，有的选择"小而精"的发展样态。世界各国的研究型大学培养了众多的学术人才和各界精英，成为全球科学信息和高层次学术交流的平台和窗口。世界各地研究型大学的学者、学生、研究人员联系密切，广泛参与到需要合作的学术和科学研究之中。世界各国，特别是高等教育领先的美国和英国都非常注重维持其现有的研究型大学的高标准。世界各国纷纷推出研究型大学计划：日本的"卓越中心"是为保持一流大学的国际竞争力；德国将最优质的资源配给了一些重点大学；中国政府启动了"双一流"建设实施方案；印度重视重点高校的质量提高；智利和韩国也推出提升质量标准的教育计划，非洲几所传统好大学在外部资助下，也期望达到研究型大学标准而努力提升大学质量。②

第四节 组织的文化：人文诉求

人们对"在家园感"的追寻始于以"乡愁"（nostalgia）为主旨的法国浪漫主义哲学，这种对家园的依恋，源于20世纪在现代化进程中被标榜为"一个放逐的世纪"（a century of exile），"无家可归几乎成为所有人不得不面对的现实。在文化急剧变化的浪潮中，也在多元文化的冲撞中，在高度的流动和频繁的迁移中，谁也难逃沦为外来人的命运"③。大学文化的使命之一就是创造文化，以人文精神构建人类的精神家园。因为市场经济在人与人、人与物之间创造了距离，"现代生活的拥挤和交往的频繁，也需要这种心理距离，否则就不堪忍受。不过，现代生存状况在提供了审美标准所必要的距离的同时，

---

① ［美］菲利普·G. 阿特巴赫：《高等教育变革的国际趋势》，蒋凯主译，北京大学出版社2009年版，第70页。
② 同上书，第71页。
③ 成伯清：《格奥尔格·齐美尔：现代性的诊断》，杭州大学出版社1999年版，第143页。

也抹煞了性质的差异，而仅剩下数量的区别"①。永远与社会保持一定距离以免迷失在外部世界之中，是真正大学所应保有的一份清醒。学术人应该是这个喧嚣世界的注视者和沉思者。"人类创造形式是为了满足自己的需要和实现自己的意图；而有时……人不得不忍受先前所创造的形式，这些形式非但不能满足人的需要，还反过来统驭人"②。市场原则已然成为现代性的主导原则，"给现代社会中的一切安排位置和秩序，进而主宰了生活方式、社会交往和文化价值"。如果个人之间的交往和沟通也引入市场原则，那么，就不会将个体视为完整的人，"而只是一种角色或功能"。在全球化浪潮的席卷之下，高等教育超越空间界限的沟通和交流成为可能，"甚至会鼓励这种沟通，因为在近处发现交易伙伴的可能性越来越小于在远处。这样，……就会导致对空间上接近、以情感为纽带的关系的贬低"③。

　　大学的自治特色和身份认同经常受到工具理性的绑架，将大学和学院看作"技术进步的源泉、经济增长的发动机、社会政策的工具和满足顾客需求的机构"④。追求变革和采纳不恰切的管理的尝试都曾让高等教育付出过代价，"管理创新不可能在高校内导致灾难。学院和大学都具有极大的、植根于传统、习惯和一般社会感情之上的系统惯性，这种惯性发挥的作用是有价值的"⑤。正是大学对其核心传统和价值使命的固守，"使大学成为西方文明中最为古老、最为成功的机构。尽管一所大学的成就很难被量化，但这些机构必须依赖于'通过固守它们在精神、主旨和程序方面的核心传统'来赢得社会的尊重……然而大学组织所以能够生存和繁荣，是因为它们内在一致的、使命驱动的价值观已经被其参与者所内化，被其运行的文化确证为重要的。持之以恒比不断变化更为重要，因为正是这种实践的连续性才

---

　　① 成伯清：《格奥尔格·齐美尔：现代性的诊断》，杭州大学出版社1999年版，第125页。
　　② 同上书，第127页。
　　③ 同上书，第149页。
　　④ ［美］罗伯特·波恩鲍姆：《高等教育的管理时尚》，毛亚庆等译，北京师范大学出版社2008年版，第171页。
　　⑤ 同上。

产生出可靠的、以使命为基础的效应"①。

一 学术组织的文化气质与学术人的人文诉求

犹如20世纪的社会文化类型保留了19世纪的很多痕迹一样,大学的文化精神与学术气质,"相对于原来自由教育的传统仍然没有发生多大的改变,仍然是一种自律的、传统的政治信仰以及资产阶级个人主义的气质。学者式的探究,如果不是以探究为目的,那就是为从事专门职业做准备或为……市场中的地位做准备"②。同理,文化形式也依存于文化创造力,文化变迁的过程就是观念、愿望、动机和需要之类输入,推动文化体系不断完善的过程。因此,学术文化的创造力通过学术文化形式来表达自身,"每种文化形式一经创造出来,便在不同程度上受到生命力量的冲蚀,一种形式一旦得到充分发展,另外一种形式便开始形成;经过一段或长或短的斗争之后,它必然会取前者而代之"③。在大学里,学术文化创造的个性化是创新的内在驱动;连接过去与未来的文化桥梁是学术传统得以承继的关键,学术传统是学术职业和学术组织的特质之一,学术文化与文化制度只有从社会生活中汲取力量才能真正获得存在的价值与意义,否则,过去与未来之间的文化桥梁若是被拆除的话,学术世界就会陷入漂泊无依、无所遵循、丧失活力的物欲深渊。④ 当下,面对文化霸权主义的肆虐,现代人是会陷入因选择能力麻木而产生的无助无能感,还是坚守本心,培养自身人格完善?学术界更应拒绝类似文化悲剧发生:"现代人不是变成优雅的有教养的人,而是变成丧失能力、遭到异化的人。"⑤ 学术人的独特尊严和人文诉求在学术共同体中寻求与获得,

---

① [美]罗伯特·波恩鲍姆:《高等教育的管理时尚》,毛亚庆等译,北京师范大学出版社2008年版,第172页。
② [英]杰勒德·德兰迪:《知识社会中的大学》,黄建如译,北京大学出版社2010年版,第72页。
③ 成伯清:《格奥尔格·齐美尔:现代性的诊断》,杭州大学出版社1999年版,第95页。
④ 同上书,第98页。
⑤ 同上书,第105页。

这是一种值得珍存的价值，从而构成最严格意义上的学术交往。

二 组织文化传统的传承与文化创造

20世纪的最后30年，大学本身固有的传统功能，"并不是对文化、道德进行批评或改革，而是将相对完整的已被接受的传统传递给后代"①。大学沉浸于这一古老职责之时，并未注意到来自大学之外的文艺复兴、宗教改革、启蒙运动和社会主义运动等激进思想。而正是这些社会运动建构了现代社会的发展。20世纪高等教育的大众化，承担培养和提升知识分子及其职业竞争力的社会责任，大学将其自身发展成为确证和发展公民身份认同的最重要机构之一。20世纪50年代美国麦卡锡主义盛行、政治保守主义和审查制度严重损害了社会民主价值观。但是，大学在政治压力之下仍然发挥了其批判性的文化功能，抵制了保守与狭隘。② 在全世界所推行的文化政策中，关注点总是集中在对人的教育上，因为"学术的最终目的在于为培养和充实个体提供素材"。学术职业人的内在精神贵族气质，在一定程度上源于大多数学术人最初的"个体户"身份。"走自己的路，以罕见的勇气和顽强的意志探索未知的领域，追求本真的个体性"③，这是学术人独有的选择与求索。20世纪60年代支撑自由教育的文化框架被西方文化革命打碎，也正是从此时开始，大学从文化的传播者转变为文化的创造者。诺曼·伯恩鲍姆在《工业社会的危机》中谈道："大学开始成为工业文化危机的代表，并给了人们一种希望，即工业文化将因'新科技人文主义'而人性化，而大学对此作出了贡献。"④ 在德国，"二战"后由大学领导的去纳粹化受到重视，最引人注目的是几个世纪累积下来的文化，因其内部缺乏相对的同质性而开始不断出现

---

① [英]杰勒德·德兰迪：《知识社会中的大学》，黄建如译，北京大学出版社2010年版，第72页。
② 同上书，第75页。
③ 成伯清：《格奥尔格·齐美尔：现代性的诊断》，杭州大学出版社1999年版，第22页。
④ [英]杰勒德·德兰迪：《知识社会中的大学》，黄建如译，北京大学出版社2010年版，第74页。

第一章 组织文化：现代大学的内在品性

冲突。

伴随着高等教育的大众化和普及化，大学与社会更广泛地扩展联系，不可避免的后果是大学、学者要直接面对来自社会和政治的批评和指责，政治以此向大学渗透。学人曾经遗世独立的精神贵族气质、大学与社会保持一定距离的"象牙塔"美誉似乎都已与现代大学渐行渐远。在学术组织中，组织文化因素是大学有机的、基本的方面，制度化的力量、忠诚、情感都变得越来越难能可贵。西方一些大学的毕业生和曾经供职于此的教职员工还会将精力、时间和金钱贡献于母校，比如：一些学院越来越多的毕业生正选择返回到母校所在地的城镇退休，校园墓地也在扩建中，等等①，这是大学的一个优势。因此，不能奢求大学进行文化和结构的根本改变，而要懂得有意识地改变组织文化。学术组织具有特殊性，与大学和学院与工商企业的组织结构是不同的。"学术组织中的有效管理，需要对组织的传统和文化进行理解，这样的理解来自于'对组织的事务、历史和生活的完全融入，来自于对关系到组织未来的组织理论的把握'。"②

知识传播和学术传承是学者获得踏实感和归属感的最佳路径之一，格奥尔格·齐美尔对于学术传承的体悟具有与众不同的理性与淡然："我知道我将在没有学术继承人的情况下死去，也该这样。我的遗产就像是现金，分给许多继承人，每个继承人都按自己的天性将所得的一份派上用场，而从中将不再能够看出是继承自这一遗产。"③哈贝马斯与康德的思想一脉相承，认为大学是批判的场所。雅斯贝尔斯坚信德国旧传统中的有些东西仍然可以为今天的大学提供一种范例，因为其是建立在某种理念基础之上的、作为制度存在的大学。雅斯贝尔斯对传统大学精神理念的维护属于新人文主义大学精神观念的典型代表，但是面对各种理念支配下的文化生活模式的现实，雅斯贝

---

① [美]罗伯特·波恩鲍姆：《高等教育的管理时尚》，毛亚庆等译，北京师范大学出版社2008年版，第172页。

② 同上书，第175—176页。

③ 成伯清：《格奥尔格·齐美尔：现代性的诊断》，杭州大学出版社1999年版，第21页。

尔斯未能将传统与现代很好地协调起来。格奥尔格·齐美尔指出，"人的全部本质和所有表现，都取决于与他人的互动"，这一洞识实际上导致了一种全新的思维方式。我们可以相信，学术人"能够根据互动和协作，根据无数个人贡献的汇聚和升华，根据存在于个体之外的社会结构中所蕴含的能量，来理解历史现象"①。因此，学术组织中的学术人之间应该是这样一种关系：学术互动，学会尊重与彼此欣赏。

三 学术组织管理目标的参与诉求

公共事务的公开与启动机制日益受到重视，这是因为现代政府越来越仰赖公开政务而获得民众更多的支持，"随着统治范围的扩展，统治技术的日益客观，以及与任何个体之间的距离加大，他们获得了一种确定感和威严感，从而能够允许他们的活动公之于众"②。因此，20世纪的最后十年，大多数国家加强了大学体制的法人自主性改革，各国对学术职业都加强了内部管理和外部控制。国家控制无论是通过问责制和各种评估加强对教授、学科发展等方面的引领和限制，还是地方分权国家将政府的一些职权和责任交给大学以激发大学间的竞争活力，各国大学组织管理的总体发展趋向是：越是高度发展的社会，越需要高度的透明度和参与者的诚实守信；通过制度化和组织化的方式予以控制，借助于规范的约束力来预防和惩戒失范行为发生；建立在参与式管理基础上的目标管理被认为对学术组织具有效用。目标管理在高等教育中的应用集中体现在拉替1973年出版的《创新学院管理》一书中，拉替认为，遇到公众信任危机的高等教育需要改革其失败的管理体系。《目标管理走向大学》业务手册推动了目标管理在高等教育中的运用，高等教育中的目标管理应关注：一是大学应阐明其章程、使命和信念的根本目的是什么并达成共识，如人才培养。二是

---

① 成伯清：《格奥尔格·齐美尔：现代性的诊断》，杭州大学出版社1999年版，第27页。
② 同上书，第178页。

为达成此目的的多年度的大学目标,要量化成果和衡量成果的指标,目标过程由校长负责。"一旦年度目标获得通过,系主任们就要和教师们一道制定他们自己的目标,并说明他们将如何支持学校层面的目标。每一个目标必须说明要改变的具体项目、衡量这种改变的方法以及在一定时期内要达到的改变的程度。如果不能衡量,那么它就不是目标管理的一部分。"在一定意义上说,"学术界和目标管理看起来非常协调",是"更加民主的参与、更小的上下级鸿沟以及更为分享的权力"①,目标管理进一步促进了参与式管理、关注结果和目标、协调组织行动、加强教师与学术管理人员之间的关系、强化管理有效性目标。目标管理具有长效机制,"出现了不受拘束的沟通,出现了管理者和员工以及其他管理者之间富有意义的绩效改进的会议……具备了公平公正的报酬体系,就可以期待人们对组织的投入和个人目标的提升以及长期绩效的改善"②。

目标管理的特点是不关注现在、不关注过去,只关注将来,"目标管理是一个完整的管理体系,包含计划、评价和激励。它关注的是管理的目的、缩小上下级之间的期望差距、明确责任、提高整体绩效、提高参与的机会、改善沟通。目标管理只关注改善绩效"③,一般而言,目标管理会达到更高水平的效果和成就。但是,目标管理的缺点在于:"尽管被称为是参与式决策,但政府范围内的目标管理更确切地认为是进行科层控制的策略。"目标管理自上而下的体系、科层结构与大学的文化传统不符;目标管理的成本在不断增加:员工时间精力的投入极大;文书工作量剧增;目标数量对目标质量造成冲击;管理人员缺乏管理技巧;目标管理有效性难以证实和量化;等等。"在高等教育的政治环境中,很难用操作性的语言来表述目标,也几乎不可能使各学院都对这些目标达成一致。"而且,各个学院、各个学科存在巨大的差异,"没有普遍接受的标准来检测绩效或者衡

---

① [美]罗伯特·波恩鲍姆:《高等教育的管理时尚》,毛亚庆等译,北京师范大学出版社2008年版,第38页。
② 同上书,第39页。
③ 同上书,第35—36页。

量许多公共目标的成绩"①。目标管理需要上下级的通力合作，但是却强化了学术管理人员和教师之间的敌意、不满和猜忌；学术文化需要自由自治，但是目标管理实行集权统治。即便学术组织采取参与式管理，但是，如果"一种制度如此注重计划、制定指标、设计目标和量化评价……那么它会扭曲甚至推翻组织中明确的人文目标。尽管理论上每个人都可以参与目标管理，但处在组织顶层的那些人相比其他人更能平等地参与，而且并不是所有的管理者都能接受参与的思想。平等决策的承诺很容易忽视组织中各方权力不平衡的本质"②。

学者迈克尔·科恩和詹姆斯·马奇称美国大学是一个典型的"有组织无政府"社群，大学成员活跃于组织内外，奇怪的是，"这些因素没有使大学成为一个糟糕组织或是一个无组织的机构，但它们确实造成了大学难以描述、理解和领导的问题"③。大学由学生、教师、校友，在国外由董事会和公共团体等群落组成，大学是多元文化的复合体，"共存比统一有更大的可能性"④。大学中存在各种紧张关系，例如，校长与教授之间若存在紧张关系，多数的教授和学者会选择沉默和服从。"尽管大学生现在已经成为参与协商学校事务的一个组成部分……学生对于参与办学也没有太大的兴趣。"⑤ 在美国，大学生可以转学，这与其他国家有很大不同，纳萨斯菲尔德认为"学术机构的瘫痪主要源于学校管理人员和专业学者间完全平衡的权力关系"⑥。因此，学生导向的校园文化是一种十分必要的人文文化，大学制度的创新设计一定要适合每个个体组织的需要，"管理者的首要目标不是实施创新，而是使组织更好。……注重实效的管理，要求对历史、文化、过去的成功和失败所提供的背景富有敏感性，要求利用有效的资

---

① ［美］罗伯特·波恩鲍姆：《高等教育的管理时尚》，毛亚庆等译，北京师范大学出版社2008年版，第40页。
② 同上。
③ ［美］乔治·凯勒：《大学战略与规划：美国高等教育革命》，别敦荣主译，中国海洋大学出版社2005年版，第34页。
④ 同上书，第36页。
⑤ 同上书，第37页。
⑥ 同上。

源。在学术背景中，资源超越了单纯的财政，还包括士气、参与者的期望、组织的目标和对专业价值观的忠诚"①。

第五节 组织的制度：发展保障

新制度经济学家奥利弗·威廉姆森强调制度的规则性，制度由组织、机构及程序构成，他认为"作为制度的组织就是一种设计用来治理生产活动并使交易成本最小化的系统"②。组织的设计者们最初是为了管理经济交易的有效性而创制制度形式、建构治理结构的，组织制度是在组织管理者设计和选择中逐渐变迁而生成的。制度具有制衡的防护机制，约束与自由的平衡需要一个强有力的中心作为凝聚核心来统摄全体，这就是权威的力量。而"随着现代制度的功能在空间上的扩展，虽有特定的中心，但中心越来越成为普遍规则的象征"③。

大学制度建构是为学生、学者和大学发展提供保障和化解危机。因为世界性的危机由来已久：财政危机、信用危机、服务危机、教育危机……高等教育领域的制度变革是针对这充满问题的现实生活世界和学术世界而展开的。世界普遍性危机与改革应对的社会背景是："……我们生活在一个不寻常的动荡时代，而高等教育对此所做出的回应却过于缓慢……这种时局动荡的托辞，往往都是与经济发展停滞和社会制度瘫痪的宣扬相伴的。这样的宣扬不仅仅是缘起于高等教育的危机，更多的是由那些轻率的支持者们制造出来的……'教育是不向任何世代索取任何好处的为数不多的几项人类活动之一。'"④ 因

---

① ［美］罗伯特·波恩鲍姆：《高等教育的管理时尚》，毛亚庆等译，北京师范大学出版社2008年版，第184页。
② ［美］W. 理查德·斯科特：《制度与组织——思想观念与物质利益》，姚伟、王黎芳译，中国人民大学出版社2010年版，第158页。
③ 成伯清：《格奥尔格·齐美尔：现代性的诊断》，杭州大学出版社1999年版，第164页。
④ ［美］罗伯特·波恩鲍姆：《高等教育的管理时尚》，毛亚庆等译，北京师范大学出版社2008年版，第110页。

此，严格的等级森严的管理强制"对以大工厂和非机械化农场、大量的非熟练蓝领阶层、人们的教育水平低下和普遍的贫穷状况为特征的早期工业时代而言，是可以接受的，甚至是必需的。但是随着福利国家和富足社会的兴起，'胡萝卜加大棒理论'不再受用。而且，人们接受了更多的教育，工业也在向新的方向发展：科学的、专门的、服务性的和专业性的"①。在学术组织中尤其如此，学术组织呼唤制度性的文化，制度文化一定意义上也是一种制度形式，朱克尔指出，"现代组织是现代社会中卓越的制度形式"。以文化模式为基础的学术组织是理性化的专业性组织，"理性化的组织实践（即实践形态的组织制度）实质上是文化性的，并且是现代文化的核心，而这又完全是因为现代文化是围绕工具理性而组织起来的"②。

一 学术组织的制度环境

对学术组织制度环境的社会学分析认为，一切重要和明确的人为事物都是社会性的。学术的发展离不开一定的社会背景，那些影响科学或学科发展轨迹及认知特点的社会现象和社会过程，反过来也会受到科学的影响。在社会中，各种制度以各种不同的方式相互依存，"建立在某一个制度领域（比如宗教或经济）中的社会模式化的兴趣、动机和行为，与其他制度领域（比如科学）中的社会模式化的兴趣、动机和行为是相互依存的"。因为科学或学科背景本身就包括两个方面：一方面是科学的宏观环境，"它由社会中大规模的系统构成，例如政治、经济、阶级体系、社会意识"；另一方面是"科学的微观环境，由学术氛围、思想学派、'无形学院'、有着各自本土传统的大学和研究机构构成"③。理查德·洛温塔尔曾说："西方大学作

---

① [美]乔治·凯勒：《大学战略与规划：美国高等教育革命》，别敦荣主译，中国海洋大学出版社2005年版，第58页。
② [美]W.理查德·斯科特：《制度与组织——思想观念与物质利益》，姚伟、王黎芳译，中国人民大学出版社2010年版，第159页。
③ [波]彼得·什托姆普卡：《默顿学术思想评传》，林聚任等译，北京大学出版社2009年版，第38页。

第一章 组织文化：现代大学的内在品性

为一种基础性机构已经使一种开放的、更有动力的社会在西方的成长成为可能。"① 因此，研究的自由、学习的自由与开放社会中的自由发生了历史联系。

学术组织因为经常游走在两个角色之间而受到批评：一方面抵制机构改革；另一方面又表现为过于追求时尚。然而，正是基于此，大学作为学术组织的机构具有松散性的组织特征，这两种角色都有可能得到支持。与企业组织相比，"学院和大学拥有多元化的、相互冲突的目标和无形的产出。'雇员们'可能更忠诚于大学之外的专业团体而不是他们自己的管理者，认为自己更像校长而不像代理者，他们可能在管理中以及在管理者没有判断力的情况下所做出的永久性任命方面发挥作用"②。现代制度体系具有易变性的特征，因此对现代制度的评估都是带有风险的，包含许多无法估量的因素，因为"现代性是一种风险文化……在现代性的条件下，伴随着对知识环境进行反身性组织的手段，未来被持续不断地拖拽至现实中。现代性条件下，任何一个领域似乎总是被切割、被拓殖。然而，这种拓殖本质上绝非完整的：在对计划与其预期结果背离的程度进行评估时，对风险的考量则是必不可少的。风险评估追求精确度，甚至量化度，但就其本质而言这种评估是不完美的"③。因此，在中国学界有学者认为，一流学科不是评出来的，而是长期建设发展起来的。

一般而言，在20世纪有关管理和组织结构问题的论著中，都将组织的结构划归为官僚化、科层制、形式化的结构模式，却忽视了"大学和学院都是专业性的组织——是松散结合的系统，在其中，管理者们具有相对有限的权威，以为专家学者们提供支持，而专家学者们则在相对稳定的组织结构中从事复杂的研究工作，具有相对自治的

---

① [英]杰勒德·德兰迪：《知识社会中的大学》，黄建如译，北京大学出版社2010年版，第75页。

② [美]罗伯特·波恩鲍姆：《高等教育的管理时尚》，毛亚庆等译，北京师范大学出版社2008年版，第169页。

③ [英]安东尼·吉登斯：《现代性与自我认同》，夏璐译，中国人民大学出版社2016年版，"导论"，第3—4页。

权力——这两个系统并不是紧密联系的"①。因此，高等教育改革方案的预设与实施要充分考虑到学术组织的结构差异与学术特性，对高等教育危机与改革的批判更是要理性考量传统的差异和学术组织的松散性。

二 学术组织的制度张力

"二战"结束之前是理性主义胜利时期，大学的主要压力是规模扩张而不是管理效率，人们对高等教育管理并无多少研究，在大多数情况下，传统的管理技术没有提供理性的衡量标准、可供选择的范围和选择所需资源；同时也没有为教育管理人员提供有序而系统的政策分析方法和政策执行的手段。但是，随着高等教育规模、成本、复杂性和问责要求的增加，管理者和研究者开始通过收集、采集数据信息的新方法来评估成本效益，由于技术完备且操作简单，因此，有观点认为依靠技术是最可靠的。然而，过于依靠技术的结果常常是在没有真正了解决策过程的前提下，已经储存和收集了大量的数据；技术也有无法触及的地方，"大学有可能自觉地规划它们的自我发展以便'量入为出，并从大学资源中获取最大的收益'……管理信息导致权力越来越集中，语言和定义的统一性也越来越强；有时候教育上的定义和实践不得不发生改变，因为它们不能为计算机所适应"②。

学术管理中大量采用商业用语成为一种趋向，大学就犹如一个被数据驱动的商业组织的企业化运作，学术职业管理人与商业企业组织的管理者一样去追求人们很久以来所向往的目标：管理信息系统化（MIS），因为它能够在"最恰当的时间提供充足的、最相关的信息，从而保证做出确实可靠的管理决策……是以最小的代价做出的"③。但是，商业组织与学术组织具有质的差异：商业组织结构紧密，组织之间可以通过等级式的命令得到控制。高等教育的组织结构要相对松

---

① [美]罗伯特·波恩鲍姆：《高等教育的管理时尚》，毛亚庆等译，北京师范大学出版社2008年版，第115页。
② 同上书，第21页。
③ 同上。

散得多，大学各部门之间并未形成紧密联系，一个院系发生的事情对其他院系乃至各行政管理部门几乎难以产生直接或迅捷的影响。在大学内部，通过管理协调来掌控整个学术组织相对比较困难，对学术组织的管理和控制"……最好是由组织的文化和常规以及专业培训和成员的社会化来完成的"[1]。大学学术组织机构改革的现实经常是：高级管理人员的决策对于教学和科研第一线的教师而言，大多停留在口头上、会议上和决议上，并未与基层教师的日常工作相联系或对其产生实质性影响；很多改革措施没能作为政策在行动上得以真正实施，没能在思想上得到一致认同，这种改革也常常无法真正改变学术组织的深层组织文化。因此，"将学院和大学比做有组织的无政府状态，这使得一些批评家把学术管理看做是一种病态的过程，从而需要大剂量的理性来治疗。然而，从组织的观点来看……高等教育机构这种无政府的特质，正好适应了其多种目标、多种技术和多种决策过程的特征"[2]。

三 学术组织的制度优势

在工业化社会，人们大多就职于中等规模和大规模的组织之中，这些组织大多采用官僚科层制运作，在西方大学，"很多教授……憎恶组织需要，而且痛恨官僚体制。大学学者虽然身在现代社会，但却并没有真正成为其中的一部分"[3]。然而大学质量与大学生的生存状态与生活态度需要制度保障和学术文化引领：市场经济，财富分配不均，社会阶层固化，大学生更愿意相信依靠自身的努力，独立思考、人格独立，对民主、参与、自由有更多的认同。如果将学术组织视作商业机构，大学自治和内在学术文化的一致性将遭到毁损。如果越来越多的大学以商业或企业为标杆、榜样，被社会定位为可以运用商业

---

[1] ［美］罗伯特·波恩鲍姆：《高等教育的管理时尚》，毛亚庆等译，北京师范大学出版社2008年版，第115页。
[2] 同上书，第116页。
[3] ［美］乔治·凯勒：《大学战略与规划：美国高等教育革命》，别敦荣译，中国海洋大学出版社2005年版，第43页。

的技术、机会与利益的一个组织，大学最终将沦为市场的附庸，会为寻求财源，从公益事业走向学术资本主义。

相比商业领域，高等教育具有更为迫切的组织制度建构的诉求与愿景。在某种程度上，大学的身份认同和未来发展会遭到质疑，犹如后现代的解释，"……大学已走到了它的尽头，并随着现代性的终结沦为一个置道德于不顾的、官僚气十足的企业。它最基本的理念，如知识的普遍性、对真理的追求及文化的统一等，正在失去互相之间的联系，而社会与经济的现实已经使大学工具化，并将大学置于一种危险的境地：使大学既不可能实现自治又不再具有任何吸引力……未来还会坚持的会是些什么……如果大学不想沦为以技术为主导的消费主义的追随者，使学生成为纯粹的知识消费者，或通过'卓越'的技术权威话语把自己定性为跨国的官僚化的公司，那么大学必须重新为自己定位"①。社会摧毁了传统大学模式存在的条件，多元认识在不断消解知识共识，大学中的文化竞争也愈演愈烈，即使后现代社会也无法提供可供选择的新角色赋予现代大学。这一切都需要组织制度建构来为现代大学重新定位和规划。

世界各国政府都需要通过高水平的大学参与到全球的学术体系之中，以了解最新的科学技术发展状况和趋势，并根据本国实际情况参与其中。研究型大学具有参与世界知识体系的能力，"在某些领域积聚足够的力量来促进参与全球科学"②。毋庸置疑，并非所有研究型大学都能与哈佛、牛桥比肩而立，但是绝大多数国家都会通过政策扶持一所或几所研究型大学，让其以足够的质量标准参与到国际学术和科学的讨论之中，进而开展与国家战略发展密切相关的众多领域的研究。同时，我们也必须清醒地认识到：西方"教育组织在采用那些被认为是更现代、更有效的管理实践方面所承受的压力是不可抗拒的；大学越来越多地增加商业从业人员作为评议者，并走上了通往效率的

---

① [英]杰勒德·德兰迪：《知识社会中的大学》，黄建如译，北京大学出版社2010年版，"导论"，第7页。
② [美]菲利普·G.阿特巴赫：《高等教育变革的国际趋势》，蒋凯主译，北京大学出版社2009年版，第70—71页。

道路。全国的大学都进行了自我调查,以期在运行的各个方面收集数据……"① 这是一把双刃剑,企业营利原则销蚀了大学人才培养的终极目的和对真理价值无涉的探索,同时企业标准和规则也弱化了教育的人性联系与协商。

塞尔兹尼克主张组织通过两大步骤来实现其制度化:第一步是以正式结构的产生为大学治理提供"制度"性解决办法。第二步是以明确的组织目标和规则、协作机制、交流渠道、各种治理模式来进行深度制度化。深度制度化是在学术发展的累积过程中实现的。在一定程度上,大学是一种社会"遗传机制",在其漫长的发展中形成了复杂的行动模式。大学制度建构是一种有目的和有意图的设计过程,国家、政府和专业人员在制度建立过程中发挥了显著的作用。学术精英、社会组织、边缘性的和普通的博弈者,都可能介入制度建立的过程。在全球化风起云涌的21世纪,建构国际层次的制度场域已经成为最为活跃的制度场域。作为学术组织的大学治理与其他层次的教育治理存在四个方面的差异:一是高等教育会获得国家全额资助或至少获得公共补贴,大学拥有一定的优先权,学术自由,教学的创造与再造,相对宽松的工作量。二是大学拥有平行权力结构,与其他机构的整齐划一相比,大学呈现的是百家争鸣的局面。三是高等院校是新思想和社会批判的源泉。大学是教师从事研究和教学创新,学生参与研究和自主学习的理想环境。四是社会各界针对大学绩效评估的问题提出问责制。②

第六节 组织的规划:激励机制

大学发展的战略规划是指从国际环境、国家政治经济背景、社会发展、院校自身的角度审视和思考大学当前的价值、使命和目标,立

---

① [美]罗伯特·波恩鲍姆:《高等教育的管理时尚》,毛亚庆等译,北京师范大学出版社2008年版,第15页。
② [美]菲利普·G.阿特巴赫主编:《世界级大学领导力》,姜有国译,中国人民大学出版社2014年版,第67页。

足当下，放眼未来。大学领导人对大学的发展愿景贡献自己的创造性想法，这些创造性想法要与院校的传统与现实发展需要相匹配，大学领导人必须有发展大学的梦想，并带领其管理团队将梦想凝练成战略规划。大学领导人要善于倾听来自顶层领导团队成员的不同声音、中层管理的困境、普通教师的状态、学生的愿望、批评者的理由、支持者的诉求，大学校长在制定战略规划时应考量各方需求，如果能让不同层面的学术共同体成员都感到对战略目标的追求，就是其对自身价值的诉求，这种"共同理解"所形成的合力将提升学术共同体的整体力量，进而会更加凸显精英支持的价值。

战略发展规划如果能对高等教育发展产生积极影响就会获得资助与支持。大学战略发展规划难以让人信服的原因，一是缺乏对大学的使命和价值的充分阐发，二是缺乏大学对国家发展和毕业生个人前途福祉所能提供的贡献的展示。战略规划只是一个开始，如何使大学的发展规划获得认同？关键是执行。大学战略发展规划者要具有执行规划的组织能力，其中监管规划是执行规划过程的关键一环，定期召集会议审视规划的进展，适当微调，保持大学对规划成就和成功之处的了解。规划预算的监控要结合成本变化而进行适时调整，规划与预算是一个长期的过程，大学在规划过程中将战略发展规划制度化。规划管理成员应该是受过财务培训和拥有技术能力的长期工作人员。战略发展规划应是大学世界里长久的、高水平的指导性文件，提供的是大学发展的路线图而非教育理论。大学战略发展规划必须留有弹性空间，为未来几年大学内部和外部环境变化留有修改和调整的余地。大学改革需要严格的程序质询，获得学术共同体的理解和认同。对发展规划执行中获得的短期目标或预期目标，应该及时予以表彰和总结，这与达到最终目标具有同样的价值。从短期目标达成中获得的认同感和满意感，会激励团队成员向预定目标努力；否则就会倦怠消极地应对下一个规划执行周期。很多大学会采用物质奖励来激励追求成功的士气，因为"战略规划要取得成功，教师应该在多个层面获得奖励（教学与研究之外）。参加活动的人也要得到奖励，所以大学必须愿意转移资源并将资金优先分配给战略发展。从本质上讲，战略规划目的和目标应与奖励制度联系在一起"①。

制定战略发展规划的意义与价值还体现在激发学者的研究热情。让学术工作富有意义,从而将道德价值与理智融合在一起,为此,"大学校长应当对学校教师、学生和职员进行情感激励,使他们从不求上进的颓势中警醒过来……应当拿出学校未来发展的愿景和有价值的目标,以激励人们不甘平庸。领导是校长工作中富有诗意的部分。它能使听众和参与者潜心于对高尚的学术和艺术的探索,追求对时代重大问题的思考和深切的关注……(校长)是自己的学者共和国的优秀的行政者、管理者和治理者,但却是蹩脚的作家和演说家"②。校长及其管理团队应该为学校、学者和学生注入精神动力,触及人的灵魂,塑造梦想,并一起行动。

一 学术组织发展规划的特征

学术组织发展规划不仅仅是大学发展的一幅蓝图,也是根据国际和国内形势与发展趋势、青年学生的求知特点而确定的大学发展的方向和目标。学术组织发展规划具有本土性、连续性和普遍性的特点,具体来说,有以下几个方面的特征:

一是大学、学院及其管理人员制定战略规划是为了积极面对大学、学院所处的形势与发展挑战,"……战略性思考就是认真地审视当时的状况以及学校在其中所处的位置,并通过一个规划过程,积极地应对现实的变化,克服它,驾驭它,或者抓住其潜在的契机。面对现实状况,大学必须有一个发展战略,并且据此制定一套'战斗'计划,以使学校变得更强大、更优异"③。学术战略让大学和学院摆脱被动,寻求积极主动的发展模式。战略思维使得大学及学术管理人员成为防御者、分析者、探索者而不是单纯的反应者。

---

① [美] 菲利普·G. 阿特巴赫主编:《世界级大学领导力》,姜有国译,中国人民大学出版社2014年版,第21页。
② [美] 乔治·凯勒:《大学战略与规划:美国高等教育革命》,别敦荣主译,中国海洋大学出版社2005年版,第169页。
③ 同上书,第193页。

二是战略发展规划对组织决策的主要贡献是激励大学适应、协调外部环境的生态发展模式。一般而言，大学规划的制定更多是面向内部，服务自身的价值传统、教学和发展抱负，忽视大学所受到的外部环境影响。但是，大学已经不再是一个"孤独的群体"，"大学正从一个对其存在所持的固执己见模式转变为一个不断适应强大且不断变化的社会环境的生态模式"①。这是大学战略发展规划的主旨。

三是学术组织发展战略规划的制定具有竞争性，特别是受到市场经济竞争的制约。1909年马克斯·韦伯访问美国大学后得出这样的认知："与德国大学相比，美国大学的结构及其他许多方面在更大程度上受到学校之间相互竞争的影响。"在中国，"双一流"建设大学引入竞争机制，进行动态管理，这就是一种战略性考量。在中国大学"双一流"建设的背景下，"比较优势"成为"双一流"建设的一个新的利益攸关的因素。引入竞争机制后，与竞争对手相比，大学领导者必须明晰本校具备哪些长处和优势。卡内基—梅隆大学校长理查德·赛特向教职人员这样解释："……必须明确学校的比较优势是什么。比较优势意味着与其他与之竞争的学系、学院或大学进行比较。我们必须面对这样一个事实，即大学和学院处于一个竞争的市场中……比较优势也许源于其地理位置。它可能是学校基于多年发展而形成的特别优势，或者是学校的某一个特定的享有盛誉的人或团体，也可能基于组织的历史传统……这就是说学校有一些要素，能以之为基础创造组织的特征，这些特征如果不是独一无二的话，也应该是特殊的，只有少数学校才能具有。战略规划的目的就是使学校处于一种独特的地位。"② 确定高校、学科、学者的优势作为战略发展规划的定向。

四是学校战略规划是以行动为导向的规划，重在决策。决策"谋求长期健康发展，把质量提高到一个新水平或者是繁荣昌盛"③。

五是战略决策是理性的、参与性的，对矛盾冲突具有很强的包

---

① [美]乔治·凯勒：《大学战略与规划：美国高等教育革命》，别敦荣主译，中国海洋大学出版社2005年版，第195页。
② 同上书，第196—197页。
③ 同上书，第199页。

容性。制定发展战略不一定是完全开放的,但一定是多方探讨和参与式的。在国外,大学校长是规划最终的制定者和裁决者;通过对规划的讨论取得大体一致的意见,抓住时机采取行动,执行战略;完全一致的意见难以达成,因此,"承担了管理职责的多数管理人员应当参与到战略的讨论和制定中来。战略的制定不是随心所欲的,要按决策议程办事,还要面对持续不断的决策压力……管理者要引导讨论,且必须一直敦促形成对整个学校有益的决策"[1]。大学的管理团队对待争论与冲突要能够包容和化解,以便让更多的利益相关者参与到规划的制定和讨论中,真正做到,"……学校主要人员最深沉的感情和最狂热的想法都应当允许表达出来。如果明确地把重点放在客观事实、重要的利益、思想观念、真实的疑惑和富有想象力的创新上,而不是放在人物评议上,那么,人们会逐步意识到在这里最重要的是学校的战略和利益,而不是人们个人的声誉"[2]。研究组织变革的专家克里斯·阿吉里斯认为大学的管理者应该就自己的想法多方征求意见,"……让人们进行对比,改变自己的看法,以便能够获得决策所需要的最完整、有效的信息,保证有关人员能够从内心里参与进来"[3]。

六是发展战略规划关注的是组织的生存发展。大学都具有一种精神,大学精神具有承继性。大学战略规划主要关注:学校的学术传统、教师的教学与科研;将学校的长久发展和追求一流放在首位;大学不能丧失自身的特色和存在的理由。"历史悠久的名校却值得继续存在下去。国家需要多种多样的高度教育机构来维持多元化和选择的自由。战略规划力图关注各类学校的长期生存能力。"[4] 因此,大学需要一个清晰的概念框架来构建理性的学术发展战略规划。

---

[1] [美] 乔治·凯勒:《大学战略与规划:美国高等教育革命》,别敦荣主译,中国海洋大学出版社2005年版,第199—200页。
[2] 同上书,第201页。
[3] 同上。
[4] 同上书,第202—203页。

二　学术组织发展规划制定的内容和原则

当今时代是一个全新的时代，科学技术进步迅猛，各个领域的国际化程度越来越高，当今的竞争越来越体现在新型组织、新产品、新技术、新的供给融通渠道等方面，基于此，制定大学发展战略规划的内容包括：一是它不是制定一幅发展蓝图。战略规划的核心是对一系列连续的活动条件进行改变调整。二是明确具体的工作目标：包括教学、科研与服务，但更要将青年培养成为训练有素的具有批判思维的人。三是规划不仅仅是校长和管理团队的愿景，还要兼顾大学的传统、学术特色和财政状况，市场竞争的压力，生源、政策环境。四是学校发展的整体目标，不是各院系、管理部门各自计划的目标汇总。五是大学战略规划的制定是核心管理人员集体决策、民主协商与妥协的结果。六是大学发展战略不是为了营利和应对市场的应急策略。"制定战略不是要学校为了招收更多的学生或迎合潮流而放弃自己的全部立场。但……需要……重视可能的高等教育市场、信息传播的新方式以及深刻影响学校及其目标的发展条件。"[1] 七是战略规划是长期的、稳定的、能抗风险的、非应对一时之需的计划方案。"从某种意义上讲，战略规划不但不会消除风险，相反还会增加所面临的风险。它鼓励创造精神，助长新的探险。在面对危险时，它鼓励大胆抓住机遇和不断进取。在这个过程中，它常常带来一定的混乱。"[2] 明确的规划目标可以让管理团队预知所能承受的风险，从而提升大学的长远生存能力和办学质量。

校长制定战略发展规划所要坚持的原则是：应就大学发展中的各种问题征求教授们的意见，尊重他们，重视他们，增强教授对学校发展的责任感和认同感。因为越来越多的大学校长建构了新的治理机制，"它包括了教师、管理人员代表……还包括了学生代表，其职能

---

[1] [美]乔治·凯勒：《大学战略与规划：美国高等教育革命》，别敦荣主译，中国海洋大学出版社2005年版，第190页。

[2] 同上书，第190—191页。

是协助校长及时地、慎重地研究一些重要事务,并向校长提出明智的建议。这种新的机制具有把学术事务与资金和长远规划联系起来的特殊作用,而不是只就学术问题展开空洞的理论探讨"①。因为高等教育与商业组织的最大不同在于产品的不同:高等教育的主要产品是导致人们发生变化的学问,"高等教育的产出不是将资源转化成可以触摸的产品,而是将资源转化成期望的、不可触摸的人口的素质"。正是基于此,"高等教育的主要目的是确认对人类生活的承诺,而不是提高管理效率"②。一所大学在理性认知自身发展的优长与短板的基础上,只要具有了富有创新精神的学者和进取精神的教师,行政、管理和治理就会很容易实现,"人们对领导的激励和推动能力的要求也不会那么强烈"③。最优秀的人才应该得到奖励、提升和引进,根据内外形势变化,及时对学术组织进行战略性调整,才能得到学术共同体的认同与支持,因此,"反对客观的评价是困难的,而反对追求卓越更是困难的"④。

三 学术组织发展规划实现的可能前景

世界高等教育都处在制定发展规划、进行战略决策和回应变革的时代,大学需要运用或创造新的方法、结构和态度来应对。管理和领导中国大学创建"双一流",要有清晰、敏锐和相对统一的认识。强有力的领导成为现代大学的强烈诉求,大学校长的权力正在被强化还是在被消解?在西方,高等教育管理理念被束缚在公司管理的方向,大学的惰性和滞后性带来大学运作的低效,因此学术组织的决策模式面临改革的紧迫和困境。在美国大学研究生教育的最初发展阶段,大学校长扮演重要的领导角色,他们既是行政领导也是学者。哥伦比亚

---

① [美]乔治·凯勒:《大学战略与规划:美国高等教育革命》,别敦荣主译,中国海洋大学出版社2005年版,第171页。
② [美]罗伯特·波恩鲍姆:《高等教育的管理时尚》,毛亚庆等译,北京师范大学出版社2008年版,第178页。
③ [美]乔治·凯勒:《大学战略与规划:美国高等教育革命》,别敦荣主译,中国海洋大学出版社2005年版,第173页。
④ 同上书,第175页。

大学社会学家保尔·纳萨斯菲尔德认识到学术组织面临的危机:"现在我们的大学面临着一个十分严重的问题,这个问题可以称为'学术权力真空'……教授个人则深深地投入到组织的追求之中。"①

学术组织将自身发展建设定位在要成为关注革新、尝试管理变革、自我调节且富有弹性的组织。因为"在一个稳定的环境中,大学依靠以往成功的经验来应对熟悉的问题是有效的。只要环境保持不变,大学就没有迫切需要去改变其曾经被尝试过的,并被证实了的应对方式。然而,当环境发生进化时,大学也必须进化;如果不进化,旧的应对方式可能会导致失败而非成功"②。办人民满意的教育是中国高等教育新时代的责任与使命。高等教育发展的公信力会提升其管理效率,但新管理制度的出现有时会造成大学运行的低效。如果学者所在学校或学院的质量和学术影响日益下滑,会导致生源质量下降和有影响、有声望、有能力的学者流失,从而降低大学的质量和影响力。③ 学术组织的制度和规则支持一贯的文化价值观和沟通系统,"管理者和非管理者越来越多地以期望的方式互动,往往遵循的是过去所发现的行之有效的仪式和常规"④。这是一种自我强化,对这一原则遵循越多,影响也就越大。

---

① [美]乔治·凯勒:《大学战略与规划:美国高等教育革命》,别敦荣主译,中国海洋大学出版社2005年版,第35页。
② [美]罗伯特·波恩鲍姆:《高等教育的管理时尚》,毛亚庆等译,北京师范大学出版社2008年版,第164页。
③ 同上书,第161页。
④ 同上书,第165页。

第二章　理论原型：现代大学制度的整体研究

现代社会处于一个崇尚专业化的时代，专业人员日益发挥重要而又独特的作用。专业人员运用制度的三大基础要素的不同结合情况创造新的概念体系，现代大学制度应属于文化—认知性的制度。学术职业人的主要武器就是思想，通过设计本体论的制度框架，提出各种创造原型，为学术活动和教育活动制定原则和方针。原型是指早期的、原始的、特定的、很不明确的观念，默顿认为，"人们不会永远被束缚在他们使用的（往往被构想的）概念框架里；他们不仅可以打破这一框架，还能建立新的更适用于场合需要的框架"[①]。19 世纪与 20 世纪之交，制度研究出现了一个高潮，制度经济学派是制度理论早期发展阶段的代表，以"牛虻"批判者的角色徘徊在经济学边缘地带，在政治学和社会学中，这一时期的制度主义位居主流地位；继而经验实证主义占据 20 世纪大部分时间的学术显学地位。总体而言，20 世纪"所有学科中的制度主义者基本上都被挤出了学术舞台的中心，只能栖身于某些边缘性的研究领域，如经济史、产业关系和社会工作等领域"[②]。在欧美政治学中的制度理论处于支配地位的时间节点是 19 世纪后叶到 20 世纪 20 年代，在美国学者的推动和开拓下，制度分析

---

① ［波］彼得·什托姆普卡：《默顿学术思想评传》，林聚任等译，北京大学出版社 2009 年版，第 96—97 页。
② ［美］W. 理查德·斯科特：《制度与组织——思想观念与物质利益》，姚伟、王黎芳译，中国人民大学出版社 2010 年版，第 3 页。

成为宪法学与道德哲学的基础。① "大约在20世纪40年代,当组织研究被确立为一个专门的学术领域之时,组织研究中很难找到制度主义者。"② 建构理论是学术研究的终极目标,因为"理论是永无止境的;它始终是理论发展链条上一个连续环节……它不仅有独立的价值,还具有产生更深更好理论的工具价值。它有责任——可以说——帮助实现它自身的创造性成果"③。只有实现理论分析和经验研究的双向交流,才会将工具性的研究作用赋予理论,才会有进步。理论服务于知识,提供了理解和解释这个世界的思想维度。在制度背景下,对于学术组织而言,制度力量是一把双刃剑:支持与制约并存,组织的构成与制度化的程度呈正相关关系。

研究现代大学制度的理论与实践,就是在大学的历史与现实、高等教育各学科、学术组织结构的微观与宏观分析间建构一座思想体系和有效性标准的桥梁。制度理论的研究价值在于,"人类有着与历史演化力量对等的智慧,能够理性地建立制度"④。制度理论逐渐与学术组织研究领域发生关联,并在组织研究中不断发展的过程,是学术组织建立制度的过程。本书试图提出一个相对综合的比较分析框架,以更好地理解不同大学制度及其基本假定和研究方法,研究的目的并不是仅仅局限于区分大学制度思想之间的差异,或者评判某种制度理论模式,而是增强对各种制度主义流派或视角的阐释与理解,进而尝试建构中国特色的现代大学制度模式。

制度理论中最重要的制度分析是六个层次:一是世界系统;二是社会;三是组织场域;四是组织种群;五是组织;六是组织亚系统层次。其中,组织场域是最重要的分析层次。组织场域的含义是指:"由那些聚合或集群在一起的组织——重要的供应者、资源与物品的

---

① [美] W. 理查德·斯科特:《制度与组织——思想观念与物质利益》,姚伟、王黎芳译,中国人民大学出版社2010年版,第10页。
② 同上书,第3页。
③ [波] 彼得·什托姆普卡:《默顿学术思想评传》,林聚任等译,北京大学出版社2009年版,第102页。
④ [美] W. 理查德·斯科特:《制度与组织——思想观念与物质利益》,姚伟、王黎芳译,中国人民大学出版社2010年版,第10页。

消费者、规制性机构，以及其他提供相似服务与产品的组织——构成的一个被认可的制度生活领域……（组织场域）受到其中存在的共同文化——认知框架、规范性框架或规制性系统的限制，并得以'构成一个公认的制度生活领域'。"[1] 学术共同体内因为强调管理，进而形成新的领导观和新的组织经济学。应对全球范围内的经济新常态增长、政府投资的不稳定、招生人数的扩张和教职员工加薪的诉求，需要革新高等教育管理。在开设新课程、制订教学计划和召开学术管理人员研讨会这些较为和缓的领域，[2] 新的高等教育管理已经开始发挥作用，这些研讨会有助于"学术管理人员养成新的习惯，接触财政和战略规划、绩效控制和集体决策"[3]。

　　大学的自治、治理以及监管结构的完善与有效的竞争环境以及学术自由的保障程度密切相关。《经济学家》杂志指出，美国高等教育被誉为"世界上最好的"系统，不仅是因为其拥有的财富，还因为"它不受政府干扰的相对独立性、每个层面的竞争精神以及使学术工作和成果与社会相关并适用于社会……大学运作的环境促进竞争力，鼓励科学研究、批判性思维、创新意识和创造性"[4]。拥有自主权的大学即使具有问责制的合法约束，但是很少官僚体制的烦琐和外部标准的强制，大学管理制度更富弹性和人性。世界一流大学的共有特征是精英荟萃、资源丰富、充足的资金支持和卓有成效的治理。世界一流大学的共有特征是：拥有更多的管理自主权，能提升资金的使用效率，获得更佳的研究成果，拥有足够的资源，吸引顶尖学者和优秀生源的能力，富有成效的治理，广阔的国际视野和国家、政府层面、大学领导层的宏大战略眼光。因此，为获得更有效的治理系统，现代大学管理者更倾向于寻求教学科研管理人员来提供大学制度设计的标

---

[1] ［美］W. 理查德·斯科特：《制度与组织——思想观念与物质利益》，姚伟、王黎芳译，中国人民大学出版社 2010 年版，第 96 页。

[2] 同上书，第 3 页。

[3] ［美］乔治·凯勒：《大学战略与规划：美国高等教育革命》，别敦荣主译，中国海洋大学出版社 2005 年版，第 59 页。

[4] ［美］菲利普·G. 阿特巴赫主编：《世界级大学领导力》，姜有国译，中国人民大学出版社 2014 年版，第 219 页。

准，从而减少教学与科研的成本。

第一节　制度的基本要素：现代大学
制度的概念探源

一个学术共同体的构建，一是需要相对统一的价值理念和诉求，并将这些理念付诸实践，包括课程设置与改革、系的组织结构、学术投资的重点。二是需要一个比较宽松自由的社会宏观环境，"一个不受政治干预、商业活动所束缚的，不担心市场环境、财政以及竞争势力的社会……学者群体就能够为我们大家指明通向更高水平的理性和文明生活之路"[1]。学者们在大学学术共同体中，许多事务都是自我管理的。当然这个共同体的有序运转需要管理制度来规范发展，包括：学生和学者对规则的遵守，大学与社会对学术自由的尊重与保护，对重点发展的学科领域的评定，制定教师职称的评聘标准与绩效考核的规则，对高校商业化倾向的态度，对群体性事件的应急预案等。对于这些管理事宜，学者共同体与管理共同体参与合作的程度，也是人的制度化和制度人化的一个表征。虽然也有人主张，"理想的学术社区是不需要任何行政权威的"。例如，20 世纪 60 年代的知名人士保尔·古德曼曾说，"我坦率倡议……学生和教师按照传统的方式和他们的兴趣联合起来，而完全排除那些使我们的学者社团陷入困境的外部控制、行政管理、官僚机构以及其他多余之物"[2]。本书主张现代大学学术共同体的理性建构需要现代大学制度来保驾护航，对此的研究要从基本概念和基本理论着手。

一　制度的内涵与结构

制度由不同要素构成，并通过不同机制实施。规制性机制得以运

---

[1] ［美］乔治·凯勒：《大学战略与规划：美国高等教育革命》，别敦荣主译，中国海洋大学出版社 2005 年版，第 38 页。

[2] 同上书，第 39 页。

用是因为可以给组织和个人带来日益递增的回报。规范性制度的繁荣是由于人际关系网络的日益拓展，是人们接受"文化—认知"主张的结果。①《社会习俗》的著者威廉·G.萨姆纳指出，"制度是由（思想、概念、学说与利益）观念和结构构成的"。制度观念确立了目标与功能，制度结构体现制度观念并配套实现观念的手段和方法。社会进化秉承这样的过程：个体活动、社会习俗、社会公德进而是完备制度。制度是由某些人或机构"制定和颁布实施的"，制度是理性的、有意识的、有目的的创造发明，但是制度的生成是人们长期努力和制度自身逐渐演化变迁的过程。在《人类社会》一书中，金斯利·戴维斯这样界定制度，"为了实现一种或多种功能而建立起来的一套相互交织的社会民俗、民德和法律……（是）规范性秩序的不同部分"，这类"功能专门化领域"的制度概念在当代社会学中被表达为组织"场域"或"部门"②。亚瑟·斯廷克库姆认为，制度作为"一种结构，在其中有权力的人们效忠于某些价值观或为某种利益服务"。"只有那些坚持和拥护某种价值观或利益的人们占有和保持权力，这种价值观才能得到保持，或者这种利益才能得到保护和实现……组织的制度化意味着组织在历史过程中逐渐稳定下来……权力占有者的下一代继承者，往往会通过选择、社会化、控制任职资格和条件、进行英雄崇拜等方式，来再生同样的制度。"③现代大学制度是集体理性的制度建构，是"制度框架得以出现的制度过程，以及更成功的组织方式日益扩散与被接受的社会过程。到20世纪90年代，通过对冲突性与竞争性的过程以及趋异性变迁进行开创性的研究，学者们又把关于制度建构过程的研究与制度趋同性变迁过程的研究结合在一起，这种研究受到社会运动研究者的启发"④。经济史学家诺斯不关注静态比较分析，而注重制度背景或治理结构对学术行为的影响，他"关注

---

① ［美］W.理查德·斯科特：《制度与组织——思想观念与物质利益》，姚伟、王黎芳译，中国人民大学出版社2010年版，第154页。
② 同上书，第14页。
③ 同上书，第30页。
④ 同上书，第225页。

的是一种更高层次的分析，研究的是文化、政治与法律框架的起源，以及它们对各种经济结构与过程的影响……也关注交易成本，但倾向于关注更广泛的制度框架对交易成本的影响，而不是关注导致不同行动者选择不同治理机制的那些原因"。威廉姆森关注的是"作为一种制度形式的组织，即设计用来降低交易成本的治理系统……这种组织必须考虑产权、法律、规范与传统等'背景性条件'……关注的是那些更广泛的制度框架——社会的'博弈规则'，以及认为组织是一种试图设计策略，赢得博弈目的的'博弈者'"①。对制度做综合性定义的W. 理查德·斯科特指出"制度包括为社会生活提供稳定性和意义的规制性、规范性和文化—认知性要素，以及相关的活动与资源"。制度作为持久的社会结构，在社会生活中，是由"符号性要素、社会活动和物质资源构成的"，制度的特征体现在多重性、稳定性和持久性上，通过"社会遗传"得以维系和再生，在一定程度上抵制变革。"规制、规范和文化—认知要素促进了这些传播、维持与再生产的过程。这些要素是制度结构的重要建筑材料，提供了具有弹性的框架来指引行为和有效地抵制变迁。"②

制度结构若是弹性和灵活的，能够发挥最大的功效，灵活的结构是从大学主体、内外部环境互动中发挥功能。在一定意义上，"功能比形式更受到青睐，有效的措施比官僚主义的程序更重要，可见的成果比纸上谈兵的模糊策略更有意义。在横向联系超越纵向联系的意义上说，具有弹性的结构更加灵活，尤其当它们成本较小时"③。社会学家从制度层面将构成社会框架的结构性力量分为三大关键要素，即规制性、规范性和文化—认知性，这种框架具有弹性，是由三大关键要素建构的一个系统。制度在各种制度系统中发挥作用是通过三大关键要素之间不同的排列组合来发挥其功效的，如果社会系统是稳定

---

① ［美］W. 理查德·斯科特：《制度与组织——思想观念与物质利益》，姚伟、王黎芳译，中国人民大学出版社2010年版，第36页。
② 同上书，第56—57页。
③ ［美］菲利普·G. 阿特巴赫主编：《世界级大学领导力》，姜有国译，中国人民大学出版社2014年版，第36页。

的，那么制度实践就容易为人们所接受并被持久、稳定地践行，将这些制度要素结合在一起，会产生惊人的强大力量。

二 制度过程与制度设计

大学作为学术组织场域是中观分析单位，不同社会中的各种制度与一个社会中的不同制度是学术组织场域的广阔制度文化背景，正是在此背景之下，更多具体的学术组织制度形式与制度场域得以产生并有效运行。制度的实施、运行、转变、社会化、强制实施、权威等是从下到上的制度过程，具体而言包括"选择性关注、理解与意义建构、身份建构、失误、创新、对模式的遵守与再生产、谈判、妥协、回避、抵制以及操纵等"[①]。自上而下的制度设计是通过社会制度的各种模型与方案，对学术活动进行建构，在大学治理结构场域进行强制性接受实施并得以组织化，对于学术职业人来讲，是在制度实施运行中客观接受。社会提供社会化的奖惩来推动制度实施，"通过社会奖惩来施加压力、施加内在的本质的精神奖励和价值观，以促进人们遵守，而所有这些社会奖励都可能一起发挥作用，使制度成为具有特殊意义的指示力量"[②]。因此，自上而下的制度设计，通过关注制度模型、各种方案、规则等建构与制约组织层次的结构与过程的方式，在人事管理中激发集体的意义建构，建构新的评价体系和标准，在规制性、规范性和认知性的意义建构过程之间建立联系，进而形成复杂的和不断变迁的综合模式。自下而上的制度设计是学术组织和学术职业人通过讨论谈判，使制度得以组织化，在治理结构场域获得创新谈判的机会和可能，从而对活动进行规范，最终建构社会制度的各种模型与方案。学术职业人及各中层学术组织通过设计学术组织发展问题的制度框架，来改进激励机制和追求学术绩效。

学术组织中的权力分享和分配。共同体验的丧失会让人产生孤独

---

① ［美］W. 理查德·斯科特：《制度与组织——思想观念与物质利益》，姚伟、王黎芳译，中国人民大学出版社2010年版，第200页。
② 同上书，第59页。

感,在权力分配中获得作为主体的价值感和尊严感主要体现在:摒弃无能、无助和不公正;参与并享受权力分配;制度设计中真正地赋予学生和学者以权力;在学校决策和发展方向方面拥有发言权。例如,"学生的判断受到了重视、鼓励,并被采用,实际上,就好像如果没有学生的参与,改造计划就不能成功一样。这是一种负责任的权力,它和当事人(即学生)的发展水平相一致。责任与权力相当。这样,当威胁真的发生时,便不会升级为暴力事件"[①]。这就是制度形塑与集体理性的关系。一方面,制度会削弱理性决定和理性行动;另一方面,集体理性为制度建构提供无限可能。不同的政治文化和社会场域的制度框架,出现了多样化的组织模型;各国政府干涉和介入程度不同,出现不同的融资模式。无论是学术组织还是个人都受其认知框架和文化预设的指引,以不同方式的合作或竞争来获取自身的利益,在这个过程中集体理性发挥着重要的作用。[②]

　　社会运动与制度变迁同时推进并相互影响。现代大学制度体系是建构学术组织并发挥其作用的规范体系,为学术组织和学术人提供便捷的环境、工具、程序等平台。因此,明确学术共同体的目标,为解决内部的冲突与争端、控制组织中的失范和违规提供了可能的遵循。制度的结构要素与制度的文化要素之间的关系是规则、行政关系系统和活动说明被建构起来,其中文化—认知性制度要素具有重要的建构作用。就研究场域中的文化—认知性层面而言,文化框架(frame)概念是一种"理解图式","文化框架意味着一种积极的、过程的现象,即意味着在实在建构层次上,存在着能动性与目的性。在某些事情正在被完成的意义上,文化框架是积极和能动的;在文化框架是一个动态的、演化的过程意义上,文化框架是过程性的"[③]。在学术组织建构制度的过程中,制度革新受到制度环境的重要影响与制约,同

---

　　① [美]罗洛·梅:《权力与无知:寻求暴力的根源》,郭本禹、方红译,中国人民大学出版社 2013 年版,第 221 页。
　　② [美]W. 理查德·斯科特:《制度与组织——思想观念与物质利益》,姚伟、王黎芳译,中国人民大学出版社 2010 年版,第 226 页。
　　③ 同上书,第 196 页。

时，制度革新对维持和支撑革新的制度环境也将发挥重要作用。学术组织建构并维护制度，制度框架内的激励与惩罚就会应运而生，当规则赋予权力以合法性和稳定性，学术组织的制度化才得以形成。

三 制度环境与制度逻辑

霍夫曼将文化与社会结构联系起来，他认为，"制度环境在很大程度上界定了组织实在的范围。公司在设定策略与组织结构的过程中，可能列出所有可能的行动方案，并从中选择一种行动方案。但是那些方案的范围要受到其所处的组织场域中的规则、规范与信念的限制"①。不同的制度化对于遵守制度、维持制度和抵制制度变迁的程度产生不同的影响。在学术共同体中，其学术传统与研究范式会在新加入的学术职业人间传承，这是为学术职业制度提供关键基础的持续过程。"通过这些制度，具有不同制度逻辑的活动得到规制，并且各类人都可以适用于这些制度。"② 制度化程度更高的实践，往往是"客观化的"，比制度化程度较低的行为更易于传递下来。制度逻辑的重要性体现在"一套物质实践与符号结构构成场域的组织化原则，并且组织与个人都可以对这些物质实践与符号结构进行精心的设计、制定和详细的阐述"③。评价现代大学制度有效性与影响力的最重要的指标之一，是现代大学制度安排与社会制度整体安排的相容性与互补性。

制度制定的"黄金规则"是"拥有黄金者制定规则"。规则要持续发生作用，就必须限制权力的滥用。制度程序在制度的各个阶段都会发生作用，在制度选择阶段也会发生重要作用。制度模型的合法性在于遵守制度环境要求，策略性地应对环境的要求。若想改变制度要求，就要重新界定环境，通过协商形成新的制度要求。一般而言，对组织制度变革的态度："人类，以及他们创建和所在的组织，通常不热衷于改变。在大多数情况下，他们会抵制或者非常不情愿，认为在

---

① [美] W. 理查德·斯科特：《制度与组织——思想观念与物质利益》，姚伟、王黎芳译，中国人民大学出版社2010年版，第198页。
② 同上书，第195页。
③ 同上书，第194—195页。

熟悉的环境中有很大的安慰和更大的安全感。因此，他们容易抵制用新思路和新方式去代替旧观念，他们会由于僵化而失去许多良好的发展机会。"① 因此，内生性的制度能够自我强化，因为学术行为是自我强化的，朱克尔认为，"不需要内化、自我奖赏或其他干涉过程，就可以确保文化的持续，因为社会知识一旦被制度化为一种事实，作为客观实在的一部分而存在，就能够在此基础上直接扩散开来"。罗纳尔德·杰普森指出，"制度的独特性在于制度具有自动维持和自我修复的能力。这些制度性的机制是并不需要有意识地对维持制度的意愿或努力来进行动员的机制"②。在一定意义上，人们以认识制度所展示的各种形式和程序，来理解制度的层次关系，因此，制度被模仿的方式是不同的，原因有两方面，"其一，各种制度是由各种符号、关系结构、惯例和人工器物承载的。其二，各种制度是在不同层次上运行的——对不同层次有其自己的统辖权限。某些制度被严格限制在组织亚单元中运行，而其他制度则在各种层次甚至世界系统层次上运行"③。各种制度通过管理者在其所运行的各个层次共同发挥作用。在学术部落中，即使具有共同的规范性框架，由于制度实践的难易程度不同以及对制度的坚持与理解不同，因此，学术行为提供的是一种理解制度和规范的前提，这就需要制度环境提供制度实践的信念和物质支撑。

第二节　制度的发展渊源：现代大学制度的发展理路

现代大学为学术人及其学术交流提供了栖身之所。大学制度践行过程中，"如果规则与规范有效，就必须得到具有奖惩作用的权力的

---

① ［美］菲利普·G. 阿特巴赫主编：《世界级大学领导力》，姜有国译，中国人民大学出版社2014年版，第6页。

② ［美］W. 理查德·斯科特：《制度与组织——思想观念与物质利益》，姚伟、王黎芳译，中国人民大学出版社2010年版，第137页。

③ 同上书，第100页。

支持"。如若不然,"那些拥有表现为额外资源形式的权力的人,都试图寻求使用这种资源的权威与合法性"①。技术变革、立法和市场力量共同推动了创新,创新成果被广泛接受而成为一种惯例,通过相互监督和提升理论,最后以客观化的制度形式出现,得到积极的结果,获得利益集团的支持;利益集团的反对意见,可以进一步完善制度;如果制度不能让人满意,就被放弃。制度创新艰难,但是创新具有必要性和可能性。创新在学术组织内部外部的交往中产生,创新被广泛接受并形成惯例,然后被默认为"理论化"或获得"合法性",如果这个过程被认可,那么,制度化的客观性就获得了。②

风起云涌的 21 世纪,高等教育面临着诸多的变化:规模扩展、大众化普及、问责制盛行、私有化凸显、市场化冲击等。这一切都影响着大学的发展和学术职业人的现实选择。为满足高等教育大众化的需求,学术职业不断扩充;问责制的兴起,严格了对学术工作的管制,在一定程度上侵犯了大学的自治传统;私有化对学者产生压力,学术职业人开始以"咨询"或"教学活动"为自己和高校"寻租";市场化迫使教授更多地考虑学生和社会的"兴趣"与"需求",而不是从学科发展趋向和学术兴趣出发选择研究方向,甚至有的教授也开始"创业"。因此,美国高等教育专家菲利普·G. 阿特巴赫悲观地断言世界学术职业的趋势:工作环境整体恶化。③ 为此,对许多国家的大学而言,现代大学制度的建构与实施都将是一个挑战。现代大学制度要发挥以下功用:一是丰厚的工资和稳定的职业发展。二是充分更新顶尖学术机构和大学的设备,保障最优秀的教授开展科学研究和从事高水平教学。三是在院校管理中,教授聘任和学生招收方面应采用教师参与决策和遴选以保证学术权力得以彰显。四是学术职业应与政治保持一定距离。五是学术自由为大学生活所认同的共同法则,"要

---

① [美] W. 理查德·斯科特:《制度与组织——思想观念与物质利益》,姚伟、王黎芳译,中国人民大学出版社 2010 年版,第 57—58 页。
② 同上书,第 134 页。
③ [美] 菲利普·G. 阿特巴赫主编:《世界级大学领导力》,姜有国译,中国人民大学出版社 2014 年版,第 196 页。

保证教师维护自己研究、出版、教学,以及在公共场合合理发表言论的自由权利"。六是学术人员要受过良好的学术训练,从事研究和教学的学术人员要拥有博士学位。七是为教师追踪专业领域学术发展动态提供各项便利条件。八是无论是兼职人员还是临时学术人员,都需要具有从事大学教学工作的资质和能力。①

一 现代大学制度的内涵与特点

作为学术组织的大学是在社会中存在与发展的,大学的发展不仅需要国家财政与政策的支持,而且还要满足社会的需要,进而获得社会的支持与认同。大学是一个特殊的学术部落,从事的是创造性的工作,因此,只有对大学组织进行合理设计、组织、指导和调控,对有关人员给予激励与奖励,才能推进新的管理系统在学术组织中得以运用。学术管理人员和大学发展规划的制定者需要确定新的管理理念,新的管理理念需要与大学已有的优良传统和文化具有一致性。

大学需要变革治理方式的原因:一是来自财政、招生和质量的严重危机,内部管理效率低下。二是来自外界媒体的强大压力,以及其他同水平大学、新崛起大学发展的竞争压力。三是富有办学抱负和学术治理远见的大学校长和管理团队的创新诉求。大学的很多政策和程序深深扎根于过去的厚重传统之中,管理运营最好的大学,对未来的重要性与日俱增。从20世纪60年代,大学制定战略规划得到广泛的重视,在大学运行和管理上,战略思维和行动具有重要价值和作用。战略规划人员要考虑:经济与文化正在发生怎样的变化?社会需要怎样的人才?研究和教学未来的需求何在?只有洞悉社会正在发生的和可能发生的变化,才能真正了解社会的最大需求是什么,只有这样,大学才能以其专长——教学、研究和服务社会——来造福国家。

在大学里,"教授治校是否意味着无人治校"②?大学发展规划的

---

① [美]菲利普·G.阿特巴赫:《高等教育变革的国际趋势》,蒋凯主译,北京大学出版社2009年版,第130页。
② [美]乔治·凯勒:《大学战略与规划:美国高等教育革命》,别敦荣主译,中国海洋大学出版社2005年版,第115页。

制定不是线性过程,而是在校长、行政管理人员、学术职业人之间商讨、论证、博弈和妥协的过程。大学发展规划需要在实践中不断发展和完善,需要各院系提出发展计划,校长进行全局把控,逐一修改,充分探讨。超大规模大学的发展规划,需要将大学作为一个整体来考量其发展布局,多校区合并的超大规模大学不应是一个无政府主义的联盟,而应是一个命运共同体。大学要获得持续的学术发展,在资源、经费的分配、发展方案的选择和落实的程序等方面,都需要制定明确的制度和规范予以有效保障。

二 现代大学制度的结构框架

大学目前处于一个竞争激烈的国内和国际环境之中,建构现代大学制度的专业态度需要大学管理团队具有解决问题的灵活性和做出反应的敏捷性。探寻大学发展的新方向和新领域,以此保障大学的办学质量。随着大学组织机构的壮大和国际交往的增多,人与人之间的关系也正在迅速改变。全球每一所大学都在探寻现代大学制度的创建方案,明确认识大学的教育使命与目标,更合理地分配资源。因此,现代大学制度的构建必须有一个清晰的思维框架,以制度的刚性与以人为本的灵活弹性来规范和保障现代大学的发展。现代大学制度的建构应摆脱这样的管理图圄:"开始时充满热情,接着广泛传播,随后逐渐失望,最终彻底抛弃。"[1] 现代大学制度结构受到高等教育结构的重大影响。一是计算机进入高等教育,催生了与计算机相关的工作岗位,需要高等教育培养出更多的能熟练运用计算机的人才。二是工业界和大学之间的关系发生变化。工业界为高等教育贡献了管理模式和实践基地,例如,美国辛辛那提大学首创"合作教育","让学生学习期间花一部分时间到工业企业工作,在那里使用最新的设备,把学校学到的知识融入到工业经验中去"[2]。对

---

[1] [美] 罗伯特·波恩鲍姆:《高等教育的管理时尚》,毛亚庆等译,北京师范大学出版社2008年版,第4页。
[2] [美] 乔治·凯勒:《大学战略与规划:美国高等教育革命》,别敦荣主译,中国海洋大学出版社2005年版,第23页。

于高等教育中盛行的技术至上倾向，就如美国威斯利学院院长纳内尔·科黑垠所指出的，"今天如果我们不在教育中包括技术的话，我们就不能被认为是在对学生进行人文教育，不能把他们培养成为能够从根本上对影响其生活的事物作出判断的、坚定的、富于批判的和完整的人"①。

学术管理制度的特殊性。管理学中有一句格言："管理者正确地做事，领导者做正确的事。"② 在学术环境中，人们更愿意采用行政一词，罗伯特·波恩鲍姆认为，领导、管理和行政三个概念在高等教育中的运用，"区别更多是程度上的，而非种类上的"。管理意味着要"确立目标、制定政策、组织、激励、交流、评估绩效和人员开发等方面的工作"③。管理技术融进组织文化中的部分，成为组织文化认同的共有思想，从而整合成大学组织文化的一部分，进一步丰富大学学术组织文化并强化管理，因此大学倾向于有智慧地采纳新的管理技术。高等教育中的优秀管理者，不仅拥有优秀的管理能力，还是公认的优秀领导。只有整合成信念、价值观和思维方式的管理制度才能成为组织文化的一部分，否则，不会长久存在于组织文化之中。从全球高校管理的角度看，高校的高层领导并未受过良好而规范的管理培训。在大学里，从事管理的人并未受过与其职位相对应的特殊培训。从教授中选拔出来的大学高层和中层领导走的都是"学而优则仕"的相似道路：拥有博士学位、在其所属专业领域取得教学科研的卓越成绩，对大学的管理工作怀有兴趣和热情，但是管理经验相对有限且未经过培训。要想建立世界一流大学，必须要由专家学者来担任高层领导，在中国，我们现在呼唤教育家办学，学者专家治理大学的优势是拥有专门技能，对学术共同体及学术组织文化有着深刻的了解与理解。最有能力的校长往往是在现实大学治理"干中学"成长发展起

---

① ［美］乔治·凯勒：《大学战略与规划：美国高等教育革命》，别敦荣主译，中国海洋大学出版社2005年版，第21页。
② ［美］罗伯特·波恩鲍姆：《高等教育的管理时尚》，毛亚庆等译，北京师范大学出版社2008年版，"前言"，第3—4页。
③ 同上。

来的。因此，对大学领导的管理和培训，使其掌握管理工作中的有效技能尤为必要。

学术职业制度的差异。在全球范围内，学术职业制度差异明显。发展中国家面临着学术职业边缘化的特殊挑战。美国学者阿特巴赫指出学术职业是"微小的世界，差异的世界"。发展中国家学术职业的工作条件和工资水平不容乐观、参与大学管理的程度有限。学术职业规划学术生活和学术计划的自主性受到约束。学术职业是特殊的专门职业，在世界的发展趋势是："英国学术职业已经摆脱了传统的价值观念，因而在许多方面弱化了大学的职能……这种趋势在全世界随处可见。21世纪高等教育的主要现实问题——大众化、问责制、私营化和市场化——造成了全球的大学和从事大学工作的人们之间的差别……大众化导致学术职业和学术机构规模膨胀得愈加让人难以辨认。问责制……损害了学术职业的主要魅力。民营化在某种背景下对学术人员施加了压力，迫使他们通过咨询和其他非教学活动为自己和大学创收……在高等教育大众化时代，令人悲哀的是，全世界的学术人员工作条件都已处于恶化之中。"① 虽然学术职业的传统价值受到问责制的限制，但是，全球学术职业"自由探索，畅所欲言"的魅力仍然为学术职业人所向往和追求。

学术规范制度的困境。技术的发展带来经济的腾飞，如果丧失经济价值创造源泉的科技生产力，国家将失去竞争的锋芒。大学发展规划致力于追求特色与卓越的努力。大学的规模和预算带来大学类似公司管理的复杂性，但大学与公司的根本差异在于：现代大学管理的是具有强烈学术参与热情和学术治理传统的学术共同体。运用公司方法管理大学存在角色冲突，这是大学管理中需要破解的重要难题。学术管理工作需要学者共同参与治理，大学管理需要的专业技能和管理技能，都要围绕培养学术职业人研究创新和坚守学术品质，专家学者必须积极参与到大学重要学术工作的管理中。现代

---

① ［美］菲利普·G. 阿特巴赫：《高等教育变革的国际趋势》，蒋凯主译，北京大学出版社2009年版，第116页。

大学需要专业的学术管理和行政管理，但是大学对专业行政管理的重要性认识不充分，管理方面的专业知识缺乏，专业行政人员的培训也少之又少。传统的学术管理方法和政策在满足今日大学之需要方面受到质疑与挑战，学术治理与大学管理存在一定的冲突与矛盾，学院和大学也是组织，也需要像其他组织那样管理规范自己，虽然"它们是与众不同和独特的，但并不是在组织世界之外生存。资金、市场、竞争对手和外部力量与传统、学术自由、对信念的忠诚和内部偏好同等重要。如果学生既能面向理智和艺术的过去，又能面向可能的未来，他们将得到更好的发展。设计优于放任自流，思考先于争论。学术创造与学术自由既需要有稳固的明天作保障，也需要有一个富于挑战性的今天"①。

三 全球化浪潮下的制度策略

现代大学在管理方式上越来越呈现出具有私立部门和营利机构管理的某些特征，特别是英美那些实行自由市场经济的国家，大学不仅仅是学者和学科的集散地，而且是一个法人团体，是一个共同责任机构。随着高等教育全球化浪潮的影响，很多教育协会在国际层次上运行，并被称为国际非政府组织（INGOs），虽然"他们并不敢擅自取代民族——国家，它们也不能像国家那样制定或实施法律。它们也与跨国公司不同，不能实施强制性权力，并且缺少经济资源"，但是，国际非政府间组织也是具有一定权威的国际实体，这些组织"能够应用有限的资源来制定规则、设定标准、传播原则，并广泛体现国家和其他行动者没有的'人文关怀'"②。面对全球化浪潮的席卷，在制度要求或压力之下，大学可能选择的应对策略有以下几个维度：一是遵守策略。组织为了增强其存在和发展的合法性，避免在竞争中被惩罚和淘汰，遵守其组织文化、规范或规制性权威的要求，以期获得更多

---

① ［美］乔治·凯勒：《大学战略与规划：美国高等教育革命》，别敦荣主译，中国海洋大学出版社2005年版，第156页。

② ［美］W. 理查德·斯科特：《制度与组织——思想观念与物质利益》，姚伟、王黎芳译，中国人民大学出版社2010年版，第110页。

的资源和支持。二是妥协策略。权衡制度要求，采取协商、讨论和谈判等形式，化解各种矛盾，力争建立具有竞争性的制度框架，以适应多重情境发展的需要。三是回避策略。大学是一个相对开放的系统，遵守组织制度环境要求的第一步是建构严密的组织结构，有助于保持组织的合法性。学术组织对规制性要求更容易采取回避策略。四是反抗策略。学术组织如果对制度不满，就会公开抵制制度要求，并尝试设计替代性的制度，以获得公共支持，实现自己的研究和教育计划，从而防止一流人才流失。但是，若是抵制失败，还是要被迫接受制度规约与要求。五是控制策略。为应对制度规约和要求，组织一般通过智慧地与所处环境合作，进而影响、改变甚至操纵环境。由于"制度远非仅仅是形成社会生活之网这种社会事实，它们也是特殊的具有支配作用的社会能动者……'组织有时会无选择地或无远虑地行事的思想'似乎消失了……也似乎逐渐不再强调，制度背景……对于理解组织行为来说具有的重要性。制度似乎也仅仅是组织面对的所有制约之一和很多选择之一"①。因此，策略理论与制度理论之间存在一定的冲突和紧张。

第三节　制度的理念共生：现代大学制度的价值诉求

全球化加大了高等教育所产生的溢出效应的重要性，对发展中国家而言，"全球化创造了与不熟悉的工业、农业以及管理技术和机会的相遇。要充分利用与世界经济日益增加的联系，企业家们要有看重创新并且在当地环境下适应和实现创新的能力"②。面对全球化的挑战，中国历届最高领导人都非常重视高等教育的地位与价值，主张"教育优先发展"和"教育强国"，在中国的改革开放和创新发展中，

---

① ［美］W. 理查德·斯科特：《制度与组织——思想观念与物质利益》，姚伟、王黎芳译，中国人民大学出版社2010年版，第183页。
② ［美］菲利普·G. 阿特巴赫主编：《世界级大学领导力》，姜有国译，中国人民大学出版社2014年版，第65页。

高等教育开始进行创新角色的转变，努力成为新技术领域核心技术突破的重要基地。中国综合国力的提高不仅包括经济领域还包括社会领域，社会发展的重点是改进和提高公民的生活质量、优化政府执政理念和提高执政能力、增强社会凝聚力、控制犯罪和改善健康。其中，高等教育成为增进社会福祉的主要贡献者。高等教育对个体的增值效应是创造了个人职业选择优势、较高的工资水平、一定的社会地位等。高等教育提高了公民的政治民主意识和社会参与热情；高水平的教育与公民深度参与的联系密切。高等教育对国家发展的贡献在于，大学在提供国家发展驱动力方面得到社会和政府的高度认可，从而使双一流的发展成为国家发展的优先领域。因此，如果未能充分地认识到院校的特征和优势而制定发展规划，就将会不同程度地降低高等教育对国家发展的贡献程度。

一 现代大学的价值传统受到冲击与挑战

大学自治是大学免受政府和社会力量干涉而获得有效运行，这是现代大学一直追求的理想目标。今天，中国"双一流"建设大学都是研究型大学，是国家战略的长远规划。政府对"双一流"建设大学的长期持续投入和支持，需要大学对各学术群体的资金分配和预算平衡作出发展规划与考核方案。"双一流"建设大学的自主权不断扩大，从而赢得其强势发展的机遇。为此，高等院校的学科评估在一定意义上扮演了最佳仲裁者的角色。大学里的原创性研究大都出自学者长期的学术兴趣和研究关注，而且大多数都是基础研究。在一个拥有优良的学术文化的学术组织中，大学自治和学术自由是同一的，但二者也存在很大的不同：自治与管理有关，主要指大学按照普遍的学术价值不受外部干扰而自治的权利，即大学不受外部审核而自由地开展学术研究和处理行政事务，确定自己的政策目标。但是，自治不是绝对的。随着大学生求学目标的变化，很多大学为了生源问题，越来越倾向于开设以就业为导向的专业课程，越是依靠学生学费运营的学校，增设职业性课程的可能性越大；拥有久远传统声望的大学更有可能抵制这种变化趋向。各学术组织以自己不同的方式调整和适应新的制度环境；学术组织的去制度化会导致学术信念和教学信念弱化，甚至放弃制度实践。

在一定程度上，高等教育的规模扩张"威胁到大学的理想"①。但是，大学依然具有改造自身的能力："对于大部分学生来说，为什么或出于何种目的上大学，他们也没有清晰的概念。有些学生一直没目标，烦躁不安，或者困惑不已；另外有些学生眼盯荣誉，安然自得。大部分学生处于两者之间，寻找着某些值得关注的事。"②学生人数越多，"就越是超过教师的能力和教他们的意愿"。很多有识之士在19世纪上半叶就认识到："要求每名学生都由教师亲手指导的旧原则，再怎么精明，也没法运用了，因为整个学术生命的时间没有同时延长。"③大学的变革只有与学术文化的理念相应和，变革才有可能成功和实现。为学生营建生活和学习的优良环境，拓宽其学术视野，建立起真正的学习共同体。对于学生而言，只有经过超乎寻常的努力才能进入一流大学深造。一流大学的多样性对提升全体学生的教育质量至关重要。一流大学追求卓越的大学文化对学生就是很好的文化精神引领。一般而言，大学优良的研究环境会激发研究者的兴趣和好奇心，研究者会作出进一步的探究。为此，马克斯·韦伯给出了至关重要的评论："对科学真理的价值的信仰不是来自自然界，而是特定文化的产物。"④但是，与此相反，一名常春藤联盟高校的校长却宣布，"大学应完全放弃幻想，不再坚持远离'普遍商业化'的文化这一学术价值观"⑤。

虽然纽曼和雅斯贝尔斯都认为，建立在基本认知理念基础之上的大学观念的时代已经一去不复返了。但是，伴随现代社会发展的多元

---

① [美]安德鲁·德尔班科：《大学：过去，现在与未来——迷失的大学教育》，范伟译，中信出版社2014年版，第101页。
② 同上书，第21页。
③ 同上书，第101页。
④ [美]罗伯特·K.默顿：《科学社会学散忆》，鲁旭东译，商务印书馆2004年版，第149页。
⑤ [美]安德鲁·德尔班科：《大学：过去，现在与未来——迷失的大学教育》，范伟译，中信出版社2014年版，第171页。

认知结构决定了多种大学理念的存在,大学理念的合法性建立在认知模式的基础之上。多元认知模式催生了身份认同问题的产生。① 但是,在哈贝马斯、马尔库塞和托雷尼的批判之后,学术自由的理念受到了挑战,"学术自由不再由'科学共和国'来限定,而是由对社会中一个权力与知识、政治与文化形成约定的范围的需要来决定。大学已经进入了现代性的改革构想。异质文化的馈赠不是革命,而是大学对新的认知结构的开放,如今天向知识模式渗透的民主价值观"②。文化的多样性和异质性促使大学的文化类型进行深度变革,大学的文化价值观开始转向承担更多的公共责任;随着后工业社会的发展与专业分化的加深和细化,人们对教育大众化的需求剧增,认知模式的改变导致社会文化类型发生变迁。职场竞争和利益追求使得年轻人越来越倾向于"为了工作去接受教育,就像关注音乐、旅行以及革命文学那样去关注生产性职业,而不是贪玩。……年轻人想得更多的是可能获得丰厚的经济回报,而不是'敬而远之'"③。因此,回归人文学科自由教育传统的理想,就犹如要退回到"老死不相往来的小国寡民"社会的遥想一样,已经是不现实和不可能的。因此,现代大学已经成为向更多新增人口提供知识传授和职业培训的社会机构。正如丹尼尔·贝尔所说的,认知结构的多元化和一致性的丧失使通识教育的实现基础日益受到动摇与侵蚀。④

二 现代大学的精神使命对现代大学制度的价值

大学的使命或目标要更加具体可行,才能指导决策并规范各个部门向共同的未来目标前行。研究型大学使命的多样化,使其使命达成变得更加复杂和实现的难度更大。新兴研究型大学更加致力于

---

① [英]杰勒德·德兰迪:《知识社会中的大学》,黄建如译,北京大学出版社2010年版,"导论",第5页。
② 同上书,第89页。
③ [美]乔治·凯勒:《大学战略与规划:美国高等教育革命》,别敦荣主译,中国海洋大学出版社2005年版,第17页。
④ 同上书,第18页。

对科学研究和研究生教育的发展选择,但是,当今世界的一流大学,诸如哈佛大学、加州大学伯克利分校却更倾向于多方面目标的追求,并不是仅以科学研究来彰显其自身的卓越,还包括教学、社区服务等,这些大学的管理者认为,"大学不能只沉浸在科学里面,它也是国家和当地社区的一个重要组成部分"。因此,一些大学选择促进当地社会、经济和政治进步,"当以科学研究为使命的教师与那些在用知识去服务社区而发现自己使命的教师共存时,领导者的另一种张力模式也随之呈现出来"①。可以说,无论哪种工作类型都有不同的卓越标准,和谐发展也相对比较困难。比较合理的解决办法就是对这两种大学策略要同等重视,以促进大学的发展与变革。大学精神使命的价值何在?"大学的精神权威时代早已远去。然而,对于大学应该致力的方向,——'指引我如何思考和如何选择':一种反思的辅助工具,一个场所与过程,年轻人在其中衡量自己的天赋与激情,并开始以一种忠实于自己且对他人负责的方式厘清自己的生活。"②在大学,学生究竟需要什么,教师不应该替学生来回答,因为"把自己的意志强加给学生一直是教师职业的一大威胁。教师和作为整体的大学该做的反而是:提供一点帮助,让学生通过艰辛努力来自己回答这个问题"③。

任何一种选择都存在风险。虽然"学术界中最强的力量是惰性……而大学却经受住了风暴"④。毋庸置疑,我们在历史发展的巨轮面前必须作出选择,历史是在人类选择中实现自身发展的,由于有些选择缺乏依据和理由,因此,在一定程度上,选择本身就是一种冒险、一种博弈甚至是一种赌博,其中不乏失误乃至犯罪。作为知识分子的大学教师是正义和理性的守门人,以捍卫自由公正理性的价值观

---

① [美]菲利普·G.阿特巴赫主编:《世界级大学领导力》,姜有国译,中国人民大学出版社2014年版,第41页。
② [美]安德鲁·德尔班科:《大学:过去,现在与未来——迷失的大学教育》,范伟译,中信出版社2014年版,第10—11页。
③ 同上书,第9页。
④ 同上书,第19页。

为己任。为此，朱利安·班达终其一生都在弘扬知识分子的价值理想，他指出："必须打破知识分子是真理的化身或代言人这一传统信条。知识分子不可能垄断真理，比起俗人来，他们只不过是一批知识丰富、眼光敏锐和道德高尚的人。知识分子也食人间烟火，也有七情六欲，也对自己的家乡和文化特别依恋。但是，知识分子与俗人的惟一不同之处，就在于他们的理性批判精神，他们不仅仅要批判现实的罪恶和不义，也要批判自己的历史局限和错误判断，惟有通过这一理性批判，知识分子才能不断地超越历史空间的局限，趋向永恒和普遍。"①

三 制度与理念的共生引领大学走出困境

大学的发展规划应首先明确对大学的价值理念与目标使命的认同。大学在制定发展规划时应首先评估已有的基础环境背景：优势、劣势、机遇和挑战。大学管理集体应充分利用优势和机遇，尽力降低劣势和挑战。以大学价值文化和使命目标激励充满学术热情和活力的年轻学者和青年学生，改善薄弱的基础设施和不尽如人意的通信网络服务。大学的战略发展规划应专注于重点，明确方向，取得具体的成果。从高等教育国际市场来看，国外政府在调整政策，大学间竞争激烈，公司企业参与高等教育事务并竞相争夺国际市场份额，信息技术的迅猛发展带来学生学习和学者研究方式的转变。从大学内部管理与发展来看，大学发展的目标规划该制定的原则是集权还是民主？答案经常是各执一端。制定切实可行的学术规划的理想方法是制定可预期的目标和获得可靠的财政资助。大学的科学有效运行，需要采取战略管理。大学的科学研究对国家的公共事业、经济增长模式和生活质量提升都发挥着关键作用。大学的校长、院长、教师和专业管理人员对学校的发展应采取专业的、积极的、审慎的态度而非顺其自然的、不作为的态度，大学里的实情是，大学学术组织经常忽视了管理的理论

---

① ［法］朱利安·班达：《知识分子的背叛》，佘碧平译，上海人民出版社2005年版，"译者的话"，第4页。

第二章 理论原型：现代大学制度的整体研究

和实践的有机结合，导致的不良后果是，很多高校干劲不足，士气低落，亟须改进管理方式。战略规划、组织研究、决策理论、市场化与市场研究、财政运行研究等方面，都需要在一流的管理团队的推动引领下获得新的突破和发展。

如果大学管理面临巨大的困境和压力，那么，大学里卓越的领导、教授和学者应该具有坚强意志，在个人所属领域取得非凡的成就和成功，对自己的目标自信并独立。当然，在大学内部，行政领导、教授和教师之间更多的是充满竞争而非合作；在寻求共同目标方面，更多地表现为独立的价值追求而非群体共同意志。因此，越是资深的教授越有可能抵制战略规划或者表达不满并设置障碍，在管理层表现出的专断、不民主和任意行事，在一定意义上，都是消极抵制的力量。同时，大学为此展开的改革可能还会带来担忧和焦虑，"校园里，改变的时代往往是焦虑的时代"。大学发展战略规划的制定和落实可能会带来"丧失权力和威望、重新分配或资源的损失、失去自治权、对个人和专业领域的入侵、改变成功的定义、改变奖励制度、害怕新技术以及对重新学习的恐惧"[1]。

大学若要走出改革与发展的困境，学术组织要提供规范性证明和奖惩程序，进而提供声望与经济激励。这首先需要学术人达成共识，进行充分的理论研究，产生深远影响，而不是停留在口头上的赞同，或疏于实践应用。大学需要必要的变革，不仅要提出变革的方案，还需要提供明确的指引。大学制度最重要的变革就是对于质量的认知框架保持持续的注意力，从内部设计转向外部遵从，制度设计是"亡羊补牢，查缺补漏"的思维模式，还是"有则改之，无则加勉"的预防思维模式？大学教育质量提升也许有其特殊的发展轨迹，也为学术组织中的学者和学生进行有益学习和探索提供了基础，但是，运用制度的目的，离成功还有一段路程。

---

[1] [美]菲利普·G.阿特巴赫主编：《世界级大学领导力》，姜有国译，中国人民大学出版社2014年版，第5页。

第四节　制度的社会建构：现代大学制度的社会规制

大学是一个复杂的大型组织，与其他社会团体发生关联，大学的领导层不仅要关注内部治理，还要关注外界变化；大众媒体也开始对大学事务发生兴趣，校长的事务也拓展到要与各类媒体打交道；国外政府对大学的拨款在减少，而问责制逐步形成，政府关注大学角色与功能的发挥，并以各种方式检查验收；各种资助机构也开始介入大学事务。这些对大学事务的政策干预和经济渗入削弱了大学的自治并对学术质量和大学士气带来影响。行政管理团队对这些困难与困境进行建设性协调：大学与外在环境正在经历重新定位，政府、社会要求以最小的代价获得更大的成果，教师发现自身承受着发表更多研究成果、来自各方的绩效考核的巨大压力。大学在知识经济社会拥有了更多的作为并提升了其社会地位，但通过对全球学术职业进行考察却发现：在发达国家，教授的地位在下降，工作条件和工作环境在恶化。主要原因之一在于高等教育的大众化，教授的教学效率承受着压力，每位教师在授课时要面对更多的学生和不断增加的教学任务。大学的行政领导也面临着严峻的挑战，因为学术工作也变得越来越复杂，学术管理人员需要将越来越多的时间和精力投入到管理之中。

一　社会规制、社会秩序与学术秩序

规制性权威推动的制度实施是现代大学制度和大学治理的效力，大学制度和大学治理依靠什么展开？是采取强制，还是有赖于规范和文化—认知制度？如果使用法律程序和官方制裁来迫使大学进行改革，那么，这种制度安排就是一种逐级建构起来的权威系统，实施改革的时间越早，改革也就会越彻底。如果组织没有建立起权威强制，那么，改革的效率和改革的程度都要低得多。从一定意义上说，学术

组织也需要强制。① 在日本明治时期所进行的深刻的社会变迁中，日本官员将西方成功的特定组织场域的各种模式或组织原型引入相关部门，如警察系统和邮政系统，将这些组织模式作为重构日本国内既有组织安排的基础。这些组织模式具有不同的实施模式，运用官员的权威的影响，受到本国先前存在的具有兼容性的认知模式的影响，受到环境中支持性组织的基本影响。"尽管日本改革者的最初意图只是简单地模仿，从其他社会中输入成功的实践，但是日本改革者也极具创造性地把这些模式恰当地配置到日本这种新的环境中。"② 因此，组织制度的制定、普及、遵守和规制是一个漫长而需要坚守的过程。

重建社会秩序与学术秩序的必要与可能。朱利安·班达在《知识分子的背叛》中担忧地评价，"无论是福山在《历史的终结和最后的人》中构想的'其乐融融的世界'，还是亨廷顿提出的'文明冲突论'，都未能超越班达所批评的'现实主义'的窠臼。人类还可能在现实主义的道路上继续滑行，即使如福山所说，冷战后西方政治民主和经济自由的模式将大行天下，昔日意识形态的敌人彼此握手言欢，但这同时也意味着世界彻底庸俗化了，人类将会完全丧失崇高感和超越感。这也正是班达心中最大的忧虑"③。朱利安·班达指出："知识分子以'秩序'之名背叛了他们的使命……秩序本质上是一种实践价值。崇拜秩序的知识分子已经背叛了他的使命。"④ 但是，朱利安·班达忽略了一个事实：世界各国文明因交流和互鉴而共存与发展，文明之间不仅不存在冲突，而且应该"爱我所爱，美我所美"。

二 现代大学制度建构的国际化参考因素

世界贸易组织与《服务贸易总协定》强化和刺激了学术的国际化

---

① ［美］W. 理查德·斯科特：《制度与组织——思想观念与物质利益》，姚伟、王黎芳译，中国人民大学出版社2010年版，第141—142页。

② 同上书，第143页。

③ ［法］朱利安·班达：《知识分子的背叛》，佘碧平译，上海人民出版社2005年版，"译者的话"，第3页。

④ 同上书，"1964年版序言及其注释"，第6—8页。

流动，高等教育成为国际贸易商品，甚至被视为一种私人商品，而非公共责任。全球化与大众化交织将高等教育置于市场竞争之中，高等教育的公益合法性演变为商业利益，在一定程度上，高等教育的国际化动因之一是追逐利益；营利是高等教育国际化项目的一个重要动机。美国的凤凰城大学就是全球最大的私立大学，其母公司是阿波罗集团，凤凰城大学通过与别国的教育机构或公司合作、在海外建立分校、对现有学校收购等方式加盟高等教育国际市场。在一些发展中国家，存在着公立或私立大学与境外教育机构以合作办学的方式展开合作，其中也有以营利为目的的高等院校；与此同时，非营利大学也进入了国际市场。高等教育国际化的动因之二是提升科学研究，提高文化和学历互认度等。澳大利亚和英国由于政府缩减对大学的公共资助，鼓励大学向海外开拓市场，方式包括建立分校、互认学位培养方案、与当地教育机构合作等，这些发展目标主要锁定在与发展中国家、中等收入国家的合作①。对很多发达国家而言，招收外国学生都被视作直接或间接的盈利途径：英国、澳大利亚、加拿大和美国向留学生收取高昂学费；国际研究生为在读国提供大量其所需的教学和研究服务，却获得极低的补助；留学生还为就读国带来不菲的消费力。国际化学术活动为发达国家带来巨大的经济价值已经获得国际社会的公认，这个影响还会持续扩大。高等教育国际化动因之三是提供新的入学机会，满足接受优质高等教育的需求。随着高等教育大众化的来临，全世界对高等教育的需求与日俱增，对于发展中国家中国、印度和非洲的大部分国家来说，本土高等教育机构由于无法完全满足人们对高等教育，特别是对优质高等教育不断增加的需求，为他们提供国际入学机会，也是出于满足多样化的需求和考量。

高等教育的国际交流具有悠久的传统和历史，例如，美国提供高等教育国际交流项目的院校都具有良好的学术和办学声誉，采取海外留学体验、课程国际化、向外国留学生提供奖学金等方式。为丰富本

---

① ［美］菲利普·G.阿特巴赫主编：《世界级大学领导力》，姜有国译，中国人民大学出版社2014年版，第102页。

国学生的课程体系，同时提供跨国的广阔的国际文化视野。为本国学生开展以校园为基础的国际化措施包括海外访学、加强外语教学以及介绍国外的研究和学习领域，这些传统的国际化项目不是营利性质的活动，因为国际化方案在提升大学竞争力、提高大学声誉、形成大学联盟方面具有积极价值与意义。①欧洲的高等教育具有特殊的国际化路向：一是通过对伊拉斯谟计划的学生合作交流项目提供大量资助，帮助大批大学生获得在欧盟国家大学之间的学习研究经历，欧盟成员国家的学生都可以到欧盟其他国家进行学习和交流，博洛尼亚进程在平衡各国的学术系统、学位结构、学分互认、学术标准趋于一致方面发挥了积极作用。学生们被鼓励到不同的欧盟签约国家的大学学习交流。二是欧洲高等教育国际化项目在欧盟的推动下力图推广到全世界，通过建立学术项目，已经在亚太地区和拉丁美洲建立了高校间和地区间的合作与联系。三是虽然发展中国家只吸引了数量不多的国外留学生，大量学生是向外流出在国际间流动，但是发展中国家也在致力于提高本国高等教育的声誉和质量，提升文化的多元化，制定吸引留学生的规划战略；国际留学生的资金主要来自学生个人及家庭。全世界留学生超过200万，大部分是自费，留学国家和所学专业以及学成后的走向都自主决定。总之，高等教育国际化不仅满足在本国无法获得入学机会的学生的高等教育的需求，同时也涵盖了学习、文化交流与生活体验等方面，增进了学生、学者、研究人员的跨国流动，国际学术交流与流动的世界正在形成，这是学术创新和学术发展的新平台。②

三 现代大学制度建构要尊重院校传统和本土实际

高等教育内部改革需要通过制度规范与保障，各国各地区具体情况不同，院校传统差异甚大，这些都是现代大学制度建构应该考虑的

---

① [美]菲利普·G. 阿特巴赫主编：《世界级大学领导力》，姜有国译，中国人民大学出版社2014年版，第103页。
② 同上书，第105—106页。

因素。丰富学生的学习经历及提升学习质量、增加学生的支持服务系统、改善硬件和技术基础设施、促进国际化、提高生源质量、提升世界大学排名等，这些改革导致教育开支增加，大学需要寻求更多的资源和资助。政府对高校无法投入更多的资金，高校便期待整个社会的支持。大学越来越强调教学和课程设置的规格标准和质量保证计划，标准虽然可以改革，但是对一个特定环境或特殊国情，如果"不考虑具体环境而去一味迎合标准不会获得很大的成效……标准可以作为一个组织评估的框架，而不是用作精确的测量和比较。但最糟糕的是，标准作为一个毫无意义的清单，分散了人们对质量的更深考虑。然而，很多可信度已经出现在价值标准和认证过程之中"①。对大学的建设不能仅靠投入水平的标准，对结果的关注应该予以应有的重视。"外部机构只能对质量保证给予一定程度的关注。质量保证和质量改进的关键工作必须由学校完成。而取得成功的关键是'鼓励高校成为自我发展的组织'，即院校不断寻求改善它们的教学和学习过程。"②质量是大学规划和管理的重要组成部分，目前，院校搜集的信息和反映质量情况的数据得到很大改观，使得高等教育内部活动的透明度得以提高，从而提高了高等教育管理的效果和效率。大学的排名起源于1983年美国大学排名《美国新闻与世界报道》，几乎所有的发达国家都提供大学排名，排名标准纷乱复杂。大学排名的发布者包括报纸、杂志、公司、独立的研究机构、政府机构和个体研究人员。一些排名将大学作为一个整体来评估，其他的则是对院校、系、项目层面进行比较，或者根据专业和领域来排名。一个排名系统建基于一套指标，一般而言，大学会使用数个不同的指标。排名指标根据评估因素包括教学人员的质量、学生、计划等，从投入、过程和成果的动态角度来评估。大学排名使用的指标不同，体现了质量标准的多样性。

高等教育管理和领导在21世纪面临巨大的挑战。发展中国家大

---

① [美]菲利普·G.阿特巴赫主编：《世界级大学领导力》，姜有国译，中国人民大学出版社2014年版，第124页。
② 同上书，第131页。

学致力于提升教育公平能力，去满足和应对日益增长的人口总数和越来越多的对高等教育的需求，更多的发展中国家面临的现实是经济的衰退和恶化、政治干扰的愈益频繁与环境的不稳定，高等教育的改革意味着需要付出更高的成本和代价。大学管理者改善管理的方向，不仅包括提升人格魅力、勇气、远见、人际交往能力，还包括精心选拔管理人才和提高领导力的培训。发展中国家塑造高等教育领导力面临五个方面的挑战：一是过分强调研究型大学的至高地位，所有的学院、大学都想发展成为研究型大学，学术发展上的弱点是实验室和设备不足、资金紧张、杰出学者和专家流失到欧洲和北美，对科学、工程、农业和管理的过分强调使得人文和社会科学没有得到足够重视。二是发展中国家政府给高等教育的拨款紧缩，大学成本增加，大学对公共财政过度依赖，大学除学费外，其他收入有限；资金不足限制了大学对必要的技术、图书资料、科研设备和维护的支出。三是政府对高等教育领导力提出更高的期待和挑战，各国政府将一流大学看作一种政治资源，"政府可能安排那些对大学性质缺乏必要的熟悉和不重视师资队伍的人作为大学领导……政府对开支、资源分配和再分配的控制，以及对其他决定的阻碍都反映了政府对大学领导缺乏信任。所有这些问题在许多国家对高校造成困扰，但对发展中国家最具挑战性和限制性"[①]。四是大学机构所固有的保守主义本性。"每个地方的大学都很难改变。它们是（或向往成为）真理的追求者和文化的守护者，它们有目的地被设计去抵制来自政治特色、文化趋势或经济和工作环境上不断变化的需求。"大学的保守还体现在对指导、监督或问责制的抵制。"学术自由和院校自治与工作的保守性……伴随着监督或问责制学术生活交织在一起。因此，大学的保守主义是一种保护，但也构成了提升社会福利的障碍。"[②]

---

① ［美］菲利普·G. 阿特巴赫主编：《世界级大学领导力》，姜有国译，中国人民大学出版社2014年版，第168—169页。
② 同上书，第169页。

第五节　制度的现实范型：大学学术共同体的博弈生存

大学是由教授和专家组成的一种特殊的组织，是独特的学术共同体，专家学者们"自主地向新一代年轻人传递知识并指导其学习。作为一个机构，高校拥有历经几百年形成的文化模式和关系网络，具有某种程度的普适性，因而难以被改变"[1]。里斯曼的著作《论高等教育：学生消费主义上升时代的学术公司》指出，"学院中心主义的衰落"意味着学术群体权力的日益式微。"早些时期是终身教授决定大学方针而学生和行政人员相对沉默的一个时代：对于教授而言，学生是被征服的，而行政人员则是仰人鼻息的。"但是到了20世纪60年代，因反主流文化使学生权力发生重大转折，里斯曼开始反思这种转折对整个社会的影响，其也是高等教育改革的重要因素之一："'学生消费主义'的兴起。这在学生对管理、招生政策以及课程决策方面逐渐增加的影响力中表现明显。不同的文化将政治带入了课程，同时也带入了大学管理之中。"[2] 同时，大学也是一个复杂的、多元层次的组织，在西方被誉为"有组织的无政府"；院校组织各层次和外部环境通过各种渠道互动；大学的权力和结构是高度分散的；大学目标多元化、复杂化，难以相辅相成，难以衡量；自主性与资源依赖相互并存；等等。

学术共同体是学术人生活其中的一个复杂场所，"而绝不是一个简单、宁静、和谐的乌托邦。同时，它似乎又是一个具有挑战性的世界，其中完全没有预定的东西，一切都在一定程度上是偶发的，不断需要做选择和决定。不确定性的折磨、矛盾选择的痛苦、无规范的恐惧、角色和地位的交互压力、失败的风险——人类生活剧中所有这些

---

[1] ［美］菲利普·G. 阿特巴赫主编：《世界级大学领导力》，姜有国译，中国人民大学出版社2014年版，第28页。

[2] 转引自［英］杰勒德·德兰迪《知识社会中的大学》，黄建如译，北京大学出版社2010年版，第89页。

障碍都为"[①] 学术生活提供了意义、地位和价值。大卫·里斯曼和克里斯托夫在高等教育专著《学术革命》中，描述了"学术群体的成长和扩张，这些学术群体的卓越表现总是与学生运动同时出现"[②]。学术共同体是由相似取向的、杰出的学者构成的。学术共同体的基本特征是：部分有影响力的人在很大程度上主导着共同体的利益、关切和价值；具有世界影响力的人代表学术共同体面向社会世界的更广大的利益、价值和关切。对于最具有创造性的学术职业人来说，其生活与工作的社会文化环境远大于其学术职业背景的环境，"杰出的科学家往往是'世界主义者'，取向于更广泛的国家和跨国环境，他们不同于'地方主义者'，后者主要取向于他们直系的关联群体"[③]。

一 学术共同体的构成与特点

默顿将科学共同体作为一个系统来研究，共同体"被看作一个综合的、整体的科学系统，既是由规范和奖惩构成的制度，也是由个人的角色行为和彼此互动关系构成的社会组织"。对于后者，默顿将其定义为科学共同体，"与科学的精神气质和科学意识相一致，它提供了一个让科学规范和价值观得以付诸实施、让科学的态度和动机得以表达和确认的舞台"[④]。默顿开创的科学社会学，其贡献主要是将科学共同体作为一个系统，分析其内部机制与作用过程。科学共同体由六个子系统构成：一是制度化警觉系统。无论是从研究过程还是对研究问题的选择方面，科学在本质上是公共性的而不是私有的；将标准和批判态度转化为组织原则，将普遍认同和有组织的质疑规范，与学者的良好意愿及个性区分开来，各自独立。二是科学的交流系统。科学成果和研究过程原则上应让其他学者看到，"为了促进科学进步，

[①] ［波］彼得·什托姆普卡：《默顿学术思想评传》，林聚任等译，北京大学出版社2009年版，第245页。
[②] 转引自［英］杰勒德·德兰迪《知识社会中的大学》，黄建如译，北京大学出版社2010年版，第88—89页。
[③] ［波］彼得·什托姆普卡：《默顿学术思想评传》，林聚任等译，北京大学出版社2009年版，第13页。
[④] 同上书，第58页。

仅提出丰富的思想、开发新的实验、阐述新的问题或创立新的方法是不够的。必须有效地与他人就创新进行交流……为了科学的发展，只有那些能及时被其他科学家有效认同和利用的研究成果才是有意义的"①。三是评价和奖励系统。四是科学共同体的分层系统。五是纳新和指导系统。六是非正式影响系统，即"横跨其他系统并显著地影响其运行的个人纽带、熟人、朋友、忠诚、团结的网络"。默顿对17世纪的"无形学院"相关要素予以重视，"地域上分散的科学家的集群，与更大的科学家共同体中的其他科学家相比，这些科学家相互之间更频繁地有认知互动……形成中的无形学院的成员把他们自己看做是主要的参考成员，并把他们自己集体地看做是一个参照群体，这种参照个体和参照群体的观点对他们的工作至关重要，其认识实践的标准被他们看做是有约束力的"。默顿引用弗莱克的"思想集体"，就是指"在某个领域中积极参与观念交换的人们的共同体"②。

二 学术共同体的使命与坚守

学术共同体建立的意义与使命在于，坚持严格的学术标准并提携学术新人及其研究成果。大学学者的教学与研究工作有利于提高其认识与感受。因此，要客观认识学者与学科传统的关系："对科学的过程和历史性质的正确认识唤起了部分学者具有谦逊的态度。因为他们明白，他们的观点既不是绝对的，也绝不是最终的，他们所知道的一切主要源于前人的工作，并将反过来得到后人的修正。"③ 因此学者和科学家必须具有谦逊的品质。"没有创造就没有科学。局限于以往的知识、拒绝沿着新的方向向前发展的科学，是名存实亡的科学。"怀特海说，"一门总是无法忘怀其创始人的科学是无希望的"。伽利略曾说："一个人若总是顾虑别人的著作，从不抬起自己的眼睛去注意自然界之杰作，他永远也成不了一名哲学家。"不存在纯粹的原创，

---

① ［波］彼得·什托姆普卡：《默顿学术思想评传》，林聚任等译，北京大学出版社2009年版，第59页。
② 同上书，第63页。
③ 同上书，第19页。

因为所有的创新都与以往的存在具有连续性。默顿认为,"在科学中不存在无中生有的创造或绝对的创新性。学者试图去整理、重塑和丰富他们所处时代存在的知识。因此,科学家不会使自己孤立于其学科的学术传统"。他进一步指出,"我们任何一个学者或科学家都只是小人物,因为我们依赖于巨大的学术遗产,是它们为我们提供了起点"。因为"各个学术领域中经典作家的著作可以反复不断地去阅读,每次重新阅读时都会有更多的观点和收获"①。因此,对前人的研究和所获结论的科学态度不以前人的结论为最终定论,关键是关注其有见地的见解。因为"学者依据积累形成的问题及对这些问题的系统研究,对前辈提出的观点作出扩展和深入分析的方式……即从大师的著作中反复引述'定论式'段落的方式"②而获得新知。

大学内部的学术"近亲繁殖"存在很大危险:"那些主要招收自己的大学本科生继续研究生学习,或主要聘请自己的毕业生加入教师队伍的高校不可能走在知识发展的前沿。"③ 2007年一份欧洲大学的调查发现,"近亲繁殖"的教师聘任和研究成就之间存在反向相关关系:那些拥有最高学位的大学的研究成果却反而最低。学术职业人不仅要具有从事学术事业的愿望,还应具备"学术能力和理性地作出独立判断的天赋,并且能够在(有关大量将要作出的决定的)不可避免会相互冲突的观点中保持中立,这些是理所当然必不可少的条件……学术成就受到他的同行们的尊敬对他也会有很大帮助"④。科学知识是公共的而非个人的,科学家为科学共同体乃至社会所做的贡献在于将其研究成果和学术思想公开发表,获得同行的参照和认可,成为科学公共领域的一部分,同行的认同是科学家学术地位、学术权力在学术界乃至社会系统中得以确立的基本形式,所有的奖励与荣誉

---

① [波]彼得·什托姆普卡:《默顿学术思想评传》,林聚任等译,北京大学出版社2009年版,第20页。
② 同上。
③ [美]菲利普·G. 阿特巴赫主编:《世界级大学领导力》,姜有国译,中国人民大学出版社2014年版,第218页。
④ [美]罗伯特·K. 默顿:《科学社会学散忆》,鲁旭东译,商务印书馆2004年版,第55页。

也都基于此。"科学家越是自主地放弃其知识产权，他的这种产权就会变得越安全。科学是公共的知识，而非个人的知识……在其研究被认定具有重要的认识意义的少数个案中，承认的最高形式就是用人命名研究成果以作纪念，如哥白尼体系、玻意耳定律、达尔文进化论或普朗克常量。由于在科学中……（在没有直接的金钱奖励的情况下）公开发表成果提供了制度化的鼓励。既然承认是科学领域中最基本的公认有价值的东西，并且科学的认识结构有利于独立的多重发现，因而这种社会情结和认识情结首先会导致对科学家的关心，而且会证实他们自身有效的对发现的优先权的要求。随着这种情结在科学之中逐渐制度化，它促进了公共知识的增长。"①

三　学术共同体是学术人学术成长的精神家园

学术共同体的内外部功能具有相互依赖性，形成互惠结构。学术共同体的精英们达成这样的共识，"……成功不仅仅是对他们自己的能力和努力的回报"②。共同体强调以合作方式实现集体生存，组织所实现的社会生活是通过调节自然资源环境建构有制度规制的社会环境③，学术共同体与外部环境相互依赖和协同定位。大学作为组织场域是一种制度生活领域，霍夫曼认为，界定场域要围绕组织利益与组织目标问题形成，组织选择场域的边界与联系，场域成员资格由社会互动模式确定，成员资格也会随着时间和问题而变迁：存在与消失。④

学术共同体作为学术组织，也必须依赖既有的思想、技术和学术传统，因此，学术共同体也呈现出组织的相似特征：打上制度环境的烙印和反映其产生的时代特征。同时，学术共同体的内部因制度文化差异分为三种类型：被认可的地位类型、被赋予优势的类型、被确定

---

① ［美］罗伯特·K. 默顿：《科学社会学散忆》，鲁旭东译，商务印书馆2004年版，第66—67页。
② ［美］安德鲁·德尔班科：《大学：过去，现在与未来——迷失的大学教育》，范伟译，中信出版社2014年版，第160—161页。
③ ［美］W. 理查德·斯科特：《制度与组织——思想观念与物质利益》，姚伟、王黎芳译，中国人民大学出版社2010年版，第192页。
④ 同上书，第193页。

的满足社会需要或所解决的问题的类型。这三种基本要素或三个维度之间的博弈均衡,是制度文化建构的基础。① 大学学术共同体的形塑与建构成为科学家、学者和学术职业人栖息的研究家园,是学者开展高水平研究的机构和成长平台,正是高水平研究型大学学术共同体通过科学前沿的探索,与全球学术共同体建立联系并参与其中,促使本土学者与国外同行建立联系,从而共同推动全球学术研究进步。② 同时,学术共同体在保持学术组织竞争力方面发挥着重要的作用。学术共同体的学术传统是思想或图式及绩效评价的统合。学术传统具有历史性与时代性的特点;学术传统是一般化的惯例,也是某些大学的特色制度预设与学术实践,与此同时,伴随时代变迁,大学管理不断吸纳新的思想和行为,实现学术传统的传承与创新。③

第六节 制度的保障机制:现代大学制度的激励与问责

只有将社会效益和个人效益结合起来,大学制度才能真正发挥作用。大学制度的制定,或促进或压制了大学和个人的成长与发展。因此,制度制定者不能确保学术生产力的制度安排一定会成功。大学的制度安排需要必要的激励与竞争,"……奖励系统与认识发展之间联系的这一个案例研究表明,人们很容易把注意力集中在个人之间的竞争上,而这会掩盖其他类型的竞争,并且导致它们被忽略。对于学者和科学家个人来说,接近机遇机构的竞争,在机构的每一个层次上,也就是计划要给他们提供接近机会的组织之间的竞争……奖励系统不仅涉及天才的竞争,而且还涉及争夺天才的竞

---

① [美] W. 理查德·斯科特:《制度与组织——思想观念与物质利益》,姚伟、王黎芳译,中国人民大学出版社2010年版,第119页。
② [美] 菲利普·G. 阿特巴赫:《高等教育变革的国际趋势》,蒋凯主译,北京大学出版社2009年版,第88页。
③ [美] W. 理查德·斯科特:《制度与组织——思想观念与物质利益》,姚伟、王黎芳译,中国人民大学出版社2010年版,第153页。

争"。而"奖励和分配系统的另一个侧面,在对社会流动……进行社会学分析时,这个侧面往往会被人们忽略。把个人之间的竞争作为关注中心,会得出一个……等级组织中的生活机会的观念,这类中心有这样的倾向,即排除对其他相应类型的竞争的考虑"①。大学的激励与问责相伴而生,为防止外部权威干涉和控制其内部重要学术事务,为掌控自身的发展命运和完成大学的发展使命,大学赋予其自身自治的传统。中世纪西欧大学自产生之日起就存在这种自治与掌控之间的张力。大众化时代,政府成为高等教育发展经费的重要来源,高等教育对社会发展与经济增长的促进影响,增加了高等教育民生的责任权重,因此对高等教育的问责也就应运而生。② 从理念的高度看待中国大学的教师聘任制改革,是为一流大学在确立未来10—20年的标准,合理的教师职务聘任制度应该配有详尽的评价和操作方式,究竟应具备什么样的条件,教师才能够被评聘为教授,比例和标准如何控制?是统一标准还是多样化的选择?这是中国现代大学制度建设必须要面对和回答的现实问题,这一问题事关每一位教师的切身利益与未来发展。

一 善用激励与问责是大学优秀管理人员的特质

在今天的大学世界里,大学校长扮演这样一个角色:是大学战略规划的指导者;通过内部沟通、激励和归属感努力去营造健康的组织氛围;培养与政治、商业、文化和社会环境的关系;构建以授权和问责为基础的扁平管理框架;有能力去引导结构、文化以及最终在战略管理和沟通方面的创新;通过在管理框架里的对话与说服力来和谐地汇集不同的意见和声音。③ 大学校长不仅要成功地完成其艰巨的工作

---

① [美]罗伯特·K.默顿:《科学社会学散忆》,鲁旭东译,商务印书馆2004年版,第130页。
② [美]菲利普·G.阿特巴赫:《高等教育变革的国际趋势》,蒋凯主译,北京大学出版社2009年版,第81—82页。
③ [美]菲利普·G.阿特巴赫主编:《世界级大学领导力》,姜有国译,中国人民大学出版社2014年版,第34页。

任务，其领导风格方面还要表现出一定的亲和力，另外，还要具备对大学和学者的持久信任，在其专业领域的学术知名度，在地方和国家政府层面的影响和担当等。校长与管理团队的努力和贡献对大学的成功管理和有效服务具有重要作用。管理团队要深刻认识大学的使命、愿景和战略目标，其管理行为与院校发展政策相一致，其中高级行政管理人员的凝聚力是最重要的。高级管理人员的创新能力表现在是预见可能的困难，考量不同的方法，在未被发现或未知领域创造新的可能性。管理团队不仅要忠实于院校发展的战略规划，还要尊重和遵循在历史中发展起来的传统和仪式——大学文化。为达到发展规划目标，问责制应运而生与普遍存在。在大学里，管理主义倾向明显：行政人员不断增加，教师绩效考核使教师的利益处于调整之中，对学术研究进程监督和管理的政策和机制不断健全。即使在美国的终身教职，也要受到学术成果和业绩评估的常态管理，美国学者的自由研究在一定程度上在被削弱。在法治条件比较薄弱的发展中国家和处于社会转型期的国家，学术风气、工资水平、学术职位获取的途径等，都有可能对学术自由产生影响。对教授开展定期绩效考核，是为了证明已获取职位的教授比其他同龄人或候选人更优秀、更有价值。在国外一些大学，被晋升或聘任的教授在规定期限内被评估，如果多次未达到标准，就有被解雇的危险。在一定意义上，学术职业的就业稳定就是对学术自由的保障。

二 激励与问责的大学制度文化

高等教育教学质量低劣的表现：陈旧的设施，强调死记硬背的教学方法，教师收入低微，要从事兼职贴补家用，影响教学品质，高等教育的公共效益成为21世纪国家发展的关键动力。无论是发展中国家还是发达国家都对提升高等教育质量普遍重视，世界银行在2009年的报告中指出，"忽略高等教育将会严重地损害撒哈拉以南非洲地区长远的发展并且减缓许多需要高等教育去实现的世纪发展目标"。联合国教科文组织大会2009年宣言也指出，"过去十年显示出高等教育和研究对消除贫穷、支持可持续发展、加快和提高国际认同的发展目标，其中包括世界发展目标……以及全民教育大有益处……全球教育议程应当反映出这一事实"①。在高等教育发展中，不同程度地出现的各种颓势，都呼唤建构问责与激励方面的机制，逐渐修正制度完善方面存在的欠缺。

高等教育领导的角色对于大学发展规划和目标使命达成至关重要。"领导力包括推动他人对现实形成相同的观点，对组织所处的当前现状以及应该如何发展产生共同的理解，并带领他人对这些目标持续地投入。"②优秀大学校长的共同特质是擅于实现改变，预测改变，将规划塑造为团体和机构能够理解并执行的模式，寻找实现改变的方法和途径。大学校长还需具备两方面的优秀特质：执行机构的政策和决定及运营机构的能力。因此，大学校长的有效管理能力包括：具有预见大学发展前景的远见，对规划和决策具有执行力；给予大学人以方向，对大学的现状、文化、价值和发展模式具有敏锐的洞见；校长不仅要关注大学的使命和目标，而且要参与到大学改革的进程中。大学校长不仅要有商业管理的才能，还要能够创新处理协调大学内部各院系之间的权力关系，平衡大学与政府、社会的关系，并懂得发挥民主。可以说，大学的"问责制不是一个外部功能，也不应该作为一种不断重复的官僚体系（但是实际上它往往被当作官僚体系）被快速且无关痛痒地执行……它最持久的益处是内部的，比如责任、透明度和诚信成为院校文化的一部分。在很大程度上就如同全球各地研究人员将同行评议作为学术审议的自然模式一样而司空见惯。因此这种问责制与学术自治之间并没有抵触与矛盾"③。

在学术共同体内部，为追求个人的利益，存在大量可供选择的方案，因此，学术职业人了解每种方案的影响和选择的后果十分必要。激励机制呼唤创新与竞争，一般选择优先发展最有发展前景的研究项目；鼓励经费资助渠道多元化，包括政府、企业、个人等，对研究经

---

① ［美］菲利普·G. 阿特巴赫主编：《世界级大学领导力》，姜有国译，中国人民大学出版社2014年版，第61页。
② 同上书，第8页。
③ 同上书，第27页。

费的竞争优先权取决于研究质量和创新研究。① 以利益为导向，建构制度以规范学术职业人的学术和教学行为。如果个人在追求利益时，所依靠的知识和智力是不充分的，个人有时会出现判断失误，也可能出现无意识的和错误的后果。如果未将制度看作"一套预先设计的规则"，而是认为"制度为'有机地出现的'、无计划和无意图的规制"②，那么这种情况就会导致制度权威受到削弱，制度很难彻底执行。

三 现代大学制度激励与问责机制的实现可能

中国高等教育综合改革的着力点是要增强大学作为独特学术组织的活力、保持制度弹性，特别是致力于提高高等教育的质量。中国启动的"211"工程、"985"工程乃至今天的"双一流"建设工程，都充分表现出国家和政府对一流大学和高水平研究型大学及其科学事业的期望和信心。大学里的学者、专家和教授也要更好地坚守、更新并传承大学的价值追求——服务国家，增进人类福祉。大学以前所未有的努力赢得作为学术社区的学术尊严和公众对大学的信心，大学应成为科学知识和技术创新的策源地。一流大学鼓励富有献身精神的学者教师站在人类知识与创造前沿，去追求真正原创性的发现。大学教师以"设法让新一代青年觉得科学和数学令人兴奋，充满浪漫……进行最有价值的学术研究"③。从事学术研究的目的是追求真理，雅各布·勃朗诺斯基在《未来的观念》中认为，学术价值观应包括"独立性与独创性；尊重不同意见的信念；以及坚持思想与言论自由"④。大学里的科学研究活动，既是个体性的，也是具有高度群体性特点的活动，因此，尊重他人的意见很重要。从事科学研究的学者专家的显

---

① [美] 菲利普·G. 阿特巴赫：《高等教育变革的国际趋势》，蒋凯主译，北京大学出版社2009年版，第81页。
② [美] W. 理查德·斯科特：《制度与组织——思想观念与物质利益》，姚伟、王黎芳译，中国人民大学出版社2010年版，第127页。
③ [美] 查尔斯·维斯特：《麻省理工学院如何追求卓越》，蓝劲松主译，北京大学出版社2013年版，第14页。
④ 同上书，第23页。

著特点是自信甚至自负，竞争意识强，寻求突破性发现的渴望，这是学者从事科学研究的动力和压力源泉。"二战"后，美国的知识界吸纳了来自世界各地的知识精英——拥有世界声望的学者和各学科的顶尖学者，他们得到美国学界的器重。这些拥有多国家、多学科背景的学者，成为美国世界一流大学和领先世界科技的必要人力资源之一。①

　　肖斯坦恩·维布伦批评了大学校长将自己作为"学术寡头"，将大学看作"学习公司"来管理这一现象，他反对大学"总是按照商业模式进行业务的整顿"。维布伦意识到，大学商业化倾向与学术研究、大学精神和自由教育无法兼容。因此，如果商业原则大幅度入侵大学生活的各个方面，就会从根基上妨害、弱化甚至侵蚀到学者们对真理的探索，从而错置社会以资金扶持大学发展的初衷。最后造成的恶果是：以机械的、非人的标准、关系和评价来替代教师与学生之间的人性交往、指导与共存；将工业化标准规范在学术职业人身上强制规制，② 结果导致学术职业人无法自主地、弹性地安排自己的工作。但，总的来说，高校规模的扩张、激烈市场竞争的压力，将使问责制的要求更加严苛。特别是欧美大学"经费筹措更加以业绩为导向以及管理大学逐渐成为专业人士的工作，大学治理因而成为一个关键问题。在这种环境下，大学管理成了一项专利。若无明确目标，或对未来缺少清晰的愿景，或缺乏对大学的深刻理解，那么大学管理就注定要失败"③。

---

　　① [美]查尔斯·维斯特：《麻省理工学院如何追求卓越》，蓝劲松主译，北京大学出版社 2013 年版，第 28 页。
　　② [美]罗伯特·波恩鲍姆：《高等教育的管理时尚》，毛亚庆等译，北京师范大学出版社 2008 年版，第 15 页。
　　③ [美]菲利普·G. 阿特巴赫主编：《世界级大学领导力》，姜有国译，中国人民大学出版社 2014 年版，第 41 页。

第三章 制度模式：现代大学制度的经典样态

现代大学制度模式的形成与知识模式的变迁密切相关。历史上的知识模式进步引发的社会变革，"对新文化模式的形成有重要影响，最终也辐射到社会的制度架构上，从而导致了现代民族国家和现代政治权威模式的形成"①。西方社会政治思想体系的历史由科学知识和文化知识构成，同时也是"科学知识（knowledge as science）和文化知识（knowledge as culture）之间根深蒂固的冲突的表达。这种冲突最早起源于古希腊经典的理念与信念之争，即知识与观点之争，正是这一冲突使得知识的地位高于民主"②。我们生活在一个多元组织的社会里，学院或大学属于非营利性组织，在经济中是属于增加较快的部分。"管理学不再是商业管理学，而是关于所有当代组织，尤其是包括学院和大学在内的发展迅速的非营利性组织的管理的重要学问。"现代大学制度建构中，"旧的模式已越来越不合时宜了。然而到目前为止，我们还没有新的模式"③。高等教育也面临着应对人口数量和结构变化、财政危机与学术转型的要求，必须学会管理自己。各国在现代大学制度模式选择上都做出了各种尝试与创新，其中存在一个特殊案例："美国是世界上第一个实现大众高等教育的国家，有着最庞

---

① ［英］杰勒德·德兰迪：《知识社会中的大学》，黄建如译，北京大学出版社2010年版，第25页。
② 同上书，"导论"，第1页。
③ ［美］乔治·凯勒：《大学战略与规划：美国高等教育革命》，别敦荣主译，中国海洋大学出版社2005年版，第56—57页。

大最复杂的院校系统，它所提供的办学模式自然会受到其他国家的高度重视。美国式的问责方式，包括课程学分制、学术等级结构、以绩效为依据的工资、周期性的学术生产力评估等等，常常被纳入其他国家学术聘用改革方案。"[1]

制度理论模型是可以流动、传播和实施的。涂尔干对制度的理解是一种集体规范框架，是社会秩序的核心，这种共同的认知框架以及图式，有着某种道德或精神的特质。涂尔干认为，"事实上，人类要不断寻找模式，缓解感知和理解的急切需要。这就是人类思维的非凡力量。我们一直在寻找那些耳熟能详的又充满启示的意义、模式，帮助我们对自己和周围的宇宙多一些理解"[2]。在真实的物质世界中，马克思发现了异化发生的经济领域，因为在经济领域，生产活动已经变成了非自愿的"劳动"，人与自身疏离的异化这也同样适合大学领地。第二次世界大战后，高等教育大众化首先发轫于西方发达国家，发展中国家也积极行动起来，不同之处在于不同国家采取了不同的扩张发展模式。美国以州立大学和社区学院开启多样化高等教育以应对大众化的发展趋势；西欧国家从大学招生录取制度的改革入手，赋予所有中学毕业生免费进入大学学习的资格，虽然政府以背上沉重的巨额费用负担为代价，但是，也未能平抑时常出现的大学生抗议游行；日本、韩国在加大公立高等教育发展投入经费的同时，也制定了相关支持政策对私立高等教育进行扶持。虽然这些国家都已经进入高等教育普及化阶段，但是还存在政府投入不足的财政危机。

第一节 中世纪大学模式：怀抱世界的自由

大学教育文化观念的深层价值在社会经济发展中彰显强大力量。中世纪大学开创了高等教育国际化的先河并前景无限，学生学者可以

---

[1] [美]菲利普·G. 阿特巴赫：《高等教育变革的国际趋势》，蒋凯主译，北京大学出版社2009年版，第148页。
[2] [美]凯文·凯里：《大学的终结：泛在大学与高等教育革命》，朱志勇、韩倩等译，人民邮电出版社2017年版，第82页。

在国际范围的大学间自由流动。今日之大学，在信息技术、经济一体化、知识经济推动下，国际间高等教育在教师学术交流、教学与科研项目、学生培养等方面的国际交往与互动频繁且方式途径多样，交流互动的范围之广与程度之深超出以往任何时期，这一切都成为世界高等教育的主流发展趋向。特别是发展中国家更是将发展世界一流大学作为国家战略，投入巨资，采取各种方式打造世界一流。

中世纪大学的产生需要一定的政治、经济和社会条件，社会的深刻变革对学校生活产生重大影响。大学最初的产生与城市的复兴分不开，城市的发展创建了生活条件，使得出身不同的人们之间能够相互接触、为物质和精神的丰富提供了前所未有的可能。[①] 通过对中世纪学生的信件进行研究，不仅可以唤起大家对那时学校里人们日常生活的想象，还为大家展示了体现那时人们精神风貌的丰富画面："对学习的饱满热情、对导师的崇敬、对知识不断增长的憧憬；也显露了钱财的困窘，买不起书籍，很可能要辍学……对同室伙伴友情经历的怀念，对战争和饥馑的所有消息的忧心，对疾病与死亡的恐惧。"[②] 这些都记录着城市、大学和学生的成长与发展，从中可以感知中世纪大学有思想也有温度。

一 中世纪大学与社会的距离

大学自治与学术自由是中世纪大学恒久追求的核心价值观，至今影响深远。中世纪大学与社会以距离相伴塑造了大学最初的品性，因为中世纪大学"几乎不与社会联系，即使有联系也受到教会的严格限制……中世纪知识的模式就是使自身远离社会的模式"[③]。在中世纪大学，由于再生产技术的有限性，所传授的知识不是为融入社会而接受的实用知识，而是被迫传授称为类似于"玄学的"知识。

[①] [法]雅克·韦尔热：《中世纪大学》，王晓辉译，上海人民出版社2007年版，第16页。

[②] 同上书，第58页。

[③] [英]杰勒德·德兰迪：《知识社会中的大学》，黄建如译，北京大学出版社2010年版，第34页。

中世纪大学的教师与校长的权利和权力。在法国，巴黎的大学教师几乎获得全部特许权，12 世纪末到 13 世纪初大学机构基本形成了。在中世纪大学，真正的"大学的大宪章"是格列高利九世颁布的"知识之父"谕旨，在 13 世纪中叶，若干最高特许权得以完善，从而确定了大学章程的合法性。① 中世纪大学的民主自治主要体现在大学校长的身份与职权上。中世纪"大学不一定是智力中心，那些文艺复兴时代伟大的艺术家和学者都不在大学工作，但是大学继续蓬勃发展着，适应着高等教育面临的一次伟大的信息技术革命……"②。中世纪大学校长"作为大学行会的真正首脑，在大学内部与外部具有荣誉权和特别优先权。校长的权力范围广泛：在民族团的协助下，他管理大学的财政；他是大学章程的守卫者；对于大学成员，他具有民事司法权；他召集和主持大学全会；对于外部权力部门，他是大学的正式代表，有资格以其名义协商或介入司法"③。由此可见，中世纪大学受外部权力制约的可能性极小。

中世纪大学一般都是单科性质的大学，为所在城市带来了财富和声誉。世界上最早的大学博洛尼亚大学最初被称为"教学之城"，是学生的大学。历史久远的博洛尼亚大学强化了这样一种大学观念："大学是永恒的，经历敌人的洗劫、自然瘟疫、宗教争执和世界大战而丝毫未改变。这正是现代大学力图强化的观点，它们希望自己学校的创建日以粗体字刻在古香古色的印章上。在一个尊重青年人和现代性的社会，大学坚决要求捍卫自己在历史中的尊严。它们暗示着之前、现在乃至将来它们将一直存在。"④ 中世纪大学的知识模式是使自身远离社会的模式，"中世纪时期，探求真理的学者们云集大学，

---

① [法] 雅克·韦尔热：《中世纪大学》，王晓辉译，上海人民出版社 2007 年版，第 26 页。
② [美] 凯文·凯里：《大学的终结：泛在大学与高等教育革命》，朱志勇、韩倩等译，人民邮电出版社 2017 年版，第 22 页。
③ [法] 雅克·韦尔热：《中世纪大学》，王晓辉译，上海人民出版社 2007 年版，第 40 页。
④ [美] 凯文·凯里：《大学的终结：泛在大学与高等教育革命》，朱志勇、韩倩等译，人民邮电出版社 2017 年版，第 20 页。

使大学具有了国际性的特征。中世纪的大学是一个有着'普遍知识'的地方……大学是一个真正的国际性机构，它并不依赖于某个特定的民族国家，而是依赖于普遍的秩序。在欧洲大学中，培养学术自由和学科专门化的意识是至关重要的"①。

中世纪大学存在发展的契机是博弈于教会神权与世俗政权之间、现代社会政治制度和权力体系尚未完全建构成型之时。在等级森严、教会统治、蒙昧主义盛行的黑暗的中世纪，"大学是社会中为数不多的其文化完全不受制于权力的场所。大学隔绝于学园中，其知识不参与社会斗争，通过授予政府官员有声誉的及得到认证的学位而与政府和平共处。大学以这种方式使其在社会文化资本分类中成为强有力的一员"②。中世纪大学中，诸如授予学位和颁发荣誉、礼仪的仪式、学科知识的理念、和谐的原则信念，以及知识分子的传统角色与知识的合法地位密切相连等，这些今天看来是现代大学的合理合法的存在特征，但是在当时，都留存下教会与世俗权力博弈的痕迹。

二　中世纪大学的教学理念

中世纪大学起源于欧洲，大学最初就与知识连为一体，这是因为"欧洲经济带来人员和商品的流动，也激发了人们对知识的渴望……年轻人渴望在城市中一起学习"③。从中世纪就开始，教师的劳动得到公正的报酬，"教授因此可以要求为其教学付费，教授作为劳动者，而不是像享有特权的教师那样谋生。学生向教师缴纳'酬金'，通过与教师劳动的交换，保证教师的生计……教授可以'接受'，却不可以'强求'其学生的金钱，贫困学生可以不交钱"④。由此，大学开创了教育免费的先河。中世纪时的博洛尼亚，"学生们雇佣教师，雇

---

① [英]杰勒德·德兰迪：《知识社会中的大学》，黄建如译，北京大学出版社2010年版，第33页。
② 同上书，第36页。
③ [美]凯文·凯里：《大学的终结：泛在大学与高等教育革命》，朱志勇、韩倩等译，人民邮电出版社2017年版，第21页。
④ [法]雅克·韦尔热：《中世纪大学》，王晓辉译，上海人民出版社2007年版，第62页。

佣条件对今天享有终身职位的教授们而言是难以想象的，当时要根据合同和法典来确定教学标准，教授们绝对不能翘课，必须准时上下课，如果离开城市，必须提交保证金，在学年中责无旁贷地教完整个课程。如果一个课堂少于五位学生听课，教授会被罚款，因为没人听课意味着教授讲课可能有问题"①。教师在课堂上讲解，学生记下老师所讲的内容，这一画面对所有读过大学的人来说都不陌生。"年轻人应该具备勇气、纪律和崇高的目标。"② 中世纪大学的生活方式新颖之处在于大学的学者，"他们学会团结，学会通过自身之间的讨论制定一项计划，学会与地方政权抗争、协商，以实现其要求，实现其市镇的自治，最后他们学会安排市镇政府的组成形式……"③。中世纪大学教师的职业伦理体现在："知识分子的劳动，作为求知的无私实践，本身具有其公正，因为它是自我完善的因素，是力量与智慧的源泉。"④

中世纪大学之所以能够走向繁荣，是因为大学遵循了自身发展的内在规律与外在社会诉求："随着欧洲逐步进入文艺复兴时期，知识和智慧成为人们更为珍惜和宝贵的资源，而要想获得它们，只能听大师们讲课或读纸质书。大学中书籍众多，大师荟萃，而且大学常常坐落于作为交通和商贸中心的城市里。这样的大学凤毛麟角，拥有智力资本的人有能力决定谁能入学以及入学的条件。"⑤ 中世纪的时候，大学重视本科生的教学与生活。剑桥大学"生活的浓重特权色彩终于渗进本科生群体，他们被人为地划分成三六九等，现代人看来简直是荒谬绝伦……学生之间鲜明的阶层区分在现代剑桥大

---

① ［美］凯文·凯里：《大学的终结：泛在大学与高等教育革命》，朱志勇、韩倩等译，人民邮电出版社2017年版，第21页。
② ［美］安德鲁·德尔班科：《大学：过去，现在与未来——迷失的大学教育》，范伟译，中信出版社2014年版，第86页。
③ ［法］雅克·韦尔热：《中世纪大学》，王晓辉译，上海人民出版社2007年版，第17页。
④ 同上书，第60页。
⑤ ［美］凯文·凯里：《大学的终结：泛在大学与高等教育革命》，朱志勇、韩倩等译，人民邮电出版社2017年版，第21页。

学可能已经消失，但学校未必能完全脱离分等级划界限的倾向。阶层的微妙区分深深渗入校园文化，院士间也呈现了一度在学生中存在的区别"①。总的来说，"有利于学生的权力天平是短暂的。第二所欧洲大学诞生于巴黎，由教授们组建，自那以后，大学的模式几乎没有变化"②。

中世纪大学教学管理的构成中，物资管理方面经常不被关注，其原因是中世纪的大学并无校舍和收入。大学的课程是在租来的厅堂里开设，大学全体大会、严肃的辩论、考试、典礼在教堂和修道院举行。中世纪大学教学管理的基本任务是保障大学的特许权和组织教学工作。特许权中最重要的是司法特许权，"他们可以领取教士俸禄，并可以在不遵从要求离开居住地5或7年之内享有收入"③。最古老的学位是授课准许证，授课准许证之后便是博士文凭或硕士文凭，这些文凭最后演变为一种庄严的纳新仪式，"新博士们与学士们，再与其未来同伴们进行相继两次辩论，其才干在学院全体人员面前得以检验，并接受校长颁发的文凭标志（学位帽、金指环、证书）"。学位授予的仪式感背后是深层次的经济问题："新博士为所有与会者设盛宴，并伴有娱乐与礼物。这对于新博士来说是极大的付出，经常不得已负债累累。为此，许多不想从事大学教学的学生都放弃博士文凭，只满足于花费不大的授课准许证。在波伦亚，授课准许证的考试费用为60波伦亚镑，而博士文凭及其所辅助花销，可达500镑，甚至更多。"④

三 中世纪大学的学术组织特性与学者学人的人格气质

查尔斯·狄更斯在一次去美国巡回售书活动中曾这样评价哈佛大

---

① ［英］柯瑞思：《剑桥：大学与小镇800年》，陶然译，生活·读书·新知三联书店2013年版，第203—204页。
② ［美］凯文·凯里：《大学的终结：泛在大学与高等教育革命》，朱志勇、韩倩等译，人民邮电出版社2017年版，第21页。
③ ［法］雅克·韦尔热：《中世纪大学》，王晓辉译，上海人民出版社2007年版，第42页。
④ 同上书，第52页。

学:"它产生了人性化品味和意愿;它带来了深情厚谊;它摒弃了大量虚荣和偏见。"① 这种大学的人文品性产生于中世纪。中世纪大学给所在城市带来了知识和精神的声誉。从一定程度上说,大学行会是自发组织起来的,"大学学者自身,全凭经验并审时度势地创造了他们所需要的机构,然后又求得教皇谕旨下的官方承认"②。中世纪的大学生活不总是充满阳光,而且内部冲突不断,其中,大学的特许权是主要问题,权威部门对大学特许权的威胁,内外冲突时有发生,不过冲突中的胜利者始终是大学里的学者,大学在冲突中逐渐从教会和世俗权力中分离出来。大学学者拥有免税权和司法豁免权。几乎所有的13世纪的大思想家都是大学学者,大学最初是教师和学者的社团,以行会的形式固定下来,但是,"行会组织的原则本身是糟糕的,与学习的良好进程是不相容的,'过去,当每个教师授课时,大学这一词汇本身并不被人所知,时常有阅读与讨论,人们热衷于学习。但现在,你们聚在一起要构建大学,课程变得稀罕,一切都匆匆忙忙,教学缩减得微乎其微,上课的时间都浪费于会议和讨论'"③。

中世纪时期的博洛尼亚大学、巴黎大学、牛津大学、萨莱诺大学、帕多瓦大学,聚集了来自欧洲各地的学者,在这些大学里"进行教学和研究,从而使大学具有了国际性的特征"④。一心追求学业是现代学子的共同特征,出类拔萃者是大学未来学术地位的保证。中世纪学者表现出自赋的学术风骨,"中世纪科学家追求真理的道路困难重重,权贵阶层很少意识到科学的重要性和价值,出资赞助科学研究的很少"⑤。今日大学内部面临分裂的危险,学术权力与行政

---

① [美]安德鲁·德尔班科:《大学:过去,现在与未来——迷失的大学教育》,范伟译,中信出版社2014年版,第83页。
② [法]雅克·韦尔热:《中世纪大学》,王晓辉译,上海人民出版社2007年版,第26页。
③ 同上书,第24页。
④ [英]杰勒德·德兰迪:《知识社会中的大学》,黄建如译,北京大学出版社2010年版,第33页。
⑤ [英]柯瑞思:《剑桥:大学与小镇800年》,陶然译,生活·读书·新知三联书店2013年版,第299页。

权力的博弈，大学规模的普遍扩大使得行政管理日益专业化，学术事务与行政管理的分离使得大学里的行政工作与学术资源联系愈益紧密。

大学机构的早期状况体现了大学的理性精神。从青春的无畏到对色彩缤纷环境的敏锐觉察，这就是学术研究与创新的勇气。国家的变革不应成为大学发展的灾难，而应为大学的发展注入新的生机；大学规模扩张、学生数量剧增带来了学术探讨的活跃氛围和外部声望的昭著：这一切提升了大学的社会地位和社会声望。中世纪大学的标志性学人是阿伯拉尔，他使塞纳河左岸的学校活跃与兴盛起来。当一种学术秩序建立起来后就不会因为人的离去而受到影响，正如当阿伯拉尔因挫折而离去时，却并未影响巴黎学校的兴盛。

朱利安·班达在《知识分子的背叛》中以"中世纪职员（clerk）"这一现代意义来突出自己的主题。他提出，"知识分子的真正含义是教会的'神圣不可侵犯的秩序中的教士'，背负着平凡的外行人所不能承担的超凡使命。'知识分子的背叛'是他们为了政治对文化的背叛"①。兰德尔·柯林斯认为，欧洲大学模式创造了专业化的新潮流，在当时，专业化潮流是在伊斯兰教、印度教、希腊和中世纪后期基督教学校，由于学术上走向僵化而停滞不前，众多领域的课程发展陷入困境，旧思想开始解体，新观念产生的必然发展结果，进而推动了学术体系中创造性的发展，因为"欧洲的大学具有一种独特的创造动力，这是在不间断的学科专门化过程中发展起来的"②。跨学科研究的价值与意义在中世纪大学时代就已开启，研究者从教育学、社会学、历史学的专家同行的研究中，"更好地获取信息，部分地吸取了探寻问题的方法"③。今天我们对所面临的教育问题的审问与担忧，正是在着力探寻大学对社会承担责任和发挥功用的途径与

---

① ［英］杰勒德·德兰迪：《知识社会中的大学》，黄建如译，北京大学出版社2010年版，第95页。
② 同上书，第33页。
③ ［法］雅克·韦尔热：《中世纪大学》，王晓辉译，上海人民出版社2007年版，第164页。

方法。

第二节 英国牛桥模式：教学制度的合法确立

研究型大学和大众高等教育产生和勃发的时代是20世纪，英国大约有三分之二的大学产生于20世纪60年代之后。虽然大学的历史可以追溯到中世纪以及启蒙运动时期，但是大学"仍然是一个独特的现代机构，是组织化的现代性（而非早期的各种现代性）的产物。大学不再是社会中边缘化的机构，并且已经成为实现一定范围内社会、经济和政治目标的中心。大学在所谓'大科学'（Big Science）的形成过程中所起的作用尤为关键"[1]。在欧洲，各国对大学制度模式做出不同的选择。牛津大学曾经发生过这样一个故事："1942年，一位教师受到一位因受伤告假在家的皇家空军飞行员的谴责，理由是战火中他仍然坚持学术工作，似乎伦敦并没有遭到轰炸，人民没有受到杀戮，纳粹也没有威胁欧洲文明，教师自己的祖国没有受到侵略的威胁。这位受伤的军官质问道：'在这些危险的时刻，你为什么不能够为保卫文明社会做点什么，或者任何有益的事情？'对此，双手捧着书籍的教师回答道：'先生，我就是你们正在保卫的文明社会！'"[2] 法国大学由于发挥了职业化的功能，未建立起由大学理念引领的发展模式选择。与法国不同，"英国传统衍生的主要认知要求以及学术领导——纽曼的大学理念——是来自都柏林的正在现代化的天主教的要求。尽管把牛津大学浪漫化了，他的大学观点是一个正在现代化的大学理念，但它并不具有牛津大学传统的精神特质的大学观点"[3]。

我们所生存的世界越来越带有全球化的特征，英联邦和英国的大

---

[1] [英] 杰勒德·德兰迪：《知识社会中的大学》，黄建如译，北京大学出版社2010年版，第53页。

[2] [美] 乔治·凯勒：《大学战略与规划：美国高等教育革命》，别敦荣主译，中国海洋大学出版社2005年版，第38—39页。

[3] [英] 杰勒德·德兰迪：《知识社会中的大学》，黄建如译，北京大学出版社2010年版，第44页。

学将当代高等教育置于一个大的世界背景之下,作为案例研究开启无边界高等教育调查,以全面考察大学和社会各界的广泛联系。现在西方许多国家的大学都引起了公众的诸多关注:"拨款、社会准入或机构的分层和级别等问题通常吸引着报纸的大字标题……大学体制及其管理方式对于媒体和政府来说有一种特色,近几年来这一特色比以前更加突出。"[①] 美国大学"顾客至上"[②]的竞争性市场已经影响了英国,英国开始对本国的全日制学生收取学费。虽然中央政府的资助近年来有所减少,但是仍然保留着资助,而且是多数高等院校的主要收入来源,另外中央政府对高等教育政策的干预并不多。大学如同公司一样在寻求扩大其消费群体和加强消费者对这个品牌的信心。在欧洲大陆,学生上大学是一种享受公共福利的权利;在澳大利亚,学生在本州上大学的规定,一方面抑制了学生地区间的流动,另一方面也阻碍了大学从国内更广泛的地区竞争最好本科生的努力。在英国新成立的地方院校,由于缺少保障,具有狭隘的地方观念,一直谋求国家和中央政府的庇护。"一所好的大学应该怎样?"[③] 在英国,牛桥大学最具声望;在各种大学排名中,一直名列前茅;在整个20世纪,地方大学都试图模仿和追求牛桥的学术风格和特点。牛桥大学这种古老而持久的魅力有助于引领英国的"城市大学"超越地方的范围而成为国家体制的一部分,进而形成相同的入学标准和共同的薪资。与欧洲大陆相比,英国教授的权力被削弱了,牛桥大学学院的学监是由院士组成的法人团体,学监对学院施行民主管理,直到最近才开始寻求更多的行政权力。

一 英国大学制度模式的形成背景

启蒙运动对英国大学制度模式的形成与选择产生重要影响。直到19世纪,英国的大学仍然坚守大学建立在理念基础之上。英国纽曼

[①] [英] 罗杰·金等:《全球化时代的大学》,赵卫平主译,浙江大学出版社2008年版,"导言",第1页。
[②] 同上书,第18页。
[③] 同上书,第20页。

大学理念背后的文化话语传统，在1869年马修·阿诺德出版的名著《文化与无政府主义》中得到反映，此书将"捍卫文化作为现代社会的稳定力量……无政府状态才是经常性的威胁"。马修·阿诺德的大学理念和文化理论受到德国思想家较深的影响，他主张文化就是人文学科并认为："文化是无政府状态的唯一解药……文化的组织观念才可能提供道德和精神的领导，与其他强调实用知识的英国传统相契合。"① 这是英国将大学视为高贵事业的传统理念在大学精神文化上的反映。英国从1919年开始大幅增强财力支持力度，但是，"国家财务支持是有代价的，学校的资源和组织架构要经受相应的调查约束。1919年成立的大学拨款委员会向牛津剑桥两校校方拨款，不再直接拨款给学院。财富流入掌管教职员工的校方，逐渐增强了其对学术活动的控制力"②。即便获得政府的财政资助，剑桥大学及其学院仍保持着形式独立，但也日益受控于国家。英国大学模式服务于同时也受益于知识经济和科学发现。英国的顶尖大学都无法独立于国家，而且也从未实现过彻底的大学自治，"虽然每家学院的章程都规定了名义上的法律独立性。不过，虽然要服务于国家和教会，但学者通常能自由追求他们热爱的学术方向。只是在最近百年来，政府对剑桥大学的财务支持变得无比重要，学术自由可能偶尔会受到影响……大学及其学院能否享受真正的独立，终究还要看国家的态度……倘若政府改变科研资金流向，学校的独立性就难以持久"③。从现实的角度看，政府对高等教育在知识经济社会中所要做出的贡献寄予很高的期望，强烈希望通过大学教育带来的社会流动性促进知识经济社会发展与变革，因此，在世界各地大学的真正独立还遥遥无期。

现代大学在管理方式上越来越呈现出私立部门和营利机构的某些特征，特别是英美那些实行自由市场经济的国家，大学不仅仅是学者

---

① ［英］杰勒德·德兰迪：《知识社会中的大学》，黄建如译，北京大学出版社2010年版，第46页。
② ［英］柯瑞思：《剑桥：大学与小镇800年》，陶然译，生活·读书·新知三联书店2013年版，第163页。
③ 同上书，第174页。

和学科的集散地,而且是一个法人团体,是一个共同责任机构。政府对高等教育的影响力日益增大,一方面,通过质量保证、社会参与的广泛性、财政资助等加大对高等教育的管理;另一方面,使受到监管的组织和个体产生不满和抱怨。因为大学总是要借助政府力量捍卫自己的地位,凡是高等教育中新增的机构都要遵循大学的传统,以质量保证和学术研究为基准,政府对大学的管理也要以此为前提。大学受到公众的关注,一方面缘于政府投入的增加;另一方面是因为大学在高度竞争的全球经济中,为国家的经济利益作出了极其重要的贡献;再有就是公民、媒体和接受高等教育的人认可大学的专业教学和研究,认同大学在法律上有约束力的和有责任的自治传统和现实。因此,大学比以往任何时候都要公开承担更大的公共责任,接受更多的来自各方的检查和承担所规定的约束责任。大学与政府之间始终存在紧张关系:拨款与管理目标不一致、国家出于政治的考虑与大学的国际利益之间的矛盾等。互联网和通信技术的发展促进了全球无边界电子商务的发展,跨越区域的网络导致知识生产性质发生变化,大学里的教和学虽然一定程度地受到地区的限制,但是大学中的科学研究却通过知识生产性质的变化具有了全球化的特征。值得我们思考的问题是:大学制度是否变得越来越全球化?全球化对各国的决策者是否产生了影响?有学者认为,大学不是繁荣商业的代理人和经营者,"而是成为公开的和对话式的交流的场所",这种交流是为了整个社会,是为了帮助促进国内和国际的民主的制度与管理的发展。由于大学里知识的普遍化,"大学因此……更适合全球化及其各种机会"[①],而不仅仅受到各国自身的各种约束、要求和限制。

二 英国大学制度的经典模式:学院制、寄宿制和导师制

世界各地的大学都起源于中世纪的欧洲,因此,世界范围的学术工作模式具有着相似的教学和研究的目的,但是,"它们在进化发展

---

① [英]罗杰·金等:《全球化时代的大学》,赵卫平主译,浙江大学出版社2008年版,"导言",第4页。

中产生了不同的组织和结构模式。世界各地的学者都从事教学，在多数情况下还要从事科研和院校管理，不过，他们的聘用方式和工作却是大不一样的"①。英国大学学院制的特色：以剑桥大学为例，各学院"是遵照同一模板建造的。直到19世纪晚期，每家学院都在自身财力许可范围内建造了院长宅、图书馆、带厨房的餐厅、礼拜堂和学生宿舍"②。学院制给剑桥大学带来巨大利益，"……学院在校内激起严肃较真又秩序井然的竞争，给学校整体带来了极大效益。院士的独立精神和信念还为校方筑起了抵御外界不当政治压力的屏障……在很长时期内学院将依然是大学生活的心脏……学院塑造着剑桥大学，为学校注入令师生、镇民和游客迷醉的巨大魅力，如今依然悦人"③。现代英国大学的许多学生已经不住在校园里了，但是以寄宿制的方式为学生提供彼此之间获得更多交流、切磋思想观点的机会，搭建学习不同文化背景的平台，这份"生活在大学校园的初心"至今仍为很多国家的大学所实践。目前，英国大学的导师制面临的最大困境是经费问题，导师制对师生比配备要求高而且学费昂贵，但"师生之间的'接触时间'已经成为许多大学担忧的问题……剑桥大学的师生比为4∶1，其他大学的理想师生比为28∶1"④。无论现代大学如何变迁，在英国大学源远流长的也是今天大多数大学的生活写照是这样的：学生住在充满教育意义的大学校园，在导师的指导下以学院为专业发展与学业成长的园地，与来自不同文化、教育和宗教背景的青年学子居住在一起相互交流和碰撞思想。这都是人们所期待的真正意义上的理想大学。

英国大学的学院制、寄宿制和导师制不仅丰富了世界高等教育发展史，还流传下来许多温暖学者学人的大学励志故事。剑桥大学三重

---

① [美] 菲利普·G. 阿特巴赫：《高等教育变革的国际趋势》，蒋凯主译，北京大学出版社2009年版，第133页。
② [英] 柯瑞思：《剑桥：大学与小镇800年》，陶然译，生活·读书·新知三联书店2013年版，第115页。
③ 同上书，第129页。
④ 同上书，第156页。

门的故事给今天的学者学人留下许多思考和启迪:"具有高度象征意义的冈维尔奇斯学院三重门形象展示了学生在校期间的角色历程。这三扇门是1557年奇斯医生为冈维尔奇斯学院注资时建造的,分别是谦卑门(Gate of Humility)、功德门(Gate of Virtue)和荣誉门(Gate of Honour)。第一道谦卑门是新生入学时跨进的,意味着学识粗浅的他们须心怀谦卑。原始谦卑门在19世纪被挪到院长花园,如今三一学院入口处的谦卑门是19世纪另建的替代品,虽然仍刻着'humilitatis'(谦卑)字样。学院里面树庭通往奇斯庭的地方竖着第二道入口功德门,学识渐深的学生在此进进出出。此门开始建造时追随树庭的哥特式风格,但最终以奇斯庭的古典主义风格完工。通往参议厅道的是华美的荣誉门,毕业生穿过这道门去旁边的参议厅领取学位。三重门依次递进的线路象征着优秀学者的求学历程:怀着应有的谦卑,努力修炼学业功德,走向荣誉。在校用心学习,未来的人生收获辉煌。"[①] 这是大学文化发展史上的典故,是激励学子求学生涯的美好回忆。

三 英国大学制度模式的内在合法性与外在竞争力

大学只有在竞争中取胜,才能在学术上辉煌。国家通过建设一流大学提高综合国力和权威。大学的职责之一是守护自己的区域文化传统。例如,剑桥大学"三一学院礼拜堂展示着该院的精髓:前厅满是三一学堂著名校友的全身像、半身像和铭牌:艾萨克·牛顿、奥弗莱德·丁尼生爵士以及现代科学之父弗朗西斯·培根等人,永恒地铭刻在大理石上。不太著名的人物,比如仅获得诺贝尔奖者,只刻在青铜牌上。这个前厅是剑桥大学的神殿,本科生穿行其间,肯定会(起码应该会)心怀敬畏。礼拜堂东、西两面侧墙上,分别铭刻着'二战'和'一战'中牺牲的本院校友"[②]。牛津大学和剑桥大学几乎是英国

[①] [英]柯瑞思:《剑桥:大学与小镇800年》,陶然译,生活·读书·新知三联书店2013年版,第201—202页。

[②] 同上书,第48页。

显赫人物和社会名流的"催产婆",即便入学前学生不是"名门望族",但是毕业后前程似锦、权力财富加持是一种必然。

英国大学对其传统价值观的坚守。英国大学的"学院拥有独立的法律地位,无论中世纪教会还是现代政府都难以控制……最近政界试图影响剑桥大学的招生,他们向校方施压,要求修改筛选程序,为相对弱势的社会群体制造有利的入学条件。但根据现行入学制度,录取哪些学生是学院独立自主决定的,这就有效抵制了政治压力,如果学校由统一的招生办公室控制,恐怕政界就容易得手了。招生时,不但要对学生进行详尽的个人考察,对潜在学生进行面试的老师许多还来自国外,他们对英国社会阶层和政治压力的敏感度更低,更易于仅按照学业标准挑选学生,忽略阶层背景之类的琐屑因素"①。

竞争是一切社会进步的关键因素。牛津大学与剑桥大学之间的竞争从未停止,这也是助力两所大学始终是世界顶尖大学的动因之一。牛津大学校徽是一本打开的书,有人说牛津大学混沌愚痴,一页书永远翻不过去;剑桥大学的校徽是一本合上的书,有人说剑桥大学不学无术,书都没打开过。剑桥大学的老师肯定要求学生把书打开,"尤其是坐进椅子的时候——端坐是全欧洲的宗教和教育姿态。教会尤其是教皇的声明……就是'椅子'。这种象征意义延伸到学术生活中……表明端坐是正确教学姿态,那么学校老师也应当坐着讲课。古时候,高级教授在英语中称为'chair',在法语中……这个法语词也可指布道坛和教授席位,这体现了中世纪欧洲教会对教育的渗透。在学院,椅子也有特殊意义,直到1875年耶稣学院的正餐仪式只有院长坐在椅子上,其他成员则统统坐在长凳上"②。英国社会各界也意识到,最优质的教育资源仅仅提供给极少数的社会成员,这是一个严重的社会问题,但是一流学府不能以损害学术水准来解决这个沉重的社会问题。③

---

① [英]柯瑞思:《剑桥:大学与小镇800年》,陶然译,生活·读书·新知三联书店2013年版,第110—111页。
② 同上书,第131页。
③ 同上书,第342页。

第三节　德国洪堡模式：研究制度的兴起

在欧洲大陆的许多大学都承认教学和研究两大职能的重要性，二者相互关联与相互促进。但是，在许多大学里，教学和研究的作用发挥差异很大，有的大学甚至是分开进行的。例如，英国热衷于向学生传授新的知识，但并不重点关注创新知识本身。"德国大学的教学自由是一种受到严格限制且十分脆弱的学术自由和教师自主决策的制度，而且是一种被美国人理想化了的制度。"[①] 现代大学的理想是两种模式共存，"尤其是在美国19世纪80年代高等教育改革之后，直到20世纪后半期两种模式才开始分离。现代大学逐渐背离了知识自身即目的的观点，但最终还是接受了知识即目的的观点。两种模式的碰撞反映在更广泛的'两种文化'的碰撞之中……"[②]。现代大学起源于研究制度确立的研究型大学，大学的功能从教学转向科研是对新认知制度的识读与实践。正是这种转变，使得伴随专业化和职业化的科学家代替通才，从而出现了新的认知体系和知识机构体系。这主要是基于20世纪工业化发展需要新的专门知识，工业社会其实质就是职业社会。弗里斯和瓦格纳证实："启蒙时期大学的出现反映了一种新的学术空间意识。"[③]

启蒙知识分子对大学理念进行的第一次争论是在启蒙运动之后，康德以"学科间的冲突"系列论文，"为关于学术自由和西方大学理念的长期争论建立了一套术语"[④]。知识与民族的不和谐意味着大学与政府之间的关系是发展变化的，从康德要求普鲁士国王按照理性原则建立大学可以窥见一斑，康德关于现代大学的观点中最具影响力的

[①] ［美］乔治·凯勒：《大学战略与规划：美国高等教育革命》，别敦荣主译，中国海洋大学出版社2005年版，第41页。
[②] ［英］杰勒德·德兰迪：《知识社会中的大学》，黄建如译，北京大学出版社2010年版，第47页。
[③] 同上书，第39页。
[④] 同上书，第38—39页。

是在区分私人理性与公共理性的前提下,他主张:"……把民主限定在学术话语的范围内……将任何可能破坏社会正常功能的因素都排除在大学之外。"① 20 世纪中叶,波普尔认为,在一种较为普遍的政治和社会环境下,无法规划出一片特有的领地以真空状态使得学术自由得以生存,但是,"科学必须要有自由"②。

一 洪堡关于研究与教学统一模式的产生与影响

大学以向政府提供道德和精神的基础作为回报。这是德国哲学家受新人文主义的影响,反对资产阶级功利主义的知识观念。新人文主义试图将大学当作一种必要的社会乌托邦,以"文化共和国"和"科学共和国"的观念来预示一种政治共和国的可能和希望。第一任校长费希特更加强调民族国家观点,他倡导民族精神,认为学院和大学应发展成为新的社会精神领袖。可以说,"德国……把大学作为民族和国家之间的桥梁、把德国教授头衔视为通向'政府官员'特权地位的传统观念,仍旧是德国社会中根深蒂固的思想"③。此时德国的知识观念是建立在自我规范的认知基础之上的,是德国通往现代性的历史道路的选择,也是德国的民族模式之路。洪堡的新人文主义文化模式"……实质上是一种道德模式,可以把对政治极端漠视的文化传统传递下去。来自德国浪漫主义的新人文主义的概念'教养',是一种精神和道德的教育,反映了德国浪漫主义传统背离政治的过程。'教养'的目标在于通过获得文化知识来完成人格的形成、资产阶级自身的建设。在这种传统中,文化作为一种自治的、固定的整套价值观而存在,而这些价值观必须为了形成忠实叙述的结果而被学生内化接收。教授是那些固定的、永恒的、已被接受的智慧主体的解释

---

① [英] 杰勒德·德兰迪:《知识社会中的大学》,黄建如译,北京大学出版社 2010 年版,"导论",第 1—2 页。
② [英] 罗杰·金等:《全球化时代的大学》,赵卫平主译,浙江大学出版社 2008 年版,第 7 页。
③ [英] 杰勒德·德兰迪:《知识社会中的大学》,黄建如译,北京大学出版社 2010 年版,第 41 页。

者……无论从哪个角度来看，这种自由教育模式直到最近还是多数西方大学的基础"①。

政治经济方面的精英人才需要接受到优质的高等教育，这种普遍的需求已经是全球的共识。大学的自由教育与职业教育之间的争论和分歧，在19世纪上半叶的德国就已经开始了。德国大学强调研究，重视科学和学科的专门化，重点关注研究生教育而非本科生教育。一定意义上说，研究型大学的发展和民族国家的建立紧密相连，这与国家对民族统一性的认同和对实用知识的需要相关联。在整个20世纪，特别是"二战"后，"科学被认为是财富、力量和发展的源泉"②。大学的多样化可以满足发展迅速和充满活力的社会的各种需求。但是，大学制度中根深蒂固的影响因素是市场的压力和院校之间的"力量差距"，即分层。在高等教育大众化过程中，高等教育政策的关键是鼓励创新和高校间的动态竞争，一个可见的预期是：专注于教学的大学，会获得社会更大的认可与回报。③

二 历代学者学人对学术研究制度的识读与捍卫

作为一个民族主义者，韦伯为学者做出典范，他经常批评指责德国人消极服从的恶习、接受传统的君王统治制度和暴发户式的态度，韦伯认为"这种态度是与一个承担并且应当承担世界责任的民族不相称的"④。韦伯渴望民主制度，将民族尊严放在首位，倾向于相信政治文明。他认为，卡利斯玛型领导被赋予最高的权力和本领，它代表完美无缺、无所不能，而人类自身则是有限的、不完美的。因此，卡利斯玛型领导在现实生活中是不可能的。面对大学人精神价值追求的丧失，如何通过人的完善恢复到其人的本性？韦伯不同于以往和同辈

---

① ［英］杰勒德·德兰迪：《知识社会中的大学》，黄建如译，北京大学出版社2010年版，第74页。
② ［英］罗杰·金等：《全球化时代的大学》，赵卫平主译，浙江大学出版社2008年版，第13页。
③ 同上书，"导言"，第13页。
④ ［法］雷蒙·阿隆：《社会学主要思潮》，葛志强、胡秉诚、王沪宁译，华夏出版社2000年版，第381页。

思想家的独特魅力在于，他寄希望于卡利斯玛领袖，认为卡利斯玛领袖能够拯救在未来官僚制的"铁的牢笼"中一部分人的精神自由。因此，卡利斯玛精神能成为政治领域的追求和理想。优秀的大学校长具有卡利斯玛的人格特质：坚毅的个性，勤勉地工作，认同并践行大学的精神理念；在学术治理中，以能力和品行为选拔人才的标准，推动大学核心使命——教学、科研和服务发展。韦伯认为学术与政治是不相容的，"它要求一种伟大的智力牺牲去承认科学而不能为宗教提供一个替代品"。雅斯贝尔斯对此提出质疑，在其1946年修订版《大学理念》中重提了学术自由这个永恒话题，他的大学理念主张，"大学是一个教学、科研、文化传递同时发生的地方"。对洪堡的新人文主义传统，雅斯贝尔斯认为，"要以自我修养的思想，即'全人的教育'，作为大学的目标，有能力提供一个建设良好的世界观"。学术自由包括探求真理的自由，教学的自由和学习的自由，"大学是一个可以无条件地以各种方式追求真理的地方"。西班牙哲学家荷赛·奥尔特加·加塞特在《大学的使命》中认为，"大学的功能包括文化传递、职业训练以及科学研究的追求"①。

　　雅斯贝尔斯为"自由大学所做的启蒙运动式的和人文主义的辩护可以看做是新的一轮欧洲大学辩论的开始，而且是对德国另一个伟大的哲学家强烈的不祥预感的反映……（他主张）成为文化和自我修养的守门人是大学的职责"。马丁·海德格尔在1933年就任弗赖堡大学校长时著名的就职演讲中，发表其最有争议的现代大学概念："德国大学的自我肯定。"他将大学视为"德国民族的最高学府"，并确证大学在创造与传播知识方面的首要地位与培养精神领袖方面的诉求。大学成为海德格尔超乎寻常的形而上学的提问形式，以"自主"或者"意志"来实现知识的本质，"我们把德国大学理解为'高等'学府，以科学为基础，通过科学，教育和训练德国人民的领袖和守

---

　　① ［英］杰勒德·德兰迪：《知识社会中的大学》，黄建如译，北京大学出版社2010年版，第50页。

卫者"①。

三 洪堡力倡的研究教学并重模式对今日各国学术职业的影响

19世纪末20世纪初,"当时的德国大学教师,都把合乎规范的学术研究放在首位,相对不太重视授课,并且他们一向把受学生欢迎的教师贬为'好出风头的人'"。就存在这样的案例:他教学精彩,科研突出但是不属于主流学术圈,就无法得到晋升,他就是被卢卡奇誉为"在整个现代哲学中……无疑是最具特殊意义和最耐人寻味的过渡性人物"的德国的格奥尔格·齐美尔,他"是当时讲课最精彩的教师之一,吸引了大量的学生和寻求知识刺激的人士,甚至包括外国游客。有时,他的讲课还会成为社会新闻,报纸上也有反应"②。由于听课学生之众,他的课需要在柏林大学容量最大的讲堂授课,并成为欧洲首批容许女性旁听其课的教师之一。但是其在编外教师的席位上停留了15年未得到晋升,其学术声望、学术成就和教学效果并未给其学术生涯带来转折性改观。如果说职称聘任一直都是困扰学术职业人的地标,那么,就可以理解格奥尔格·齐美尔为了获得名不见经传的斯特拉斯堡大学的教席而离开柏林大学的举动,而柏林大学是学术和文化的中心,也是他做出巨大的文化学术事业的启航之地。不得已作出的这一现实选择,使"格奥尔格非常沮丧地离开了(柏林大学的)讲堂——这对他触动极大。学生们也满怀感慨和深表同情。在他和学生之间有着一种真诚的联系。这是在生命、成就和影响的顶峰时期的离去……"③。

德国大学对教师职位的遴选要求非常严格,竞争也非常激烈。如果想在德国大学获得教职,"多数人都必须完成第二份研究性的学位论文(资格要求),然后再去竞争可能的极为紧缺的教授职位,但不

---

① 转引自[英]杰勒德·德兰迪《知识社会中的大学》,黄建如译,北京大学出版社2010年版,第51页。
② 成伯清:《格奥尔格·齐美尔:现代性的诊断》,杭州大学出版社1996年版,第10页。
③ 同上书,第17页。

得为其取得必需的资格的大学所聘用。尽管他们所在的大学可能延长其聘用协议，但是，如果他们不调离到其他大学任职就得不到晋升机会。由此而带来的强制性的教师流动机制导致德国院校系统存在很大的不稳定性"①。因此"拥有必需的资格和公务员身份的高级教授和其他教学与研究人员之间仍然存在很大差别……德国的学术聘任制度对欧洲和其他地区产生了重要影响"②。国家的起源不同，各国大学制度的历史发展轨迹也不相同，但是，在全球化境遇下的各国大学，越来越面临着一种相似的困境。在欧洲大陆、英国、美国的大学制度和文化中，将大学作为公共服务机构还是私立机构呈现出不同的观念差异，这种差异也体现在大学与政府之间的关系上。对于大学，国家的力量和影响开始下降，国际的、超民族的权限在不断增加，再加上世界经济全球化的加剧，这些都会带来大学深刻的变革。因此，有学者存在这样的担忧："如果民族国家失去了直接支配大学的能力以及作为大学的主要资助者的地位的话，大学将越来越成为独立的商业性实体而在世界范围内活动，追求……它们自己团体的利益……到那时，又如何引导大学为国家利益服务……政府是否有可能希望国家利益更多地得自于'国内'独立的和超国家的大学成功的经济活动，而不是得自于这些具有公共影响力的机构为更广泛的社会目标服务的活动呢？"③

第四节 美国创新模式：服务制度的初建

美国许多学者都主张大学合法性来源于三个历史信念：一是美国历史上大学的伊甸园时期。这一时期是教师控制学院的时期，大学采取自我管理的组织形式，官僚、商业、会计和效率专家、校长

---

① [美]菲利普·G.阿特巴赫：《高等教育变革的国际趋势》，蒋凯主译，北京大学出版社2009年版，第143页。
② 同上书，第143—144页。
③ [英]罗杰·金等：《全球化时代的大学》，赵卫平主译，浙江大学出版社2008年版，第2—3页。

还没有出现，那是快乐的学会时代，但这种情况很少出现，"在美国高等教育发展的历史长河中，学院多数时候都是由牧师、政治家、商人、教育改革家和专制的校长主宰的，他们严厉地控制着学校……教授地位的提升，即教授们获得与校长同等重要的权力不是久远的事情，这一变化始于20世纪20年代，在多数一流大学则实现于20世纪50年代"①。美国大学的早期时代是冷酷的控制时代，而现当代却是世界高等教育模仿借鉴美国高等教育发展的主导时代。二是英国传统大学教师自我管理的英国古典人文主义时代。美国大学教师曾竭力效仿英国牛桥两所大学的教师自我管理，一直持续到20世纪60年代。这两所大学直到19世纪70年代都无视技术的兴起，牛津在多数方面甚至无视现代科学的发展。例如，20世纪初期，两所大学拒斥马克斯·普朗克的量子理论和爱因斯坦的相对论，认为其是荒谬的。三是在1850—1915年坚持德国大学所崇尚的教学和研究的自由。

自1810年柏林大学创办后，特别是1848年革命后，在研究技术、图书收藏和琐屑的事实发现方面，德国大学在充分自由条件下做了开拓性的工作，在此期间，美国约1万名学生在德国大学学习，尤其是在柏林大学、莱比锡大学、海德堡大学、哈勒大学、波恩大学、慕尼黑大学以及哥廷根大学等。康奈尔大学创办人安德鲁·怀特，约翰·霍普金斯大学的创办人丹尼尔·吉尔曼等，都是带着对德国大学深入细致的研究氛围和教师的充分自由的迷恋学成归来的。其中，有两个事实需要我们重点关注：一方面，在1万名留德的美国学生中超过一半学哲学，大多数人都是学神学、语言学、古代历史、东方语言和欧洲语言、医学和化学，这些学科不适宜争辩；另一方面，当时德国大学在学术上表现为拥有自由权利，但实际上却是由各州教育部长所控制的。教授被看成是公务员，只有在回避那些对普鲁士和地方领导而言较为敏感的政治和社会问题与事件的时候，学术自由才是有保

---

① ［美］乔治·凯勒：《大学战略与规划：美国高等教育革命》，别敦荣主译，中国海洋大学出版社2005年版，第39—40页。

障的。一位"校监"代表州政府控制每一所大学除课程以外的全部事务。虽然,有学者这样评价,19世纪的"德国大学的特点是有知识无思想,法国大学是有思想无知识,而英国大学是既无知识也无思想"①,但是,美国的大学制度模式,一方面,深受德国大学制度模式的影响;另一方面,美国结合本国实际,创建了适合本国大学发展的制度模式,并对世界高等教育的发展影响至今。

一 美国大学制度模式的形成与发展

美国的大学模式与欧洲的大学模式的区别之一是美国大学与政府之间的关联较少。美国的大学和学院大多是私立的,在知识的角色方面实用性色彩更浓,"美国大学与德国大学不同,它并不把自己看做民族特征的集大成者"。学者凯文·凯里认为,"很长一段时间,美国人并未因无视这种机会不均等的情况而受到惩罚,因为我们的国家如此之大,如此富有,并且远远领先于其他国家。但随着泛在模式不可避免地变得更加衰败和昂贵,它的社会成本变得令人难以忍受"②。比尔·雷丁斯曾这样评论:"美国的公民社会是以承诺或契约的形式构成,而不是以一个单一民族特征为基础的。"③ 美国大学教授协会的创立是为了向专制的校长和董事争取自治权,当时的大学规模人数与今日大学不可同日而语,当时美国规模最大的大学,在校生4400人,教师350人,当时美国四年制学院和大学的规模为510名学生,没有建立学系,研究工作很少开展,教师相互之间知根知底,养成一些相对民主的理念和一致的工作习惯。当下,世界高等教育规模扩张加剧,这一现实已经使教师无法控制大学的日常管理与教学,"在多数情况下,教授会逐渐退居一边,只留下一个空旷的讲坛,由那些学

---

① [美]乔治·凯勒:《大学战略与规划:美国高等教育革命》,别敦荣主译,中国海洋大学出版社2005年版,第41页。
② [美]凯文·凯里:《大学的终结:泛在大学与高等教育革命》,朱志勇、韩倩等译,人民邮电出版社2017年版,第76页。
③ [英]杰勒德·德兰迪:《知识社会中的大学》,黄建如译,北京大学出版社2010年版,第49页。

术政治家们发表演说。教授会的真正效力似乎是空前低下的"①。

现在，在美国大学"整个学校的自治和全体教师的自主已经成为一个现实的主要目标，它要求校长、教师和董事联合行动，而不像以往那样相互对立"。梅治格认为，"就最主要的方面而言，这个国家倡导的学术自由理论已经不合时宜了……美国大学已经建立了新的模式，而那些曾经与其相得益彰的理念却没有发生相应的变化"②。全世界的大学都存在一种倾向是外部控制的强化，正如克拉克·科尔所探讨的："完全的自治——如果说它曾经存在过的话——现在消失了……管理上现在发生的最大变化不是学生权力或教师权力的增大，而是公共权力的崛起。高等教育管理越来越不是由高等教育来管理了……往日的'象牙塔'现在变成了一种受到管理的公共事业。"③美国的大学校长们也深感大学与政府的关系在变化："在大学，昨日之伙伴（联邦政府）现在变得越来越像今日之不可缺少的，但又是悭吝的且更具有强制性的压迫者……今日之大学处于被围困之中……联邦和州政府不断增强的干预正在弱化大学、腐蚀道德、破坏它们本应追求的质量和责任。"④超大规模大学是一种新的巨型组织，而大学和学院往往是拒绝采用现代管理方式的组织。一位著名的大学组织分析家认为，"现在那种把大学看作是一种学者们可亲的、无政府的、自我改善的集体，另有数量不多的受人尊敬的管理人员处理不可避免的商业事务的观念正在被打破。一个有意识地进行院校规划的新时代已经到来。现代学院和大学已经不再是那种激烈地鄙视有效的经济和财政规划或者嘲笑战略管理的机构。现在，教授和大学管理人员正团结在一起共同设计规划教育计划、发展重点及开支，以保证未来发展"⑤，以此维持或竞争本国高等教育在世界上的优势地位。美国已

---

① ［美］乔治·凯勒：《大学战略与规划：美国高等教育革命》，别敦荣主译，中国海洋大学出版社 2005 年版，第 42—43 页。
② 同上书，第 43 页。
③ 同上书，第 27—28 页。
④ 同上书，第 28 页。
⑤ 同上书，"前言与致谢"，第 2 页。

经在为保持其在世界上最优秀的高等教育地位而进行战略规划。

美国大学在职业培训、研究和通识教育三方面齐头并进，这种影响一直持续至今。做了哈佛大学四十年校长的埃利奥特曾问自己："我能为孩子做什么？"[①] 今天的高等教育办学者也应该经常这样问一问自己。当然，我们也应该理性认识与理解：今天高等教育的管理问题不是管理本身的问题，而是各种社会力量博弈的结果。由于大学发展决策时过分依赖理性和效率，企业和公司流行的管理策略对高等教育管理，一方面带来伤害，另一方面也能为"高校的复兴提供机会"。毋庸置疑，学术管理"潜伏着破坏性，当它们被那些靠不住的、缺乏经验的管理者所掌控的时候，他们是在不知道还能做什么的时候采纳（学术管理）时尚的"[②]。美国高等教育专家马丁·特罗对这种新的管理模式进行了解释："20世纪80年代，教师和行政管理人员必将建立起一种新的工作关系。教师必须给予学术管理部门更多的行政权力以及全面规划和重点决策的权力。但是行政管理人员必须为教师提供机会，以便他们能够利用其批判与分析的专长来审查规划和重点决策。教师将一定能比现在更好地理解和信任行政领导关系。行政人员也必将深谙坦诚和忠实的价值，以及教授的严谨与批判的价值。"[③] 埃利奥特对美国高等教育的最大贡献体现在组织结构层面。其他大学在哈佛大学的引领示范下，"创建了一个崭新并一直坚守至今的本科教育市场"。埃利奥特在美国高等教育史上的创造性还体现在以选修课代替必修课，"……不再告诉学生必须学习什么，他让学生从一系列课程中去自主选择。他深信这种选择行为对学生具有巨大的教育意义"。埃利奥特对一年级新生提出的挑战是："你愿意成为轮胎上受外力驱动的齿轮推动的钝齿吗……个体意愿是首要的动力；

[①] ［美］凯文·凯里：《大学的终结：泛在大学与高等教育革命》，朱志勇、韩倩等译，人民邮电出版社2017年版，第31页。

[②] ［美］罗伯特·波恩鲍姆：《高等教育的管理时尚》，毛亚庆等译，北京师范大学出版社2008年版，第188页。

[③] ［美］乔治·凯勒：《大学战略与规划：美国高等教育革命》，别敦荣主译，中国海洋大学出版社2005年版，第81页。

只有在自由的状态下才能训练人的意志。"①

二 美国大学制度模式：教学科研服务的变迁

大学在教学方面对教师的考核包括教学大纲、教学方法创新、鼓励学生提问并参与课堂讨论、教师答疑时间、课堂教学情况、学生对教师的评价等方面，由此考察教师对大学的价值。科研与教学并不矛盾且能相得益彰，"科研上表现积极的教师比科研成果匮乏的教师更乐于紧跟学术前沿。他们不太可能在中年时就把工作热情'消耗殆尽'，因为他们赖以维持兴趣的既有学术研究，又有教学。而且，他们展现给学生的是自己在知识前沿积极求索的特有热情和激情"②。以大学为依托，教授们可以与研究旨趣相同的同事，开展新兴跨学科合作研究。例如，哈佛大学和麻省理工学院联合管理的私人资金资助建立的博德研究所，成立专门的指导委员会，选定有价值的研究课题和研究项目，遴选来自波士顿地区的医院和高等院校的研究人员进行医疗卫生相关领域的研究。美国大学服务社会职能受到市场化的影响，罗杰·盖格教授在《知识与金钱》（Knowledge and Money）一书中认为，"市场为大学带来了更多的资源，有更大的容量传播知识，在美国经济中扮演着颇为重要的角色。但同时，市场化也减弱了大学活动的自主权，削弱了大学服务公众的使命，而通过日益增长的商业联系，至少树立了高等院校作为知识独裁者的特权"③。

美国于1880年开始在高等院校设置硕士点，开启了学术研究作为高等教育重要组成部分的先河。大学开始培养学生从事学术研究和探索，当时就有强烈的反对之声："教师一旦从事学术研究，便无法

---

① ［美］凯文·凯里：《大学的终结：泛在大学与高等教育革命》，朱志勇、韩倩等译，人民邮电出版社2017年版，第32页。
② ［美］德里克·博克：《大学的未来——美国高等教育启示录》，曲强译，中国人民大学出版社2017年版，第317页。
③ 转引自［美］德里克·博克《大学的未来——美国高等教育启示录》，曲强译，中国人民大学出版社2017年版，第341页。

再专心教学。"① 在美国年轻科研人员获得科研经费的概率有限,难以谋到终身教职,导致优秀毕业生不愿从事科研,对重大科学发现的取得产生不利影响,美国一项调查显示:"高等院校的科研工作者超过40%的研究时间都被用在申请经费、等待审批、聘请人手和上报经费使用情况等杂事上了。"研究成果能够证明教师的能力,美国多数高等院校给教师太大的压力,"要么发表,要么走人(publish or perish)"②,也有人嘲笑教授们撰写和发表了大量无人阅读的书和论文,而且教授投身研究会挤压教学时间。世界上普遍存在的一个趋势是政府鼓励大学产学研结合,开启大学服务社会的职能,为有价值的科学发现提供专利,"为高等院校颁发企业运营执照,甚至资助教授基于其发现建立新公司"。这种情况容易引发的问题是:"一旦高等院校开始推行技术转让,学术型科学家就可能会分心,无法专注于其最擅长的领域,这可能会损害那些兢兢业业从事非营利性研究的科学家的名声。"③

三　美国大学制度模式的管理特色

美国管理科学家、科学管理理论奠基人、被后世尊为"科学管理之父"的泰勒曾说:"在过去,人是第一位的;在将来,体制必将是第一位的。然而,这绝不意味着不需要伟大人物。相反,任何一个好体制的第一目标就是发掘和培养一流的人才,而且在系统的管理下,最优秀的人才将比过去更有把握、速度更快地晋升到高层。"④ 国家遇到危急之事可以合法地求助于大学,"可以要求大学为满足日益增加的政府管理工作的需要而提供必要的有教养的人员"⑤,特别是那

---

① [美]德里克·博克:《大学的未来——美国高等教育启示录》,曲强译,中国人民大学出版社2017年版,第308页。
② 同上书,第312页。
③ 同上。
④ [美]弗雷德里克·温斯洛·泰勒:《科学管理原理》,朱碧云译,北京大学出版社2013年版,"前言",第1页。
⑤ [英]罗杰·金等:《全球化时代的大学》,赵卫平主译,浙江大学出版社2008年版,第4—5页。

些在管理和法律方面受过专业训练的人员。现代学术组织的管理方式因大学理念之不同而存在差异：大学是公共服务还是私人的事业？教学与研究的关系如何？美国的大学事务与欧洲有很大的不同：联邦政府缺少对美国大学事务的指导，但是各州通过对大学投入的资源、拨款和干预形成了既大众化又多样化的大学制度，大学的入学率不断提高，同时又拥有世界一流水平的科学研究。美国大学可能存在的问题是：大学对于国家层面官僚机构日益增加的干预开始表现不满。大学提供公共服务，需要国家的大量拨款，在美国市场和地方政府占据支配地位。英国二战后改变了以往的私立身份的强势传统，同时改变了与民族精英之间的密切关系，取而代之的是：以中央政府的大量拨款，国家干预，以及与日俱增的"具有市场特征的形式"面向消费者的做法，转换身份以面向市场。

一般而言，大学里的中上层管理者都是一些没有经过培训或缺乏管理经历或经验的学者，这些居于管理层的学者具有自己的研究专长和研究领域，但是欠缺大学管理的宽阔视野，如何整合大学的使命和目标，从而确立大学的功能与发展方向，对这些居于管理层的学者来说，是一个巨大的挑战。一般而言，大学的中上层管理人员是由下而上选拔的，其优势在于具有承担职位的合法性并对同行负责，但是通常会以牺牲学术能力为代价。与此同时，大学面临日益复杂的压力：资源、资源容纳力，严苛的问责制，管理人员的专业化，教师团体的权力与个人权力的分配等。大学学术委员会应该兼顾立法、行政或咨询的角色。克拉克·克尔归纳出大学具有四项"资产"：自上而下的行政管理；横向分割的教师专业领域；教育消费群体，即学生或学生社团；来自外部的财政或行政监管部门。学术自治是大学的独特特征，特别是那些具有批判意识的专门追求知识的学者所追求的价值诉求。

大学校长在一定意义上就是一位政治家和外交家，为了大学的利益，需要与外界进行沟通交流。校长有很多机会阐述政策，参与讨论解决方案，影响政策设计。国家政策上的决定和政治上的一些变动会影响大学，政府决策部门及其领导也是大学战略目标实现的关键因素，因此，"大学应向政治家们长期报告其状态、战略规划、优势和弱点"。但是，教师和工作人员在校园里应避免激进的政治活动，西方大学教师在学生面前是政治中立的。① 大学里的行政管理团队大多是由校长任命的，是相互能够协调的"同道中人"，可以自由讨论，妥善管理，从而提高决策效率。大学治理中的参与幅度和范围因院校传统不同而不同，学生、校友和行政管理人员要有清醒的认识。一是大学并非人人平等的民主国度。在教师团体中，学术阶层一直存在，资深教授比年轻同事在学术事务上更有较大的话语权。二是学生和校友都具有一定的局限性，学生是暂时组织成员，眼光往往局限于自身利益，校友的关注也因其投机性而波动。三是政治倾向是学生和管理者的风险，美国学者缺乏以学术信念来抗衡政治倾向的能力。许多大学为学生领袖和管理人员提供学校各种专业委员会中的席位，这种权力的赋予不是象征性的，而是一种实质性的赋予，但是权力从未超出教师对这些机构的控制。②

第五节　法国权力模式：政府集权与资源整合

身处经济全球化和信息技术日新月异的当今时代，在破旧立新的世界趋势面前，法国高等教育在此时代巨变中发挥着重要的作用。在世界各国教育都面临各种危机与挑战的关键时期，法国高等教育的政策与措施呈现出比较明显的政府主导特色，这也符合世界各国和各地区针对不同的教育问题，出台大量教育政策和措施予以调整与解决的整体趋势。从历史发展来看，法国高等教育也承载着社会进步与国家发展的民生责任，但是法国基础教育整体上未能达到社会对受教育者职业素养要求的人才预期："在法国，每年大约有14万无任何中等教育以上文凭的青年离开学校。从总量上看，法国有约62万已离开学

---

①　[美] 菲利普·G. 阿特巴赫主编：《世界级大学领导力》，姜有国译，中国人民大学出版社2014年版，第31页。
②　同上书，第33页。

校却无文凭的 18—24 岁青年，据估计，就 2013 年情况来看，离开学校而无文凭的学生比例为 17.6%……统计显示，法国高中毕业会考文凭持有者的失业率呈增高趋势，由 2004 年的 13% 增至 2010 年的 20%，而同期短期和长期高等教育文凭持有者的失业率分别是 11% 和 9%，这说明劳动力市场对就业者的资格要求有所提高。"[1] 这从一定程度上说明，法国就业者所受教育的质量并不能满足就业市场对劳动者素质的要求。为此，2013 年 7 月 9 日法国政府颁布了《重建共和国学校的方向与规划法》，法案实施的目标是："将建设公正的、高水平的和包容的学校，从而提高所有学生的水平和减少不平等，力争要在未来若干年使无文凭学生的人数减少一半。"根据此法案，法国组建了"课程高级委员会"（2013 年 10 月 10 日组建），由此委员会制定了《课程宪章》，《课程宪章》重申："学校传授的知识应当帮助学生认识世界的复杂性，同时鼓励学生参与真理的探求，培养其自由和批判精神。"此外，由法国教育部长樊尚·佩永和主管教育事业部长代表乔治·珀·郎之万共同发布"促进教育优先"新计划（2014 年 1 月 16 日发布），其主要内容是"对学习困难的学生采取适当的教学法，倡导教师组工作模式，改善学校教学环境等"[2]。

法国高等教育担负着培养人才、发展经济、推动社会进步等多项现实重任，是国家教育体系的"重中之重"。高等教育伴随社会经济结构的变化所承担的角色职能更加多样与复杂，为应对高等教育作为"全球性教育研究的基地和专业化人才培养的摇篮，也是促进地区文化经济发展的动力"，法国政府以《高等教育与研究法》（2013 年 7 月 22 日颁布）开启法国高等教育和科学研究全国战略的进程。该法案规定："由负责高等教育的国家部主导制定高等教育国家战略，并且每 5 年修订一次。高等教育国家战略与科学研究国家战略将形成一部白皮书，由政府提交议会，以动员全国力量迎接高

---

[1] 北京师范大学国际与比较教育研究院组编：《国际教育政策与发展趋势年度报告 2015》，北京师范大学出版社 2016 年版，第 6 页。
[2] 同上书，第 14 页。

等教育与科学研究面临的挑战。"另外，法国设立新机构"大学与研究机构共同体"，并赋予其新的法律地位，是"以科学、文化和职业为特点的公立机构"，这个新共同体"可以享有与大学相同的用人规则和权益"①。这是法国首次将高等教育与研究写入同一部法案的有益探索与实践。

一　法国大学制度模式选择的理论与政策依据

19世纪社会研究的两种主要学说是一直支配着法国学派思想的根源：一是帕森斯和帕森斯学派提出的社会有机体论。这一学派的主要主张是：社会由一个有机体构成，社会没有这个有机体就无法称其为社会。这种观念成为支配法国学派思想的根源，后来这一理论又吸纳了功能主义，19世纪50年代，帕森斯将其发展为社会是一个自我调整体系，内含了发展的法则。二是马克思主义的所有学派。埃米尔·涂尔干在《社会劳动分工》一书中论述了"现代社会经历了这样一种转变：从通过宗教与家庭达到的社会整合，到职业群体，这些群体的独立性和教育精英。现代社会的文化结构是补偿性的而不是压制性的，它还为个体提供互相合作与互相补充的可能……这种'有机'公民道德的潜力可以通过教育来培养，这将成为新的社会契约的基础"。埃米尔·涂尔干在《教育思想的演进》中强调"教师职业对创建公民共和秩序的重要性……教育作为公民身份中最重要的部分是达到社会整合的主要方式。这是因为国家不能单独提供那些传统文化价值不再提供的东西：有机的整合"②。涂尔干认为将国家与个体密切联系在一起的是教育，他认为，"劳动分工是现代社会发展的必然结果……分工越严密，个人也就越贴近社会；个人活动越专门化，他也就越成为个人。现代社会发展的关键在于在高度分工的基础上，重建社会的道德纽带，最终建立一个以高度分工、有机团结和道德个人

---

① 北京师范大学国际与比较教育研究院组编:《国际教育政策与发展趋势年度报告2015》，北京师范大学出版社2016年版，第17页。
② 转引自[英]杰勒德·德兰迪《知识社会中的大学》，黄建如译，北京大学出版社2010年版，第60页。

主义为基础的现代工业社会"①。而人类的理想只能高度普遍和抽象："在一个特定时期和从它的发展来看的每一个社会，都有一套以不可抗拒的力量强加于个体的教育制度……如果人们把某种价值联系于社会的存在，那么教育必须保证在公民之间的一个令人满意的思想和情感共同体，如果没有这样的一个共同体，任何社会都是不可能的。"②社会希望个人将其塑造成社会结构所需要的人。涂尔干认为，人通过教育获得解放的前提是要符合社会整合的需要，教育纲领的变革尺度以确保社会整合为限。他认为教师在学生面前是道德权威，但是教师的社会道德和自己的权威都要以社会整合为前提基础。

法国颁布《高等教育与研究法》的目标之一就是建构学习社会、促进经济发展，高等教育要承担"继续教育和终身教育的责任"。因此，法案认为，"创新才是发展的核心要素，高等教育则是创新的重要支撑，高等教育应当使每个人获得基础知识和可迁移的能力，以应对职业的变化，特别是培养更多的学士以上文凭的毕业生"③。为此，法案强调，"应当打破初始教育和继续教育的界限，发展交替制学习，鼓励企业人员和行政人员在职攻读博士学位，大学要成为法国社会未来发展的'人才加工厂'"④。

二 法国大学制度的灵活变通与重视大学教师的权力

面对师资不足的现实，"法国在应对注册学生增长的问题上采取了一种多少有些不同的方法。与其他国家大学聘用临时人员不同的是，法国教育部的创新做法是让大批中学教师到高校承担基础课程的教学。由于中学教师和高校教师都是国家公务员，拥有相同的学术资格证书，所以，这一做法得到了广泛的认可。中学教师在法国社会受

---

① ［英］安东尼·吉登斯：《资本主义与现代社会理论》，郭忠华、潘华凌译，上海译文出版社2013年版，"译者序"，第4页。
② ［法］达尼洛·马尔图切利：《现代性社会学：20世纪的历程》，姜志辉译，译林出版社2007年版，第37页。
③ 北京师范大学国际与比较教育研究院组编：《国际教育政策与发展趋势年度报告2015》，北京师范大学出版社2016年版，第25页。
④ 同上书，第20—21页。

到高度的尊重。另外，法国的学术性中学的教学水平与高校一二年级的教学水平相当。当高校不再需要那么多的教师的时候，那些教师又可以回到中学去"①。法国大学非常重视扩大教师的自主权，提高教师的能力以增强教师的职业责任。

法国高等教育国际化战略的未来方案是为避免"商业模式"倾向，而致力于创建"欧洲人文模式"，其主要举措是："构建一种'接待文化'，简化法国大学接收外国学生和研究人员的程序，改善住宿和校园生活等方面的条件，包括对他们在法国的居留和离开之后的关注。"② 在高等教育模式改革方面，法国方案的一个亮点是认为大学生是法国大学教学改革的关键因素，大学生是教学改革的积极参与者并发挥了重要作用。在数字化广泛应用的今日高等教育教学中，法国高等教育当局"允许大学生在课堂上，甚至在考试中利用各种信息资源，不仅是纸质文献，还应包括电子文献及允许接入互联网和链接数据库"。但是，在数字化教学创新中，教师仍然处于中心主导的位置。面对法国教学研究在世界上的落后局面，法国教育界认为"有必要设置'教学发展研究中心'，促进数字化教学改革，培养教育研究的博士生，开展教师继续培训，鼓励教学研究，推动教育学创新与交流"③。

三 后现代语境下大学制度模式的困境

从19世纪末期开始，伴随着科学技术的高歌猛进，科学知识的危机也初现端倪并与日俱增，这既是发展的一种必然现象，也是科技进步膨胀的结果，危机从根本上腐蚀了知识合法化的原则。与此同时，"百科全书式的学术系统，也开始分化，不再相互关联"。学科彼此关联依存，各有地位，因为危机导致了科学的分崩离析，"大学

---

① ［美］菲利普·G.阿特巴赫：《高等教育变革的国际趋势》，蒋凯主译，北京大学出版社2009年版，第144页。
② 北京师范大学国际与比较教育研究院组编：《国际教育政策与发展趋势年度报告2015》，北京师范大学出版社2016年版，第143—144页。
③ 同上书，第145页。

也就失却了产生思辨合法化的能动性。大学只限于传授被修检了的正统知识;并且以训诲式的教学方法,保证了教师的复制,而非研究人员的育化"①。在后工业社会里,科学知识成为社会中新的生产力,承载着生产工具和生产力的双重角色,其本身既是知识产品也是消费知识产品的手段,这就带来了后工业社会中"科技、技术决策与公共政策之间有了新的互动关系,理性知识开始成为社会创新的重要源泉,成为社会经济和技术改造的基本原动力"②。最后造成了告别整体性和统一性的难题。

法国高等教育当前最大的弊端就是不能很好地适应国民经济发展的需要。这种不适应表现在学生质量、教育质量、办学方向及方法等方面。法国后结构主义哲学的重要代表、曾任巴黎第八大学和美国加州大学哲学教授的让-弗朗索瓦·利奥塔,对于国家政府主导的倾向进行建设性消解,他认为,"所谓的大学制度已走投无路,而学院制度,则可能方兴未艾"③。在信息社会里,科学问题越来越与统治者施政问题相关联,"科学似乎比从前受制于统治力量,加上新科技的来到,统治力量与新科技之间,相互产生了冲突,而知识的地位,又陷入一种新的困境,有变成双方主要赌注的危险"④。汉姆伯德主张"为科学而科学",科学要遵从自身的内在法则,因为科学机制能不断地自我更新,能"不受任何约束,也不分任何既定目标的限制"。他同时强调,大学的科学要符合"国家精神与道德教育",正如他自己所言,他真正感兴趣的是"品德与行为"而非仅仅是学问。⑤

在经济不景气,就业压力不减的形势下,为应对未来世界的变革,维持法国科研大国地位和振奋国民的雄心,2013年7月22日法国高等教育研究院将之前设立的"研究与高等教育集群"代之以

---

① [法]让-弗朗索瓦·利奥塔:《后现代状况——关于知识的报告》,岛子译,湖南美术出版社1996年版,"引言",第31页。
② 同上书,第220页。
③ 同上书,第125页。
④ 同上书,"引言",第47页。
⑤ 同上书,第109—110页。

"大学与研究机构共同体"。法国研究与高等教育集群是高等教育与研究单位的联合,还表明这种联合体的尖端性质:教学与研究活动协同在大学校、大学和研究机构中开展,资源共享,满足地区诉求。但由于集群中的大型研究机构参与不够,治理水平不高,公共支出增加等原因而受到批评。大学与研究机构共同体的性质属于公共高等教育机构和公共研究机构的联合体,允许具有公共服务使命的机构加入,享有与大学同样的人事聘任规则和权利。大学与研究共同体的治理结构有较大变化:共同体的首脑不一定必须是行政委员会成员,也被称为校长,由共同体的行政委员会选举产生;行政委员会和学术委员会的构成与大学相类似,凸显民主与协商精神。在共同体内部,各成员机构都可以共同体之名,联合或单独培养硕士、博士研究生,颁发文凭,只是在成果署名方面,所有学术成果都以共同体作为唯一署名而公开发表,从而提高法国高等教育的国际知名度和学术实力。[①]

总之,对于发展中国家而言,创建世界一流大学的背景是,国家经济社会发展规划旨在形塑国家转型对知识经济体的诉求,强调一流大学对国家的重要贡献,是一种国家层面的诉求和强力推进。一般而言,政府热衷的是世界一流研究型大学的投资回报:高等院校的全球排名事关创新知识的获取、运用和创造;同时也使大学陷入"阿特巴赫悖论"之困惑:"每所大学都想成为世界一流大学,但却没有人知道它到底是什么,没有人知道如何得到它。"[②] 世界银行的一份政策报告《建设知识社会》,在分析高等教育对经济可持续发展贡献时指出:"高效率的高等教育系统包括广泛的组织模式,它不仅包括研究型大学,也包括理工学院、文理院校、短期技术培训机构、社区大学和开放大学等,这些院校共同培养劳动力市场需要的各种熟练的工人和雇员。每种院校都发挥着重要的作用,实现在体系不同的组成部分

[①] 北京师范大学国际与比较教育研究院组编:《国际教育政策与发展趋势年度报告2015》,北京师范大学出版社2016年版,第150—151页。
[②] [美]菲利普·G.阿特巴赫主编:《世界级大学领导力》,姜有国译,中国人民大学出版社2014年版,第214页。

的平衡发展,这通常是许多国家政府的当务之急。"与世界上最好的大学进行竞争,发展中国家的研究型大学面临怎样的挑战？发展中国家一流大学的创建需要在高水平的研究型大学完成,原因在于:"研究型大学在培训经济所需要的专业人才、高层次的专家、科学家和研究人员以及生产支持国家创新体系的新知识中扮演着关键的角色。"[①]因此,即使国家面临着经济和财政的压力,发展中国家仍优先考虑其本国的顶尖大学如何在科学和知识的发展方面走在世界前沿。

所有要跻身世界一流大学的国家或大学都在思考和探索:是否存在一种模式或模板可以加速其世界一流的进程？需要怎样的领导力和执行力才能激发院校的动机与活力？大学及其校长首先需要思考和解决:何谓一流大学？一流大学的发展战略应如何制定和实施？其机遇挑战、运行成本、可能风险、经验教训如何？在争创世界一流大学的过程中,如何能最大限度地提升全球高等教育的国际竞争力？若要实现组织和制度的重建,就要重新配置已有的资源,来应对当下的现实困境。工业化国家的学术体系日益分化,处于学术体系高层的学者还能从事高水准的教学、研究以及坚守大学的价值使命。然而,这些国家的顶级大学也开始为学术工作设置严格规范和标准。毋庸置疑,学术世界内部存在等级之分,工业化国家的研究型大学凭借其大部分的高水平论文和研究成果,国际权威期刊、国际交流渠道、顶尖大学为世界各国培养社会精英、研究人员、一流学者,从而使其处于国际知识体系的中心位置。实际上,不仅发展中国家的大学和学术职业人,即使工业化国家的教学型大学及学者也处于国际学术中心的外围。

全球学术界,英语处于国际学术交流、期刊和国际学术会议的"世界通用语"角色,使得发展中国家的学术职业处于"语言"的外围。学术世界的巨大不平等体现在:世界重要的国际期刊集中在工业发达国家,这些国际期刊直接左右了学术兴趣、研究方法和科学规范,发展中国家的顶级学者和研究人员难以发表和出版得到世界认可

[①] [美]菲利普·G.阿特巴赫主编:《世界级大学领导力》,姜有国译,中国人民大学出版社2014年版,第214页。

的自己的文章。发展中国家的学者对世界学术体系存在依附现象,包括体制模式、教学语言、价值、学术规范、教学质量和资格认可等,都受发达国家标准左右。政治对世界一流大学建设的影响体现在政府类型、大学的治理结构、大学校长的任命方式等方面。大学按照谁的意思行事?研究领域和方向由谁来决定?中国大学的校长由政府来遴选,一方面大学要受国家政治路线指引,另一方面便于大学与教育主管部门沟通协调,简化形成程序。无论国家或文化背景如何,世界一流大学的发展思路和政策都应该遵循大学自身的文化传统,立足本土大学的人才培养使命,服从国家战略需要,在经济全球化背景下,创建中国特色世界一流大学,真正实现文化自信与制度自信。

第四章　角色冲突：现代大学制度模式选择的内外困境

根据世界银行2014年统计，高等教育质量难以满足社会的整体需求，"青年人通过教育获得知识和技能的机会显著增加，但是，其教育水平却依然很低。在低收入国家，很多青年尚未掌握基本的读写技能，即使是中等收入水平国家，很多学生依然未能掌握工作所需的技能。因此，世界银行建议人们，要帮助青年人，不仅要保证他们有学上，更要为他们提供优质的教育……大体上看，世界上绝大多数国家都承认……就业结构和就业激励措施不能充分调动人力资源并真正服务于社会发展的实际需要。许多人在投入大量时间、金钱和精力之后，由于没有接受适合的职业指导，找不到工作，进而产生许多不满情绪，对教育体制不满的学生可能会转变成社会秩序的破坏者，如何协调教育质量与社会需求之间的关系值得引起人们的重视"①。大学结构与社会结构不对称，是产生关系冲突、矛盾、紧张甚至对抗选择的深层原因。默顿认为："由于历史的分化程度和种类的不同，社会结构生产出社会冲突，这些冲突潜在地存在于有着各自不同和相同的利益和价值观的相互关联的社会地位、社会阶层、组织和共同体中，这对结构分析的范式来说是基本的而非随意的。"大学制度应该也不会具有统一的规范丛，矛盾选择"以不一致的模式化预期的形式"被嵌入到社会结构中，并在社会角色中产生"规范和反规范的动态轮

---

① 北京师范大学国际与比较教育研究院组编：《国际教育政策与发展趋势年度报告2015》，北京师范大学出版社2016年版，第8页。

换"。现代大学制度架构是动态的、内在压力具有自我调控能力,制度结构的内部变迁与模式变迁是共生关系。"这种类型的变迁是通过积累的模式化行为选择而发生的,也是在不同社会结构中由于某些张力、冲突和对抗所导致的反功能结果的扩大而产生的。"① 大学教师在职称聘任、绩效考核的制度压力和商业化的浮躁氛围下,其学术价值观和职业操守不同程度地受到冲击和挑战。科研考核制度引导的浮躁表现为:重量轻质,基础研究的门前冷落,学术规范的屡屡被触,学生的专业选择、课程选择、就业选择、各项评优甚至保研等都渗入功利化的倾向。这在一定程度上影响了对大学生人生态度和人生价值观的塑造与引导。

国家财政对高等教育支持下降是全球的总体趋势,经济在全球范围内低迷下滑,GDP总量下降,说明政府支持的教育经费势必下滑,再加上学生规模膨胀、大学运营成本提升致使大学管理主义盛行,以商业模式来管理大学,触及并损害了大学管理原则和传统底线,这一切成为促使大学普遍采纳公司的治理和管理模式的重要原因。因此,全球的普遍趋势是国家资助与学生学费共同来支撑大学的经费开支,问题也由此产生,因为在规范结构复杂性的每一个内部层面,都存在社会学规范不一致的三个基本类型:失范、矛盾选择和角色冲突。关于整体社会框架中规范组成部分的整合,默顿认为,"在一个复杂的、分化的社会中,人们仅仅对一些有限范围的价值观、利益和衍生的行为标准具有完全或重大的共识"。规范缺失或失范的概念来源于涂尔干的原创性著作,"失范指的是社会系统的一种特征,并非指系统中的个体这样或那样的思想状态。它指的是约束行为的社会标准的崩溃,也意味着缺少社会凝聚力。当一种高度的失范出现后,约束行为的规则就失去了其意义与威力。它们不再形成一种社会秩序,以使人们能够放心地对其信任"②。因此,对于大学而言,越来越无法辨识

---

① [波]彼得·什托姆普卡:《默顿学术思想评传》,林聚任等译,北京大学出版社2009年版,第142—143页。
② 同上书,第170页。

第四章 角色冲突：现代大学制度模式选择的内外困境

社会系统内是否存在广泛的共识、规定性行为、禁止性行为、社会互动过程中的合法预期的问题。

大学的财政和发展压力重重。超大规模大学内部文化的冲突，会使大学危机四伏。超大规模大学需要确立共同的发展愿景、使命、价值观和目标，使大学稳定而成功。全球化进程中，政府要求大学与企业建立更广泛的联系与合作，政府还要求增加更多的入学机会和教育的大众化，高等教育成本快速上升已经超出公共财政的承担范围，承受着巨大的财政压力，高等教育从由政府资助的"公共产品"转变为由受益人——学生来承担的"私人产品"[①]。财政压力改变着大学，大学需要制定更严苛的问责制度和提高教师聘用条件，学者的学术自由也受到侵蚀。班级学生人数的增加，院校决策中教师声音的微弱，学者教授们工作负荷的加重，教学工作量和研究成果的压力等，这一切都在改变着学者的学术生活的内容与节奏。一些国家的大学为了建立与商业企业的联系，通过捐赠甚至命名权对学术施加不良的影响。大学管理改革的压力在于大学进行组织再造的基本单位是系，如果进行流程再造的话，"高等教育的学术文化就意味着要彻底拆毁高等教育的传统，这种重新设计不会顾及"已经存在几十年甚至几百年的传统基础，而是"从一张白纸开始"[②]。美国大学教授协会称："大学机构已经走向由成功的商业领袖管理的体制，这些成功的商界人士赞成在高等教育中运用自由市场的商业做法，他们也任命志同道合的校长及学术管理人员。"[③] 高等教育的财政困境是不断增长的成本和支出需求与公共财政的相对有限之间的矛盾。目前，通行的、最有效的、比较利于维持且教师教学使命不受影响的收入方式，是用学费来冲抵大学运营的费用。世界上大多

---

① [美] 菲利普·G.阿特巴赫主编：《世界级大学领导力》，姜有国译，中国人民大学出版社2014年版，第9页。
② [美] 罗伯特·波恩鲍姆：《高等教育的管理时尚》，毛亚庆等译，北京师范大学出版社2008年版，第91页。
③ [美] 菲利普·G.阿特巴赫主编：《世界级大学领导力》，姜有国译，中国人民大学出版社2014年版，第10页。

数国家都是由学生解决学费、食物和住宿的费用,"高等教育费用从占主导地位的依赖政府或者纳税人的模式已经转向依赖家庭和学生,有时这种做法也被称为成本分担"①。高等教育的成本分担已经成为一个不争的事实。

第一节 人才与质量:大学使命的偏离

当今社会处于信息化时代,高等教育的发展一方面对国家经济发展和社会进步起着动力站的作用,另一方面也是个体实现社会阶层流动的一个重要途径。因此,高等教育的质量问题不仅仅是一个教育问题,也是一个政治和社会问题。高等教育的大众化和普及化使得更多的适龄青年比较宽松地进入大学深造,同时社会和公众对高等教育质量有了更多的期待,由于无法满足人们对高质量高等教育的需求,高等教育备受质疑和批评。国际组织经济合作与发展组织也开始关注教育质量问题,"国际成人能力评估"(PIAAC)的结果在布鲁塞尔于2013年10月8日公布,"该调查对24个国家和地区16000名16—65岁成年人的阅读能力、数学能力和运用高技术解决问题等技能进行测定,报告主要发现如下:成人在阅读与数学方面,大多数国家相当比例的成人得分处于较低水平,在被调查的国家中,4.9%—27.7%的成人仅仅达到阅读的最低水平,而8.1%—31.7%的成人仅仅达到数学的最低水平。在很多国家,有相当大比例的成人缺乏运用ICT完成许多日常任务的基本技能或者经验。在很多OECD国家,收入不平等问题越来越突出,社会流动下降等都对社会结构造成威胁"②。美国著名的棒球运动员贝拉(Yoji Berra)有一句关于自己成功的名言:"如果你不知道你要去哪里,你必须非常小心,因为你也许无法到达那里。"这句话也适用于今天讨论的质量问题:什么是质量,质量的

---

① [美]菲利普·G. 阿特巴赫主编:《世界级大学领导力》,姜有国译,中国人民大学出版社2014年版,第52—53页。
② 北京师范大学国际与比较教育研究院组编:《国际教育政策与发展趋势年度报告2015》,北京师范大学出版社2016年版,第7页。

第四章　角色冲突：现代大学制度模式选择的内外困境

标准是什么，如何衡量高等教育的质量？①

对大学的评价和质量监控最重要的是学生，以提供优质的服务学习来进行人才培养，人才的质量和规格是大学质量最有说服力的评价标准之一。"个人和职业的未来往往被学生时代的教育经历但同时也是被更大的社会环境所塑造。"② 问题是如何使问责制产生实际的效果。知名学者和优秀师资是高水平大学建设中最主要的资源。大学采取的质量保证早期措施是：验证教授资历和工作量、基础硬件设施和资源、教学准备状态、学生进步状况等。加强问责和引入竞争是为了对这些压力进行回应，以能够产生更好的质量。

一　对大学质量的认知与追求

质量对不同的价值观、对不同的人意味着不同的意义。"谁的质量？"越来越多的高等教育利益相关者，依据质量来反对不同的价值观及对不同的价值观排列顺序。人们对高等教育的信心减弱推动了质量保证运动，大量学位被颁发引起人们对学位质量的质疑，于是，有识之士开始重申坚守大学的初心使命，即人才培养。在学术贡献的质量和数量方面追求卓越，这是世界一流大学的使命目标，但是目前最大的困境是科学研究的昂贵成本和代价。如何取得更高的质量、效率和效益？如何科学而有效地监督和评估其质量和绩效？大学如何了解自己的工作流程，然后与自己工作流程类似的卓越组织比较，采用更好的流程以改变绩效？其中，标杆管理、绩效指标和绩效资助都是一种选择方案。但是，"绩效评估经常缺乏信度和效度"，在实际中标准与质量无关，绩效评估"强调的是学校对国家经济增长的贡献，而不是对学习的贡献。绩效指标在高教领域得到发展……它们的选择并没有考虑到什么东西真正关系到大学的长期福祉"③。

---

① ［美］菲利普·G. 阿特巴赫主编：《世界级大学领导力》，姜有国译，中国人民大学出版社2014年版，第121页。
② 同上书，第122页。
③ ［美］罗伯特·波恩鲍姆：《高等教育的管理时尚》，毛亚庆等译，北京师范大学出版社2008年版，第63—64页。

高等教育市场对院校业绩提升的激励是不是一个神话？一些学者认为，竞争有可能将大学的投资分流到改善大学在市场中的形象方面，或者为了大学的运营而将大学的最重要的非营利特色割舍掉，以提高学术质量作为激励。事实上，这些都不是大学的明智之举。在国外人们试图了解高等院校的内部运行，对公共投资和大学学位价值提出高校需履行报告义务。为此，20世纪80年代以来，世界各国的高等院校都引入了不同类型的质量保障机制，通过设立标准来建构内外部评价，从而为利益相关者提供信息，提供学术机构的改进机会。各国最初大都采用便于衡量的量化标准，例如美国的质量评价制度强调投入，包括图书馆的大小、教授拥有高级学位数量、师生比和毕业率等，"在美国和其他地方，衡量的标准已扩大到包括教师的研究出版成果和引用率、教师的获奖以及获得的资助"[①]。从追求质量的良好初衷演变为对非量化的特征和高等教育成果的衡量，这是由于"质量保证并没有一套简单的公式，而且缺乏定义以及模糊的目标本身反过来会带来困扰。质量保证计划——认证、审计或任何其他形式，都会导致一些院校不同层次的改变。现在问题是：它是什么样的变化，它是不是预期的变化？至少，大多数基于质量保证计划的问责制已经要求院校将收集和组织数据的工作做得更好"[②]。因此，确切地说，大学的质量保障机制应该包括鉴定、审计、评估和外部监督。高等教育的质量不仅仅是对标准的达成，真正的大学质量与院校文化相融合，不局限于具体标准，质量保证进程是连续的而不仅仅是对检查和审核的定期回应。在保证质量的持续进程中，院校有责任在各级教学、研究和管理活动中保证质量。

二 大学质量标准的设立与实现的可能

在美国，对质量标准的定义，standard 与 criteria 二词可以通用，

---

① ［美］菲利普·G. 阿特巴赫主编：《世界级大学领导力》，姜有国译，中国人民大学出版社2014年版，第119页。
② 同上书，第127页。

第四章 角色冲突:现代大学制度模式选择的内外困境

在欧洲含义有所区别。质量标准的价值与意义是为质量评估提供重要的参考点,有时也是指最低要求、绩效目标、进行比较的方法。大学里的质量标准适用于教学、研究、服务、学业表现等各方面,其标准具有不同的意义。不同的利益群体对高等教育质量的理解是不同的,国家若想建立一种标准化的机制来解决高等教育质量评估问题,需要院校建立内部监督机制,扩大内部自我监督。自律是质量保证的关键。外部系统的存在是为了"推进内部质量管理",整个质量提升和保障过程取决于院校的承诺和参与程度:"一个学术质量控制、监管和改进系统里的关键在于努力创造一种具有自我批评,乐于接受他人批评,并承诺改进的院校文化。"[1] 学生、学者和学术项目的交流活动,对推动质量国际化发挥了重要的加速作用,一种日益增长的国际合作趋势,通过互相承认学历并颁发成员国的学位和文凭体现出来。拉丁美洲的国家质量保证机构(RIACES)由拉丁美洲的国家质量保证机构组成。高等教育国际质量保证网络(INQAAHE)汇集了不同国家的机构和地区组织成员,组成了一个拥有国际视野的大型组织,这个大型国际组织拥有类似的质量目标和质量标准。高等教育国际质量保证网络(INQAAHE)以多种方式促进认证机构发展,包括分享质量保证资料,提供培训材料,并促进国际层面的信息和经验交流。欧洲质量改进计划(EQUIS)作为新的超国家机构也在不同国家从事认证活动,提供认证业务和管理方案,在一个地区创造了单一的质量衡量标准。"当本地的认证机构提供了国际认证,许多不同的部门也能从中获得重要的益处。尽管很多国际活动和讨论正在发生和极速发展,已经达成和考虑中的协议都是基于参与者是否可以相信共同的词汇、共同的价值观和共同的目标。目前,讨论趋向于'相互承认认证'。"缺乏质量共识,对质量的讨论就很难深入进行。质量是什么,"质量是一种例外、一种完美(或一致性)、一种对目的的适切性、一种可转化的经济

---

[1] [美]菲利普·G. 阿特巴赫主编:《世界级大学领导力》,姜有国译,中国人民大学出版社2014年版,第128—129页。

价值"①。但是鉴于各国对高等教育质量和标准理解的差异，相互认证的进程进展很慢。

公众对知情权的诉求催生了质量保证计划。高等教育的多样化和规模扩张，使得控制和监督无法得到与以往一样的保证。但是大学仍然需要政府资金的支持和政策的扶持，因此，政府行政管理与大学自治治理之间仍然存在博弈。质量保障制度和机制其实质是某种形式的外部监督，其执行的程序、措施影响着公众和大学对质量计划的评价和认同。在中国，大学拥有一定程度的办学自主权，但是，高等院校的质量责任管理权实际上还掌控在国家手中，由国家教育部组织质量评估，各高等院校的绩效考核规则是遵照国家总体规划来拟定标准，总的来看，是由政府主导的。在一定程度上，质量评价是一种复杂的综合考量，其中学术声望和院校名誉，也是反映质量的指标之一。大学的学术声望与这所大学教师的研究成果高度相关，大学的学术威望可以体现为知名学者的数量质量、拥有的财富、录取分数线的高低、在世界大学中的排名，等等。但是，名望不等于质量，大学的学术声望只是其某个或某些特征的体现，而不是大学的总体和综合表现。关于教育质量的理论与实践，各国教育行政主管部门必须面对和解决的问题包括：跨文化和跨国界的教育流动，教育供给方提供的多元化教学方法、各类教育项目的输入和输出监控体系的建构、地区性和国际性教育质量认证制度框架的准入、国际与地区教育质量标准的通约与监管，等等。因此，"通过合作的方式去建立一个制度体系来确保跨国家教育的质量和诚信并维持社会对高等教育的信心，具有十分重要的意义"②。

三 大学"以人为本"的质量使命

大学管理评价的科学化、标准化和程序化与大学的人文关怀之间

---

① [美] 菲利普·G. 阿特巴赫主编：《世界级大学领导力》，姜有国译，中国人民大学出版社2014年版，第130页。

② 同上书，第114页。

第四章　角色冲突：现代大学制度模式选择的内外困境

的博弈结果，推进了大学官僚化的倾向。接受高等教育是现代人的必然选择，但是高等教育也不是万能的，仍然面临着众多的使命困境：如何解决家长和学生对就业和学习质量提升的强烈诉求？经合组织（OECD）教育创新研究中心科学分析了高等教育的全球发展趋势："开放性的网络、服务地方社区、新公共管理和高等教育公司化。"①大学中的以人为本就是以学生为本，大学质量的保障在于对教学的保证，对学生有意义学习经历的保障。教师重视教学非常重要，但事实是，类似这样的对白，在大学里特别是高水平研究型大学经常上演：

老教授说："年轻人，你错了。课堂教学一般就行，不要鼓励学生和你交谈……抓紧时间刻苦钻研，训练自己的口头表达，开始写博士论文吧。"年轻教师反驳道："为什么要忽视教学？这是我选择的职业。为什么要仓促完成一个粗糙的博士学位论文而有损于大学、学生和我们的院系呢？"教授说："因为拿到了博士学位，你就有了价值，或者说获得了一个身价的标签。你发表的文章会帮你做宣传。如果幸运的话，你可能会获得这里的终身教职。如果你仅仅凭良知教学，哪怕教学再精彩，你也不会获终身教职，也不会拥有能出去讨价还价的博士学位。"②

现代社会发展和经济创新对高技能人才的需求、社会流动受到阻碍、收入差距的加大、青年学生的培养需要更多的技能等，这些既是教育的问题，也是社会的问题。教育要培养学生"批判思维能力、问题解决能力、创造力、合作、学会如何学习"的能力，为此，一是教师要为所有学生提供高质量的教学，经济合作与发展组织（OECD）、新西兰教育部和国际教育组织（EI）在新西兰的惠灵顿共同举办了第四届教师职业国际峰会，为了能让教师在学生日益多样化和差异性的

---

① ［美］罗伯特·波恩鲍姆：《高等教育的管理时尚》，毛亚庆等译，北京师范大学出版社2008年版，"总序"，第10页。
② ［美］凯文·凯里：《大学的终结：泛在大学与高等教育革命》，朱志勇、韩倩等译，人民邮电出版社2017年版，第35页。

课堂中成功且有效地开展教学,峰会重点关注教师的职业准备和专业发展方面的知识技能需求,"如诊断学生问题的能力、理解文化差异的能力、依据学生需要因材施教的能力"①。教师在教学中要充分考虑激发学生的求知欲望和学习兴趣,了解学生的文化教育背景,为其建构个性化、促进公平、实现卓越的学习生活环境。二是重视教育对学生创新与创业能力的培养。由于社会的转型和经济的发展,"在这样一个呼唤创新、鼓励创新与渴望创新的时代",世界各国纷纷推出能有效培养学生创新能力和社会适应力的教育政策和方案,同时对教师的素质能力提出了新的要求,欧盟于2013年6月推出《创业教育——教育者指南》,"提出了创业教师的素质要求,以及如何成为一名具有创新和创业能力的教师",《指南》还列举了"继续专业发展的实践案例,如在职教师的创新与创业教育项目、创业教育的教学方法和教育理念革新、继续专业发展的延伸策略等"②,欧盟通过在《指南》中用大量篇幅列举教师对学生创新能力的成功培养案例,对世界各地的创新创业教育教学实践发挥了重要的启迪作用。

第二节 教师与资助:学术资本的漂移

大学作为学术组织,其管理应向教师、学生和职员实行完全开放的政策,大学应该是一个学术部落,在面临外部威胁时,内部应该是和谐一致的。但是,学术组织内部却常常充满了纷争。美国卫斯理大学的校长坎贝尔曾提醒教师和学生:"美国的大学已经从黄金时代进入了谋生时代。"③ 因此,他建议美国大学应正视危机,学术管理者应将目光聚焦在人身上:增加优秀师资的薪资、分流或安排其他教师到合适的去处、每个院系都有精力充沛、业务熟练的领导,因为"没

---

① 北京师范大学国际与比较教育研究院组编:《国际教育政策与发展趋势年度报告2015》,北京师范大学出版社2016年版,第465—466页。
② 同上书,第24页。
③ [美]乔治·凯勒:《大学战略与规划:美国高等教育革命》,别敦荣主译,中国海洋大学出版社2005年版,第63页。

有卓越的教师和行政管理，你就吸引不了学生，学生的智力就不会有大的发展，也就意味着不能产生优秀人才"。而"优秀人才需要仪器、设施和鼓励"①。为达到这些目标，坎贝尔校长主张：大学可以启动年度杰出教师奖（奖金为1000美金）；教授会应有固定的办公地点，教授会组织的所有会议，学校高层管理人员都应该参加。在美国，公立大学的成本回收（高额学费收费）和私立高等教育的增长对于学术职业的经济条件有一定的影响。学术职业的薪酬没有减少但也没有提高，为了增加收入，教授们增加了从事咨询和技术支持活动的时间，在发展中国家，教授们也开始从事额外的工作，如到私立大学去兼职。

大学对教学的忽视与教师对教学的怠慢已经带来了恶果。经济合作与发展组织（OECD）对"数据和统计进行基本分析"方面的五个等级的评估中，"38%的美国大学生不能达到三级水平，只有19%的人达到四级水平，而其他工业化国家却是25%。美国人长期以来沉浸在'我们的大学是世界上最好的大学'这样的说法之中，沾沾自喜，研究结果却表明，在培养大学生学识方面，美国的大学却不折不扣是平庸的"。其中重要的原因是，"随着时间的推移，大学对学生的要求越来越少。1961年，（美国）国家经济研究局发表的一项研究显示，全日制大学生基本上都全身心地投入学习，一周有40个小时花在听课和学习上。到2003年，投入学习的平均数降至27小时，尽管如此，在此期间的各类成绩中，优等所占比例却从15%提升到43%。近20%的学生课外每周花不到5小时的时间学习"②。美国大学制度设计的基本结构理念主要是为了满足研究的需要和期望；德国制度模式强调教师的教学自由、研究自由、自由思考和写作。正如美国历史学家劳伦斯·维希曾说过的，"越来越强调专门研究的显著后果就是，追求科学思想的教授们逐渐忽视了本科教学，轻视作为教师

---

① ［美］乔治·凯勒：《大学战略与规划：美国高等教育革命》，别敦荣主译，中国海洋大学出版社2005年版，第65页。
② ［美］凯文·凯里：《大学的终结：泛在大学与高等教育革命》，朱志勇、韩倩等译，人民邮电出版社2017年版，第11—12页。

的职能"①。

一　大学教师要坚守专家的职业操守和道德底线

中西方的价值判断有着巨大的差别：西方依据抽象的法治，而东方的价值判断更多是尊重传统和伦理，兼顾个人责任和社会责任，与西方传统大相径庭。② 我们所追求的人性，与现代文明对文化与社会方面的要求势必要相互脱节。人性注定被工业文明压制。犹如韦伯的现代性就充满了抵牾，他主张，"在资本主义的现代性下，'固有的一切都将消融殆尽'。现代化过程破坏了传统秩序，也破坏了传统权威借以使这个世界可以理解并合法化的意识形态。现代性对一切都提出了质疑，并将它们置于单一的理性原则面前予以衡量"③。如何重塑大学生活世界？大学的精神传统是否依然还在？现代大学制度在建构过程中加强对这些实际问题的关注，并与人类社会的变革相向而行。

在学术事业的起点，学术人应该具有清醒而执着的学术见解，在关注社会问题时，重视观念的重要性并承担起所应担当的社会责任，"我们希望培养和鼓励人最有价值的东西：个人责任心，高尚的追求，对人类精神和道德价值的追求，哪怕这种追求用最原始的形式表现。我们希望尽我们最大力量创造一个外部环境，帮助人们在不可避免的生存斗争及其苦难中，维护人最美好的东西……人格独立"④。现代大学看重以学术为标准的选拔制度，教师使命中最艰巨的任务是独立的思考。虽然当今社会对"专家"这个称谓存有诸多的质疑和嘲讽，但是在韦伯眼中，真正的、货真价实的研究成果都出自专家的努力。

---

① ［美］凯文·凯里：《大学的终结：泛在大学与高等教育革命》，朱志勇、韩倩等译，人民邮电出版社2017年版，第35页。
② ［美］莱因哈特·本迪克斯：《马克思·韦伯思想肖像》，刘北城等译，上海人民出版社2007年版，第93页。
③ ［德］马克斯·韦伯：《学术与政治》，冯克利译，生活·读书·新知三联书店2013年版，第193页。
④ ［美］莱因哈特·本迪克斯：《马克思·韦伯思想肖像》，刘北城等译，上海人民出版社2007年版，第35页。

专家若要在社会中有尊严地立足,该选择何种生活方式呢?在《以学术为志业》中,韦伯面对大学外部的官僚制度的确立,他冷静地分析以学术为志业的学者应具备的精神准备是:"在学术领域,个人真正清楚地意识到完成了一件工作,只有在自己全副身心投入了专门的领域的时候才会有这样的感觉。"①

皮埃尔·布迪厄对学术权力与文化资本的关系做过探索,他把大学看成是"一系列作为一种文化分类媒介的社会实践,这个媒介允许权力在制度环境内或者它们之间循环活动"。布迪厄关注社会认知结构,他主张按照社会主流文化模式来定义大学角色,"这些文化模式体现为社会中流动的各种各样的文化资本"。大学在布迪厄观念中是作为"自我保护的机构,在里面各种不同的权力产生、循环、再产生。大学主要是一个自治的场所,其中有不同系列的权力冲突,因为权力的拥有者要为权力的繁衍而斗争"。布迪厄将认知方法应用到文化再生产中,他认为,大学不是解放的,而是被"置于社会权力的背景之中……这种社会权力是一种分类的——或认知的——象征性资本(symbolic capital)在其中流动的体系"。布迪厄认为认知结构"在社会中形成,限制并影响知识的生产和流动"②。

二 学术职业的评价与选择标准对教师与资助的影响

大学是社会变迁的缩影,马克思认为由于物化引发人的自我异化,人们为此而争取解放的斗争,韦伯认为这是理性合理化的天命。韦伯透视了现代大学在资本集中经营的体制下变成了官僚化的机构,伴随现代大学硬件设施的升级增加,资源越来越集中在少数人的手中。③ 学术组织中的"命令""服从"是出于共同的学术理想使命,

---

① [德]马克斯·韦伯:《韦伯论大学》,孙传钊译,江苏人民出版社2006年版,第114—115页。
② 转引自[英]杰勒德·德兰迪《知识社会中的大学》,黄建如译,北京大学出版社2010年版,第108—109页。
③ [德]马克斯·韦伯:《韦伯论大学》,孙传钊译,江苏人民出版社2006年版,第118页。

或者出于利益权衡，或者出于情感。① 大学秩序的正当性取决于大学教学、科研和服务社会的可能性，大学历史上所建立的这种正当秩序，韦伯首推美国大学秩序。大学学术秩序合法而正当的依据是："相信伦理、美学或其他的终极价值体现着一个秩序的绝对正当性，这是一种价值合理性的正当性。"② 法国思想家涂尔干在其著作中经常强调，"科学活动如果不能在某种程度上导致实用有效的结果，那就将毫无价值。然而，科学的本质是，其过程和目标要与立竿见影的实用要求相分离：只有保持'无所欲'的态度，科学的探索才能取得最佳的效果。绝不能把科学当成是'一种崇拜的对象或偶像'。它赋予我们的'只是某种程度的知识，除此以外，别无他物'"③。但是，当下，迫切需要解决的社会问题，经常超越了依靠科学建构起来的知识体系，无法满足能够解决所有问题的程度。韦伯也指出，"观念以非常直接的方式表现了物质利益"④。学者的素质和学养是无法测量的，特别是，对致力于创新的学者该如何测量？如果大学和学者沉醉于学生数量和大学规模扩张所带来的利益，那么大学的人文关切与终极关怀何在？

学术人如果对学术研究和教学生活怀有持久和坚定的兴趣，学术的发展和人才的培养就会有机会和希望。学术人是为了学术而生活，还是赖以维持生计？学术人享受的声望和名誉是与其专业上的"身份荣誉"有关，还是与其所忠于的学术见解紧密相连？人的需求越是得到满足就越能得到幸福吗？涂尔干认为，"现代人可以享有形形色色的前所未有的快乐，但与此相抵牾的是，同样要忍受住社会形态中不曾有过的种种痛苦"⑤。社会的分化和进步并未必然地提高人类幸福的整体水平。社会分工的个性化作用，意味着潜能和天赋的发挥，造

---

① 苏国勋：《理性化及其限制——韦伯思想引论》，上海人民出版社1988年版，第189页。
② 同上书，第192页。
③ [英]安东尼·吉登斯：《资本主义与现代社会理论》，郭忠华、潘华凌译，上海译文出版社2013年版，第257页。
④ 同上书，第270页。
⑤ 同上书，第102页。

成驱使人自我实现的压力。伴随着经济条件的改变和从事自由职业的人的增多,这些人摆脱稳定的道德约束,从而出现社会失范的现象。学术共同体内部,虽然有高度的自治,但是必须处于国家整个法律体系的监督之下。韦伯在一百年前就认识到,现在大学的一些做法与大学有关法令的精神是相悖的,"'使用不正当手段'的体制,促使年青一代的学者感到他们只是目前当权者手中的棋子,必须按照这些官员的要求行事。这种大学政策的影响,一方面将导致将'可行且实用的'科学的虚无引入学术职位中,而按照惯常的标准,这些学术职位本应由那些著名的科学家和学者专享。另一方面,这种做法将会导致研究者在研究的开始和实施阶段必然把'政治重要性'放在首位,而不管这些研究在学术进步上客观的影响和实际的作用"①。这些观点在今天仍然值得学术职业人和学术共同体审思与警醒。

三 大学教师教学责任心的弱化给学生学习带来的负面影响加深

1906年诺贝尔生理学或医学奖得主、西班牙组织学家圣地亚哥·拉蒙-卡哈尔在100多年前出版了《致青年学者——一位诺贝尔获得者的人生忠告》一书,在书中,卡哈尔试图对其科学研究的心得与其在大学执教的思考进行总结,力助刚刚进入科学研究领域的青年学者建立科学的研究方法和正确的研究态度,针对青年研究者将面临的婚姻、家国情怀及影响科学研究的社会因素等进行了探讨,是青年学者的必读书目。做一个怎样的学者?卡哈尔认为要做一个坚持不懈且充满创造力的学者以主动和成功地从事科研工作;培养学生启发式思维,加强解决问题能力;大学生获得知识有三种途径即阅读、思考和写作;教师还要教会学生如何有尊严和得体地生活,奠定其一生生活的根基;要引导学生塑造价值、兴趣、见识、品格与修养。② 美国社会学家里查德·阿伦在其专著《学术漂流:大

---

① [德] 马克斯·韦伯:《韦伯论大学》,孙传钊译,江苏人民出版社2006年版,第74页。
② [西班牙] 圣地亚哥·拉蒙-卡哈尔:《致青年学者——一位诺贝尔获得者的人生忠告》,刘璐译,新华出版社2010年版,第141—150页。

学校园学习的有限性》中，其研究测试结果惊人："45%的学生在前两年的大学生活中，在批判性思维能力、分析推理能力、交际能力方面没有任何的提高；36%的学生在四年的整个大学生活中没有取得显著的提高……就美国高等教育而言，大部分学生认为学不到知识或所学知识有限。"①

如果大学发展目标模糊，自相矛盾，就不利于有效地教育学生。赫钦斯认为，"管理综合型大学的官僚们不关注教学，却关注如何获取更高的地位，赢得更多的资金"。他在当时就预见到："追逐金钱意味着大学要吸引学生，要做到这一点，就需要保证大学具有吸引力。这意味着，要极尽可能提供好的食宿并取悦学生。没人知道这些究竟与学习有什么关系。"赫钦斯认为，"年轻人的智力发展是由他们入学时间、听课的小时数、教师传递的知识中多少可以在测验中再现所决定的……显然，这些标准实际上检测的是忠诚、温顺和记忆力……不能认为这些知识就是智力水平的真实标志"②。大学应培养什么样的人才，人才质量规格的标准是什么，大学应怎样培养人才？雅斯贝尔斯主张大学要着力培养那些最有能力的、全心全意以真理探索为志业的、最优秀的学生，对有学习迁移能力的人而言，"学习和研究不再只是一项苦差，或者只是多种职业选择中的一种"③。这是一种探索真理事业的特权。雅斯贝尔斯所指的"最优秀"的学生，不能用单一的标准来界定，而是代表一大群将自己的生命的存在等同于真理之客观成就和效果的人。学术生活并不是为了获取世俗功能或者达到某种外在目的的手段，而是为学术而学术，是以学术为志业。在大学里，永远不能摧毁的古老柱石就是对人的培养和对真理的笃志追寻。

大学生是未成熟的，表现为尊崇真理、服从发展和信任坚持，由

---

① ［美］凯文·凯里：《大学的终结：泛在大学与高等教育革命》，朱志勇、韩倩等译，人民邮电出版社2017年版，第11页。
② 同上书，第49—50页。
③ ［德］卡尔·雅斯贝尔斯：《大学之理念》，邱立波译，上海人民出版社2007年版，第148页。

于"青春仅仅是准备性的,仅仅是走向某种未来的可能的使命"①。青年学生是创造的源泉,这是社会对大学生的价值期许。培养青年学生科学的思维方式和科学态度,了解知识意义的有效范围并随时准备接受批评和诚实思考的勇气,这是社会对大学和学人寄予的厚望。

第三节 流动与分层:学术阶层的天职追求

马克斯·韦伯揭示了大学的学术研究和学者的异化问题:青年学生认为今天的学术工作犹如工厂诞生的统计问题,只是简单机械地使用头脑,而无须全身心投入,大学成为资本经营实体,研究者在这样的体制构造中被异化,韦伯对这种研究体制提出批判,将其视为大学的危机之所在,呼唤研究者回到昔日专注学术研究的象牙之塔中去。② 以学术为志业需要具有强烈的学术研究的兴趣和动机致力于学术探索,这样才有可能激发学术灵感,从而进行献身学术的创造与创新。当然,学术研究也要承担一定的风险:也许终其一生也难以与灵感邂逅。学术界官僚化的产生缘于被强化的文化期待,官僚化的前提条件是支撑行政机构运营的稳定收入,并有相应的制度来保障这种支撑与供给的来源。在全球大学普遍扩张的背景下,现代大学的行政体制具有更高水平的理性专业化,科层制的扩张在数量和质量上都受到鼓励。大学里的官僚化从理性的角度讲,在技术上优于其他行政方式;大学制度完善与否,影响学术职业人和行政人员的职业地位和相互关系。学术人的职业地位和个人价值取向受到行政权力的影响,所以强调规则的学术机构,必然强调专业素质和能力,强调责任和权力。韦伯对现代社会的未来把脉是官僚制度不可避免,即使文化处于全面衰落的过程中,官僚制也没有被摧毁的先例。因为现代科层制的专业化和专门培训更有效率,包括作

---

① [德]卡尔·雅斯贝斯:《时代的精神状况》,王德峰译,上海译文出版社2003年版,第119页。
② [德]马克斯·韦伯:《韦伯论大学》,孙传钊译,江苏人民出版社2006年版,第115页。

为学术组织机构的大学，也日益依赖于分工和训练有素的专业人员从事教学、科研和管理，这种机制也日益不可或缺并科层化。技术专家加入行政管理行列是不可避免的，当下，人们对大学教育不断提出新的要求，而且都是最基本的社会需要，这都将通过科层制来满足。现在与未来社会将会发生巨大变革，在集权管理的社会，官僚化倾向将更为严重，分工和专门技能将更为明显，这将对大学文化变革产生影响。

现代西方社会受到科技发展水平的深刻影响，领先的科学技术支撑是其存在的合理性，正是科学技术的发展刺激了西方社会的发展。因此，在一定意义上，经济利益的考虑推动了大学的科学研究及其应用发展。当今现代化进程中的国家对科学知识的应用非常有利。这种科学知识应用的推动得益于社会结构的独特性：合理的法律结构和行政管理结构。韦伯以世界性历史问题的探索为开端，提出质疑："为什么在西方文明中，而且只有在西方文明中，出现了一个其发展具有世界意义和价值的文化现象，这究竟应归结于怎样一些环境呢？"[①]韦伯进一步指明，"社会科学产生于对实际问题的关注，并受到人们所要实现的社会变革愿望的刺激。在这种背景下，便产生了要订立法则以对人类社会和文化的现实予以陈述的动力"[②]。这是支配社会和经济体制运行的永恒存在的规律。在学术界，"身份认同政治"也一样存在，也就是"个体或组织化的群体创造目标、身份和团结，以提供意义和产生持续的社会承诺……组织的参与者并非简单遵守传统的模式，相反会做出不同的反应，有时会创造新的行动方式与组织方式"[③]。

---

① ［德］马克斯·韦伯：《新教伦理与资本主义精神》，彭强、黄晓京译，陕西师范大学出版社2002年版，"作者导论"，第10页。
② ［英］安东尼·吉登斯：《资本主义与现代社会理论》，郭忠华、潘华凌译，上海译文出版社2013年版，第172页。
③ ［美］W. 理查德·斯科特：《制度与组织——思想观念与物质利益》，姚伟、王黎芳译，中国人民大学出版社2010年版，第87—88页。

第四章　角色冲突：现代大学制度模式选择的内外困境

一　学术职业人在学术阶层中的"异化"问题

大学，更多的资源来自政府的提供，一是为了满足大多数学生对投入社会所需知识与技能的获取，二是为了满足学者开展学术研究和探索的旨趣，三是为了服务所在社区乃至整个社会的需要。其中，学术职业人该如何确立并保持其在学术制度体系中的优势地位？学术忠诚在塑造学术职业人整体精神风貌和养成其学术品格方面意义重大，大学校长和教授们对其所在大学和所属系科的挚爱以及对大学及学术声誉的看重，有利于激发大学内部与大学之间的良性竞争。研究的专门化需要学术道德自律的形成和一种更有成效的研究方式。布迪厄将大学设想为"科学场"的社会空间，他认为推动科学创新或进步的原动力在于谋求认同的利益追求，"方法是协助改变那些生产科学的领域的作用方式，改变在这些领域中参与竞争的行动者的性情倾向，从而改变在形塑行动者性情倾向中发挥着最为重要作用的制度机构，那就是大学"①。但同时，在一定程度上，大学及学术人正是在追求学术界认同的公共利益过程中走向了迷失和异化。马克思从以下几个维度探讨学术人和学术制度的"异化"问题。一是学术人是否有权利处置其研究成果，所创造的研究成果如果是私人资助，是否为公司或者私人所占有，研究者是否能从中受益？市场的介入，学术人也许不是在经济上，但是起码在研究旨趣和研究领域的选择上受到一定程度的限制。二是学术人在研究工作中的异化问题。研究工作是否还会给学术人带来内在满足感，是否还能使学术人自由拓展其研究兴趣和创造力？学术人从事研究工作如果仅仅是外在环境所强加的，是达到某种目的的手段，那么，读书研究探索就迷失了其"为研究而研究"的本源目的，学术职业人也很难实现其作为理性守门人的学术价值观。

大学是创造和传承知识的场所，这给予大学"一个正当的学术和

---

① ［法］布迪厄、［美］华康德：《实践与反思》，李猛、李康译，中央编译出版社2004年版，第247页。

制度的合法性",从而为学者提供了学术和制度的合法性身份。卡尔·曼海姆曾这样论述学术阶层的合法性,"从社会学的观点来看,与中世纪的情况形成鲜明对比,现代的决定性的事实是,受牧师阶层控制的,由教会阐释世界的知识垄断被打破了。在一个封闭的地方,完全由知识分子组成的阶层,一个自由知识阶层产生了。它的主要特征是,不断从经常变化的社会阶层和现实生活中吸收新的力量,并且它的思维模式不再屈从于等级制的组织规则"。而且"随着知识分子从严酷的组织中解放出来,其他解释世界的方式也逐渐被认可了"。在曼海姆看来这是需要"当今深深的忧虑"的问题,因为还出现了"缺乏整体性的思考方式"的问题①。我们只有在世代相继的精神传统的历史连续性中思考当下,才能对现实学术生活进行更深层次的探寻和把握。

二 学术界中学术职业人的分层与流动

资本是权力类型的一种资源,是一种具有等级性的强制权力,也是一种内部权力形式。文化资本具有阐释特殊种类惯例的特征,是一种文化认知结构。在一定意义上,文化资本既能设计客观社会等级结构也能设计公共机构的结构,如大学。就教育来说,不平等的文化资本享有权是现代社会中不平等的主要形式。从这个角度来说,高等教育的再生产在一定程度上也再生产了不平等的文化资本享有权。因此,布迪厄不赞同"通过教育减少社会不平等进而促进社会公民身份发展的传统观点"。他主张:"教育,尤其是高等教育,所造成的不平等同它所减少的不平等同样多。这是因为教育机构的主要理论是对社会地位、影响方式和经济力量的重新选择。教育机构并不直接再生产不平等关系。教育是一种通过不同的方法获取文化资本的手段,使社会资源不平等分配合法化的工具。"② 韦伯认为科层官僚制是支配

---

① [英]杰勒德·德兰迪:《知识社会中的大学》,黄建如译,北京大学出版社2010年版,第92页。
② 同上书,第109—110页。

第四章 角色冲突：现代大学制度模式选择的内外困境

当下社会文化传统的最主要的手段，是建基于"可计算性"，人的全面发展的想法已经让位于"专业人"的观念，传统的文化要素若要与现代职业人密切结合，那么，对职业人的文化传统的变革塑造就成为超越"依自己的形象而创造出来"的文化要素的关键。① 现代文化朝着复杂化、专业化的趋向发展，如果专业人仍是现代文化的根本特征，那么，"治理众人，不论以何种形式出现，终归意味着由'事'来管理"②。因此，人们在这个铁的牢笼中，成为一个秩序人。"任何一种支配现世的策略中都蕴含了朝向提高绩效的价值尺度，而科层官僚支配是在制度上最能够契合于这种价值的一种发明。"韦伯眼中的科层制，"属于一种既不值得去歌颂美化，也不需要去摧毁破坏的制度……人们应该利用它提供的机会，在现代西方理性主义的条件下将这种制度用来服务于人类有意义的作为之上"③。

学术人在学术共同体中的地位不同，处于不同的权力层级，正如默顿所言，"作为社会分层的一个结果，角色丛中的成员在塑造地位占有者的行为时并不会具有同等的权力"。在学术界，谁拥有更持久的权力？核心人物拥有更多、更大的权力。学术共同体中的成员并非"均匀地受到竞争压力"。大学学术职业人是"处于一个人自己角色丛中的那些人，会有实际和潜在的冲突性的角色期望经历，这在一定程度上对于地位占据者来说也是常见的……角色期望的这类冲突，对于拥有相同社会地位的占据者而言，变得具有模式化和共同性"④。布迪厄分析了大学权力的内部结构，他提出社会权力在大学这个棱镜中折射为学术权力与行政权力，并与社会权力密切相关。在大学教育世界为社会冲突与不平等提供了展现的舞台，教育规模的扩大并没有实现更大的普遍的社会公平，往往使经济资本、文化资本的不平等观

---

① [德]施路赫特：《理性化与官僚化——对韦伯之研究与诠释》，顾忠华译，广西师范大学出版社2004年版，第88页。
② 同上书，第89页。
③ 同上书，第123页。
④ [波]彼得·什托姆普卡：《默顿学术思想评传》，林聚任等译，北京大学出版社2009年版，第203页。

念在教育中被最终确定。布迪厄在《学术人》和《国家精英》中讨论道："文化资本可以产生经济资本，教育是文化资本的一种形式，但客观地说，在本质上不超越它自己的权力范围，它也是权力的一种来源。当文化领域在国家中尤其是在社会集团如阶级中变得越来越自主时，相应地，这种权力也正变得更加明显。教育变成一个文化领域，社会在其中为权力位置选拔人才，并分配地位和给予声望。学校和大学是主要的选拔机构。"① 正是大学发挥的选拔性功能的实现，将其与社会紧密连接起来，教育演变为社会差异的主要表现形式，因此，教育尤其是高等教育具有与生俱来的分层功能。

"二战"后，学术界的技术专家开始了专业化的进程，"分化最终形成了学科、分支学科和专业。我们变得越来越专门化，对当初激发科学好奇心的更大层面的问题反而日渐淡漠"②。伴随学科分化和专业化，学者流动的趋势也很明显——从发展中国家流向发达国家，这给大多数发展中国家造成了严重的关键人才失衡的后果。发展中、落后国家受过良好训练的专家学者都在北方发达国家工作效力，结果造成其本土国家严重的学术人才流失现象，诸如印度、中国台湾地区和巴基斯坦等国家和地区的许多科学家、教授、学者都在境外谋生，而发达国家，诸如美国、加拿大和澳大利亚等国从欧洲，特别是从英国接收了大量的学术精英。③

三 学术职业人的天职迷失与重塑

雅斯贝尔斯认为，在大学，最好的制度也有可能退化和扭曲。因为"思想向便于讲授的知识形态的转化最有可能消磨思想的蓬勃生气。一旦知识成果被纳入一个约定俗成的学术体系，这些成果往往就

---

① 转引自［英］杰勒德·德兰迪《知识社会中的大学》，黄建如译，北京大学出版社2010年版，第114页。
② ［美］查尔斯·维斯特：《麻省理工学院如何追求卓越》，蓝劲松主译，北京大学出版社2013年版，第55页。
③ ［美］菲利普·G. 阿特巴赫：《高等教育变革的国际趋势》，蒋凯主译，北京大学出版社2009年版，第147页。

第四章　角色冲突：现代大学制度模式选择的内外困境

表现出一种日薄西山的衰朽气象"。特别是在大学"泾渭分明的院系分工体制内，一个优秀的学者很有可能觅不到一席容身之地。而一个平淡无奇的学者，仅仅因为他的工作贴合传统的组织体系，则有可能要更受欢迎"[1]。因此，对很多学生和教师来说，"他们无论怎样勤奋工作或过度工作，仍无法获得真正成功的感觉"[2]。在公共机构和公共生活中，如果技术秩序的完善带来的却是工作其中的人的自由呼吸的丧失，这既是技术的荒芜，也是科学技术责任教育的缺失。因为，在这样一个技术理性支配的世界，人类还面临着失去自己世界主人地位的危机，面对"在这个世界里还有什么留给我们"这一难题，对于个人，答案或许是，"那就是你自己，因为你能"[3]。我们所处时代的精神状况要求每一个人为自己的真实本性而斗争。人的生活不能处于机械状态的支配之下，更无法忍受将自身降格为机器的俘虏。人只有通过交流才能建立起自我与他人间的纽带，如果缺乏这样的纽带，人的生活就将彻底地非精神化，就会变成一种单纯的功能，那将是人类的悲哀。因此，人应该摒弃那种自以为是世界主人的骄傲和妄自尊大。

科学技术并非无所不能，在其发展过程中也存在危机。科学技术的危机首先来自科学自身的活动。科学资源和研究方法的多样，使得科学探索的可能越来越广阔，未知的范围也越来越广，科学已经超出了个人操控，谁应该是科学的主人？具备科学精神和技术责任理念的人是科学真正的主人。可以说，科学真正的危机是科学中的人的危机。衡量危机的标准之一是进行科学研究的人是否一致坚守奉献科学研究的高贵事业。"这些自己承担风险的人怀抱着原初的求知意志，这种意志没有任何东西可以阻挠，除非发生了科学的危机。"[4] 如果

---

[1]　[德] 卡尔·雅斯贝尔斯：《大学之理念》，邱立波译，上海人民出版社2007年版，第109页。
[2]　[德] 卡尔·雅斯贝斯：《时代的精神状况》，王德峰译，上海译文出版社2003年版，第70—71页。
[3]　同上书，第212页。
[4]　同上书，第160页。

一个人只是出于实用的目的投身科学研究，他只能是一个"科学参与者"，只有为真正的求知意志所激励而献身科学研究的人，才是真正的科学家。正如汉娜·阿伦特所言："只要科学家们是在真正地从事科学活动，他们就很清楚地知道他们所获得的'真理'从来不是最终的，而是要在进一步的研究中不断地受到根本性修正的。"[①] 大学生只有据此改变对科学与科学家的迷信，才能成为真正的科学探求者和真理守门人。

与此同时，技术的进步并没有为我们创造一个完美的世界，而是在人类发展的每一个阶段都引发新的困难，成为这个不完美世界的新挑战和新任务。技术的飞跃来自发现、探索和创造的精神，正是在这种精神的驱使之下，技术才能不断进步。人具有开放的可能性，"人永远不限于他对自身的了解，而是超出他对自身所能了解的范围之外"[②]。教育的核心是人的尊严和自主性，因此，大学首先应将自身改造成为精神生活和技术对话的场域。针对科学技术发现所带来的巨大福祉和可能的危险，大学所能够选择的解困路径之一，就是以大学的理想和使命，消解科技发展给现代人所带来的困惑和迷茫，以开放创新的理念推动大学改革和创新。

第四节　需求与供给：办学市场的动力与压力

伴随着高等教育的大众化，民众、媒体等对大学发展及大学事务给予更多的关注，越来越多的人在接受高等教育，不同层级的大学所培养的毕业生具有不同的出路，在这些大学里，教师和学生的士气存在差异。高等教育成为公众舆论关注的焦点之一，谁来为高等教育代言？高等教育如何让受教育者安身立命？在精英高等教育阶段，人们对其充满信心！而如今，事关高等教育的公共负面舆论不时见诸报端

---

① ［美］阿伦特：《黑暗时代的人们》，王凌云译，江苏教育出版社2006年版，第25页。

② ［德］维尔纳·叔斯勒：《雅斯贝尔斯》，鲁路译，中国人民大学出版社2008年版，第10页。

第四章 角色冲突：现代大学制度模式选择的内外困境

与媒体，高等教育承载了太多的问责压力。高等教育的未来何在？而刚刚踏入大众化之列的中国，在社会变迁和教育改革的浪潮中又会做出怎样的选择？大学为了得到经费的支持所接受的问责，是基于研究或者大学建设本身必须承担的责任，还是基于外部压力的考虑？现实昭示着未来，教育的未来主要取决于外在因素而不仅仅是教育制度的内在因素。政治、经济、社会和文化的发展都将影响未来的教育，我们共同面临的问题是要建立世界新秩序，世界新秩序中的社会文化秩序将会对现在与未来的教育产生重要影响。因此，今天人们对高等教育的经济需求和价值需求都超过了以往任何一个时代，供给与需求的矛盾应运而生，市场价值观念的介入让这个原本就不简单的大学问题变得日益复杂。

大学不是企业，大学与企业的类型、性质、组织文化特点不同，二者分属不同的组织类型。但是，大学管理存在误区，出现了企业化的倾向，"大多数企业领导认为，学院和大学如果采用企业的做法的话，将会变得更有效率、更具生产力。相反，多数大学教员则认为它们的使命不同，高等教育能向企业学习的东西并不多"[①]。大学的重新建构和彻底改造一定合适吗？有观点认为："大学的一些冗余和无效是人类活动的总产品的一部分，而从根本上来讲，人类活动是人类生存的原因。这些冗余是应对危机时刻的一种极为重要的高质量的能力储备。勉强使大学有效率，可能使大学给社会带来极大损害。"学术机构的发展在广阔的政治、经济和社会背景之下，在大学里，20世纪深受美国理性主义和管理主义两个革新的影响，使得学术管理人员向商业管理者和经理人方向转变，这是对商业理念的屈服，也被称为"高等教育的悲剧"。高等教育同样承受了管理主义和理性主义的双重压力，但是情况没有最糟，高水平精英学院和大学在社会上拥有较高的社会地位、学术声望、专业水平和政治感召力，相比地方院校更容易获得社会的接受。"尽管它们不可逃避地被

---

① [美] 罗伯特·波恩鲍姆：《高等教育的管理时尚》，毛亚庆等译，北京师范大学出版社2008年版，第168—169页。

推向管理主义和惟理性，但它们能够更好地保护自己免于最坏的结果。"①

一 高等教育市场化带来的影响

制度产生的过程也是制度需求解释与供给解释博弈的过程，在现代大学治理过程中，产生各种各样的问题，若不是新问题，既有制度就可以解决；若是新问题，首先认识到这个问题是不是重复出现的问题，若不是，要特别解决，若是重复出现的问题，给问题定名；分析问题是否存在多种不同的解决方案，如果没有多种解决方案，就特别解决；若有多种解决方案，解决的方案是什么？应对的分类是什么？对这些问题进行进一步的理论化即应用扩散，从而形成新制度。②韦伯有一个十分有名的"扳道工"的比喻来阐述精神观念与物质利益之间的关系，"不是思想观念，而是物质的与理想的利益直接支配着人们的行为。然而，由思想观念创造的'世界图像'，像扳道工一样，常常决定着由利益动力推动的行动轨迹"③。这一观念很适合今日高等教育面临的市场价值取向。

高等教育市场化的活力打破了学术界的沉闷氛围，但是商业价值和市场标准在高等教育领域的泛滥，加剧了学术界的浮躁：论文追求数量、成果粗制滥造，甚至还出现了抄袭和剽窃事件。但是，高等教育市场化的底线不能冲破，学术尊严和学者的责任更不能忽视。而且，科学技术的发展确确实实为人类带来了新的进步和发展，因此，"有了头衔就有了指路明灯"④，我们的学者还是应该走向社会、走向世界、参与合作与竞争，在合作与竞争中服务和引领社会的发展。这是大学和学者应该承担起的社会责任。笔者认为，中国和谐社会、和

---

① ［美］罗伯特·波恩鲍姆：《高等教育的管理时尚》，毛亚庆等译，北京师范大学出版社 2008 年版，第 170 页。
② ［美］W. 理查德·斯科特：《制度与组织——思想观念与物质利益》，姚伟、王黎芳译，中国人民大学出版社 2010 年版，第 113 页。
③ 同上书，第 81 页。
④ ［德］汉斯-格奥尔格·伽达默尔：《哲学生涯》，陈春文译，商务印书馆 2004 年版，第 45 页。

谐大学校园的建立，在很大程度上依赖于对学术秩序的遵循、对学术尊严的敬畏、对学术规范的尊重、对学术道德的恪守。这应该是现代大学学术秩序和学术制度建构的一个新的增长点。

利益驱动引发学术人员流动，这势必影响办学市场。大学学术人员流动的原因之一是超高的薪酬和优越的研究环境：世界上大多数地区的大学工资水平比欧洲、北美洲国家和澳大利亚的低得多。在一国之内，大学教师的工资因教师的职称、资历、职位和院校类型等因素而不同。在西欧的奥地利、法国、德国和爱尔兰，一国之内工资差别最大，教师的最低工资只相当于最高级教授工资的一半。但是在芬兰、挪威、葡萄牙和英国，教师之间的工资相差无几。"在英国……有一篇文章鼓励学者通过兼职，比如提供咨询、审稿及其他有报酬的活动等挣外快。在日本，国立大学教授的工资与欧洲国家中等收入水平的教授大致相当，但在一些办得好的私立大学，教授的收入多少要高一些。在美国的博士学位授予大学，正教授的平均工资几乎比所有欧洲大学教授的平均工资水平都要高得多。"例外的情况出现在中国香港地区、新加坡和一些阿拉伯国家，工资相对比较高。但是，"即使是在一些大学系统较为发达且收入水平相对较高的国家或地区，比如韩国、中国台湾、阿根廷和马来西亚等，学术人员的收入水平也是较低的。在整个拉丁美洲，只有少数的专职教授从大学所获得的报酬就足以维持其中产阶级的社会地位。在这一地区的多数国家，高级教授的工资常常仅是其欧洲同行的三分之一，虽然他们的生活费用可能要低一些，但这也无法完全弥补其收入水平的差距。教授通常都要通过提供咨询、额外的教学或其他有报酬的活动来争取额外的报酬"①。

二 学历社会与高等教育市场竞争相互加剧

哈佛大学前任校长德鲁·福斯特曾慨叹："攻读人文学科和科学

---

① ［美］菲利普·G. 阿特巴赫：《高等教育变革的国际趋势》，蒋凯主译，北京大学出版社2009年版，第145—146页。

专业的学生人数比例大幅度下降，与此同时，攻读职业本科学位的学生大大增多……（难道大学）已变得过分迷恋为直接的物质目的服务了吗？难道市场模式已成了高等教育的基础，成了对高等教育性质的定位吗？"① 大学承载着再造、传承和创新民族文化组织者的职责，并与社会达成协议联盟。一个国家的学术研究地位领先于其他国家，主要表现在以下几个方面：科研人员撰写科技论文的数量，理工科博士数量，高科技产品出口额，科学与经济学领域诺贝尔奖得主数量，顶级数学家、物理学家、微生物学家供职院校所在国（地），经常被引用理工科文献的比例，国家研发基金投入占 GDP 的百分比，获取专利数等。对于中国在科研领域的崛起，美国高等教育专家、哈佛前校长德里克·博克在《大学的未来》中估计，"到 2020 年时，中国有望在以下几个方面赶超美国：每年毕业的理工科博士数量；研发投入占全球资金的份额；学术期刊上的论文占比以及高科技产品出口占全球总出口的比例等。除中国外，韩国、印度及其他的亚洲国家也在高速发展。简言之，现今世界的总体趋势是科技发展重心由美国和欧洲移向亚洲。只要这些亚洲国家的经济增速继续高于包括美国在内的西方各国，那么美国在科研方面研究地位动摇的趋势便会一直持续下去"②。科学技术、综合国力的竞争都会增加对学历的需求，从而加剧学历竞争，大学的功能也进一步引申为对大众进行职业培训服务。今日之世界处于知识经济时代，知识的地位价值与日俱增，大学功能的延伸需要制度建构来规范与引导："现代大学制度的伟大之处在于，它可以成为现代知识社会中互相交流的最重要场所。如此之多的不同种类的知识大量增加，再也没有任何一种知识可以把其他所有的知识都统一起来。大学不可能重建已打破的知识统一性，但它可以为不同种类的知识提供相互交往的渠道，尤其是为科学知识和文化知识提供

---

① ［美］玛莎·努斯鲍姆：《功利教育批判：为什么民主需要人文教育》，肖聿译，新华出版社 2017 年版，第 159—160 页。

② ［美］德里克·博克：《大学的未来——美国高等教育启示录》，曲强译，中国人民大学出版社 2017 年版，第 311 页。

相互交往的渠道。"① 因此，知识技能生产机构之间、不同种类的知识之间的竞争应运而生，而且越来越多的不同利益者的加入加剧了市场竞争。

哈佛大学的经济学家里查德·弗里曼出版了《过度教育的美国人》，书中预言："学历过剩将会导致大学毕业生薪酬长期下降。"《人物》杂志用弗里曼的书做封面，并提出疑问："大学学历依然还是步入白领阶层的通行证吗？"《纽约时报》头版介绍了这本书，"上大学就能过上好生活，在这种信念维系了几代人之后，上过大学的美国人正在失去他们的经济优势"②。今天答案依然是肯定的。1983年《美国新闻与世界报道》首倡大学排名，"这为新型的大学校长提供了一个肥沃的成长环境，这些校长更能适应时代的需求。《美国新闻与世界报道》中大学排名的依据是SAT考试高分学生和持有博士学位的学者的数量。申请人数越多，被拒的比例越大，学校就更独特，排名也更靠前。历史悠久的大学因其自身的声誉和历史具有得天独厚的优势，依旧处在当今大学排行榜的榜首，不过位列其下的那些大学，就有很大的流动性。校长不再是绅士型学者，取而代之的是帝国的建构者"③。大学排名势必加剧各国高等教育间的竞争。

三 文化资本在大学内外部关系中的变化

文化资本与金钱不同，因为文化资本不能控制，古尔德纳认为，文化资本"在教育方面它（文化资本）不依赖私有部门"，知识分子并不控制文化资本——知识等，"在高等教育中，权力是松弛的而不是紧张的。因此高等教育变成当今社会中一个主要的'世界主义的影响因素'"④。在大学中，文化资本与文化交往有关，而现代大学的

---

① ［英］杰勒德·德兰迪：《知识社会中的大学》，黄建如译，北京大学出版社2010年版，"导论"，第7—8页。
② ［美］凯文·凯里：《大学的终结：泛在大学与高等教育革命》，朱志勇、韩倩等译，人民邮电出版社2017年版，第57页。
③ 同上书，第58—59页。
④ ［英］杰勒德·德兰迪：《知识社会中的大学》，黄建如译，北京大学出版社2010年版，第100页。

交往方式存在三种类型：一是大学与社会间的交往联系。"随着专家系统与公众意见之间交往的增多，大学的职责也会改变。在这种背景下，大学是专家文化与普通文化辩论的一个重要场所。对绩效的要求在不断增长，新生的'审计文化'已经对大学造成了冲击……如果大学准备适应社会的这些变化，它就必须寻找新的方式来对这些变化做出反应，并准备承担更为普遍的科学权威性的丧失。"二是各不同学科之间的交往关联。"不同学科和不同科学间的跨学科交往将会越来越重要，也将改变大学的内部结构。大学作为社会批判功能的主要承担者必将跨越不同科学的界限而扩散到其他学科领域中去……目前，解决的方法只能是'学术资本主义'中纯管理或是纯企业的办法。"① 三是大学与国家间不断变化的交往关系。在国外，"随着国家逐渐成为一种起调节作用的力量，而不是一个唯一的供给者，大学将不得不同非国家的参与者谈判。这是大学面临的最困难的挑战之一……一条尚未开发的路径就是创造不同类型的大学，使它们能满足不同功能的要求"②。解决大学与国家间交往关系的办法存在多种选择：一种方案是让更多小规模的大学承担，而不必过多考虑规模效益的问题。另一种方案是，伴随着一些国家减少对大学的政府资助与投入，大学可以在培养技术与文化公民方面发挥更大的价值；特别是在国际性成为评判大学的一个重要指标的情境下，作为全球性交流团体的大学是培养跨国界的世界公民的最佳承担者。事实上，高等教育的隐形围墙，包括制度、资金、传统、惯例以及相关的社会资源，这堵墙比大学实际的校门还难跨越，是对高等教育竞争市场中竞争对手的牵制，即使科学技术带来了社会的深刻变革，但是发达国家大学对金钱的追逐从未停止，因此高等教育也将变得越来越昂贵。③

---

① ［英］杰勒德·德兰迪：《知识社会中的大学》，黄建如译，北京大学出版社 2010 年版，"导论"，第 9—10 页。
② 同上书，"导论"，第 10 页。
③ ［美］凯文·凯里：《大学的终结：泛在大学与高等教育革命》，朱志勇、韩倩等译，人民邮电出版社 2017 年版，第 112 页。

第四章　角色冲突：现代大学制度模式选择的内外困境

一直以来，作为学术组织的大学在自由自治与政府管理之间博弈生存，存在两种进化路径：一是让大学在自由市场中竞争、淘汰、繁衍或改变。二是利用外在监管和政府扶持的方式去为大学保驾护航。传统的大学直到20世纪一直都处于政府高度保护状态，这给大学的发展带来很多好处。同时，现代大学也受到其自身演变发展的另一种模式——泛在大学模式的挑战。卡内基—梅隆大学的教务长康莱认为，大学"在应用和开发泛在模式，它们也通过自己的智慧和努力种下了自我毁灭的种子。所有联邦政府资助的实验室中的学者们在很努力地思考定义这个时代的两个知识性问题：人类认知的本质和信息技术的使用。现在这些想法和技术已达到成熟的关键时期。世界在教育如何发生以及人们如何学习这一大的转变的边缘静止——大学无处不在。全球各地的人们将能进入远胜于他们之前可以进入的任何学习环境。在信息技术革命前建立的泛在大学组织模式已经变得非常脆弱。无论他们知道与否，美国内外所有的大学都在和飞速发展的未来赛跑，历史表明，大多数窘境中的陈旧的组织模式将会淹没在尘埃中"[①]。

第五节　失范与坚守：学术不端的整治与规范

高等教育面对多元化的发展趋势和日益增多的期望所带来的挑战是巨大的，而且"大学在众多压力下去改革长久以来的传统和教学方法，要对它们的活动和资源的使用负责，并且需要关注广泛的社会问题。各国政府已经实施高等教育多元化政策，鼓励更好的运作效率，提高生产率，增加财政独立，在院校之间促进更多的竞争。此外，一种新的教育'消费者'也越来越要求高校实行更严厉的问责制"[②]。就现代大学制度的内部结构而言，是本着提高绩效的要求，

---

① ［美］凯文·凯里：《大学的终结：泛在大学与高等教育革命》，朱志勇、韩倩等译，人民邮电出版社2017年版，第72—73页。
② ［美］菲利普·G. 阿特巴赫主编：《世界级大学领导力》，姜有国译，中国人民大学出版社2014年版，第118页。

采用精准、高效、成本低、富有弹性、客观公平的理性决策行为形式。科层化机器有效运用的前提是将其"精神上予以贫瘠化",使其像机器一样盲目地服从命令,免受个人观点干预,使人做纯粹的工具性的运用。① 当下,大学里的学术人员面临着绩效原则、绩效压力、专业训练再提升的压力。然而,在学术界内部,锲而不舍专注于学术研究的人数并不多,研究机构的学术声望,以一种权威的方式表达和体现其学术标准。学术界及学术职业人怎样才能坚强起来,变得真正自信?科学研究的动力产生于哪里?是大学、学术职业人自身还是强有力的大学校长的科研态度?齐格蒙·鲍曼曾说,"现代社会过去一直都是、现在也是而且将来还会是一个被设计来压制它,甚至可能彻底扑灭它的组织"②。而"在社会失范——不受任何社会约束——的情况下,人们就会无视伤害他人的可能性而做出各种反应"③。

一 学术失范的社会与个人根源

在一定意义上,社会的时代精神力量决定着学术职业和大学教育事业的成就。学术世界能否建构一种共同的信仰体系并以此实现其社会化的目的?美国大学制度最让马克斯·韦伯称道的地方是:官僚化制度日益深化但是竞争使其活力倍增。虽然马克斯·韦伯不赞成从"平等"和"生活保障"的角度来思考大学的未来,他主张从教师和研究者是否能保证言论自由的角度来考虑大学的变革,但是,从根本上而言,马克斯·韦伯仍然希望德国大学的教师能够获得生活保障。学界对韦伯的评价一般都停留在其对现代性的考察上,从批判的视角来分析资本社会——从社会批判到大学批判再到学术等级的批判。由于价值信仰与学术旨趣之间存在冲突,价值信仰也影响着教育的选

---

① [德] 施路赫特:《理性化与官僚化——对韦伯之研究与诠释》,顾忠华译,广西师范大学出版社2004年版,第115页。
② [英] 齐格蒙·鲍曼:《现代性与大屠杀》,杨渝东、史建华译,译林出版社2011年版,第2页。
③ 同上书,第6页。

择，因此，对利益的过度追求导致了人的冷漠，单纯地追求利益、信仰冷漠、享乐至上，这些与大学的传统价值观大相径庭。

在一个具有共同信仰的时代，这种情境是被允许的："大学同时作为精神生活中心和教育机构而存在，我们不能只满足于向年轻一代传授知识，提供精神生活中使用的工具，还应当担负起其他一些任务，诸如培养完整的人格，传授信念和思想品质，教给他们对生活中所有重大问题做出实际判断的立场，重建一个统一的世界观，发表关于世界观的宣言……有了一种能做出价值判断的意识和一种世界观，支离破碎的专业知识就会重新整合为统一的知识……学生在大学教师身上应当找到的不仅是一个教师，也是一个为自己的意愿指明目标，为自己的个人发展指明方向的导师。"① 虽然韦伯也被学生尊为导师，但是，针对德国当时缺乏一个统一取向背景下的一致性的社会现实，他反对这种倾向。现代学术职业人的人格特质与现代资本主义早期企业家的特点相似：勤奋工作、生活勤俭、为人善良而矜持，"现代生活不但要有勇气面对紧张，生活本身其实就是时时处在二元论的、多元价值的紧张之中"②。世界对操纵和意义的魔咒解除既不是靠逃避，也不是靠顺应，而是靠现代人所需要的一种自我控制。韦伯认为因丧失自信与自由而失去论说生存于世的勇气和责任，那将是最可怕的。韦伯清醒地认识到，人们尽享人类进步所带来的舒适和丰富的现代生活的繁荣背后，决定于现代经济的社会关系却无情地牺牲了精神价值的所有尊贵与美好。学术职业人在学术研究的道路上所遇到的种种问题，都要回到其学术专业上寻求解答。

二 大学制度的缺位与规范建构的可能

人类社会的发展与技术进步携手并进，理性化和官僚化是现代大学必须面对的现实问题，制度化和功利化是现代学术职业人必须要面

---

① ［德］玛丽安妮·韦伯：《马克斯·韦伯传》，简明译，中国人民大学出版社2014年版，第254页。
② ［德］施路赫特：《理性化与官僚化——对韦伯之研究与诠释》，顾忠华译，广西师范大学出版社2004年版，第54页。

对的切实问题。大学治理的基础虽然不能归结为卡利斯玛型统治,但是,大学的科研团队建设,学术领袖和领军人才确实能够将一些有共同学术研究旨趣和学术理想使命的人吸引在其周围,并为具有这种能力的人创造了获得权力的机会。大学现行的行政管理体制,行政人员具有明确的职权范围和责任划分。大学的治理也应该是受规则支配的、持续不断的行为;职权范围赋予并保障学术职业人的必要权力,明确强制性规定的条件,管理人员需要受过专业训练与培训。大学制度设计的必要性是为了大学事务有效运行,因此制度是一种有目的的机制。遵从合理的制度,在一定程度上提高了人的自由度。制度无法让所有的人满意,但是在兼顾传统与创新之间,大学要有"一种级别和功绩的意识,有一种尊重老人的情感。每个学者都希望感到自己在同事中受到欢迎,都希望被同事们所推许而不是被他们压制"[1]。大学要培育一种相对独立的学术和制度氛围,因为"不管大学的制度有什么缺陷,它毕竟是理念得以实现的场所。它可以向我们确保一个学者共同体的存在"。即使是基于个人荣誉的需要,栖居于这样一种制度安排之中,都会使人得到一种特殊的满足。"如果不被大学所接纳,或者被它所驱逐,那对人是一种伤害。"[2] 换言之,大学制度与大学理念二者的割裂会消解大学理念与大学制度的共生、完整和联系。

雅斯贝尔斯认为,如果没有作为制度存在的大学的保障,"学者的学术生命和学术工作就有付诸东流的危险。学者的学术生命和学术工作应该成为由制度条文来保护的传统的一部分,以便后来人可以从他们身上受益"。学者在学术研究中需要某种形式的合作,制度是对这种合作的一种保障。因此,学生与学者要热爱和珍惜作为制度存在的大学,将抽象的大学理念具体化,变成可以实现的目标。否则,"全面的组织化和毫无弹性的选拔机制会使得人们的行为为了某些特定的目标而变得整齐划一——而不久会导致整个体制的瘫痪。精神的

---

[1] [德]卡尔·雅斯贝尔斯:《大学之理念》,邱立波译,上海人民出版社2007年版,第120页。

[2] 同上书,第115页。

第四章　角色冲突：现代大学制度模式选择的内外困境

生命会枯萎。制度会成为衡量一切事物绝对而最终的权威"①。

关于个人间与组织内层次的制度建立，罗伯特·阿克塞尔罗德根据"囚徒困境"概念来研究缺少中心权威的各种情景，在学术组织中，权威的缺乏和中心地位的丧失，会使对制度的遵守受到侵蚀。大学发展中的桎梏和束缚是什么？应放弃什么？默顿分析美国社会产生越轨行为的原因时指出，"当一个文化价值观体系几乎高于一切地颂扬广大民众中某种共同拥有的目标，而社会结构又对同一群人中相当大一部分人严格限制或完全关闭了实现这些目标的被认可的途径时，越轨行为就会随之大规模地出现"。学术上的违规行为，"这是文化上被接受的价值观与社会践行这些价值观时存在有结构性困难之间的冲突，这些价值观对越轨行为和规范体系的瓦解产生了压力"②。学术领域的越轨行为，"是对这样一种不一致的反应：科学文化中对独创性发现的极大强调和许多科学家在作出一项独创性发现时所经历的实际困难之间存在着差异。在这种压力情况下，出现了各种适应性行为，其中的一些远远超出了科学伦常的范围"③。

三　学术制度的缺位与学术责任的失守

在学术文化和制度手段之间，个体寻求适应模式。对于学术规范和学术伦理，学术共同体成员都可能或者遵从或者越轨，因此，可以得出这样的结论，"一部分学术责任正体现在学术言论中的文明行为，通过这种方式，我们以身作则，鼓励和弘扬我们所崇尚的宽宏大量的态度和行为……以避免出现可以误导研究或导致产生急躁情绪的压力"④。因为"科学技术本应为维持和推进社会生活的发展作出贡献。由于人们的高度信任，科学研究活动的成果所带来的知识和信息已经

---

① ［德］卡尔·雅斯贝尔斯：《大学之理念》，邱立波译，上海人民出版社2007年版，第164页。
② ［波］彼得·什托姆普卡：《默顿学术思想评传》，林聚任等译，北京大学出版社2009年版，第178—179页。
③ 同上书，第179页。
④ ［美］唐纳德·肯尼迪：《学术责任》，阎凤桥等译，新华出版社2002年版，第225页。

渗透在我们日常的生活当中。仅就这些知识和信息构成了我们现代生活的基础而言，一旦其中混入了'通过不端行为而获取的研究成果'，那它带给社会生活及其体系的危害是可想而知的……如果对这些不端行为置之不理，那么现代社会有可能从根本上崩溃"[1]。

大学学术秩序建立的历史，是以研究和教学为志业的学者和科学家，取代业余的学者和科学家而获得胜利的历史，同时也是学者和科学家在学术界取得支配地位的历史。因此，大学的学术秩序是指教学秩序、研究秩序及其研究机构形成和发展的过程。这种秩序的建立是学者和科学家通过"学术论文、授课和研讨班来与自己的同行和晚辈发现并交流真理"[2]，并被广泛吸收到研究机构的过程。从这个意义上说，在大学和科研院所，科研伦理的启蒙、教育和规范比失范调查、取证和惩罚更为重要。大学为什么能够建立起学术秩序，也就是大学内部的科学和学术制度体系缘何得以建立？一方面的原因在于大学的教学功能，而且教师能够利用教学的"间隙"从事科学研究，教学与科学研究的结合使得大学为学术机构培养新生力量，从而确保自身在学术体系中的中心地位。通过大学的教学和研究激发并持续保持学术人对学术共同体的认同感、忠诚感和归属感。大学的综合性通过教学和研究对整个学术范畴的覆盖表现出来，从而使得大学成为一个共同体，并将各自不同的、专业化的学术兴趣联系在一起，最终受到社会的广泛尊敬。大学的教学和研究引领着各个学科的未来发展，并将这种影响扩及学术界的新生代，而且这种影响又超越了教学内容本身，学术共同体以此会获得进一步的发展和提升。师生之间的互动不仅使得二者之间的关系融洽，而且更能激发彼此的活力和热情；教学和研究的结合促进了各个学科间的关联和认同。另一方面，大学在学术秩序中处于支配地位，一个关键性的原因是大学同时从事基础研究和应用研究，不仅提高了其在务实社会中的声望，而且创造出赢得

---

[1] [日]山崎茂明：《科学家的不端行为——捏造·篡改·剽窃》，杨舰等译，清华大学出版社 2005 年版，第 2 页。

[2] [美]爱德华·希尔斯：《学术秩序——当代美国大学论文集》，李家永译，商务印书馆 2007 年版，第 5 页。

尊重的学术研究成果。可以说,"合法地进行学术活动,就要求有学术自由。学术自由是进行学术活动的自由。学术活动是教学、研究以及研究与反思结果的出版……学术自由的理由是它能保护教师在道德和学术上的正直。它能保护教师在追求和阐释真理方面发挥他(或她)的学术能力。即使他只是重新发现了已知的真理,并且由于他自己的研究对这些真理有了更好的理解,他也是在对学术天职做出响应,他应该有自由去这样做"①。

第六节 竞争与机遇:全球化对大学发展的挑战

无所不在的全球化被誉为"流动的现代性",其实质一方面反映了世界各国跨越时空联系与依赖的与日俱增,另一方面也是各种政府间与非政府间组织力量的融合、交流与博弈。20世纪90年代以来,各国的全球化"跨国互动与影响变得极为复杂,难以预测和掌控。这个世界并没有因为全球化而变得真正'扁平'"②。对全球化基本上有三种观点:第一种是抗议自由贸易的全球盛行加剧了世界范围的不平等。第二种认为经济新自由主义繁荣了世界经济。第三种持中立观点,认为全球化为世界各国人民提供了便利而迅捷的交流。同时全球化也为世界各国画像:主动全球化的、被动全球化的和被全球化边缘的国家与社会。全球化对大学管理、大学改革和学术职业产生了影响,全球高等教育的共同发展趋向是:由精英到大众的体制转变,政府对高等教育经费投入削减,政府对高校办学自主权的松动与进一步放权,大学需要对政府承担更多的社会责任和问责,政府呼唤大学提升教学质量,大学对教师的教学质量开始启动问责制,大学教师的教学科研考核压力剧增,大学对教师教学改革、课程革命、信息技术在教学中的运用等实践要求日益纳入大学的整体发展规划等。全球化给

---

① [美]爱德华·希尔斯:《学术的秩序——当代美国大学论文集》,李家永译,商务印书馆2007年版,第249页。
② [美]简·柯里等:《全球化与大学的回应》,王雷译,北京大学出版社2010年版,"总序",第1页。

大学带来的这一系列影响的结果是，在世界范围内，教师的教学科研士气未被点燃却更加低落，欧美大学中终身教职不仅受到质疑而且有些国家直接取消了终身教职，一改专职教师作为学术团队主体的传统惯例而代之以逐渐增多的兼职教师。大学越来越倾向于选择企业化管理模式，从而导致了全球化的双重本质：同质化与本土化并存。全球化是一个过程，每一个国家、每一所大学对全球化的回应都是独特的。各国政府和大学校长要警惕的是应对全球化，大学的选择是多样的，而不应该仅仅局限于一国模式；更应认识到，不是仅仅存在美国一种模式。

一 经济全球化与高等教育的全球化

大学为什么会融入全球化洪流？知识模式的生产一改以往国家资助的唯一方式，企业的介入，加上知识具有普遍性的特征，知识成为全球化的首批原住民之一，而且伴随着人类社会迈向知识社会，对知识的依赖性更强，高等教育的大众化和信息技术向全球拓展，知识公共性特征愈益彰显，专家和精英主导文化受到问责考验，逐步丧失了合法性而陷入文化危机。① 无所不在的全球化可以理解为一种现代性的、超越时空的流动，包括思想、资金、技术、价值观、人才、物质产品以及信息等的流动。全球化在分化也在不断地整合着自由流动和相互联系的各种利益关系和各种力量，全球化的参与力量不仅包括各国政府，还包括跨国商业集团、文化传播机构、民间组织、中介结构以及宗教团体等。全球化的过程就是这些力量之间碰撞和交融的过程。从20世纪90年代开始的全球化，由于各国经济社会发展的程度、历史文化传统不同，全球化的影响在整个世界范围内是不均衡的，跨国流动和影响也非常复杂，而且全球化的一些规则和制度安排都由发达国家及其机构操纵组织，因此，全球化的结果难以掌控和预测，在一定程度上会造成一些恶果，诸如加剧

---

① ［英］杰勒德·德兰迪：《知识社会中的大学》，黄建如译，北京大学出版社2010年版，"导论"，第6页。

第四章 角色冲突：现代大学制度模式选择的内外困境

社会阶层的分化，导致社会矛盾和冲突加剧，从而形成反全球化的力量。大学作为人才培养和科学技术发展的中心，无可避免要受到全球化的波及，斯科特从三个方面分析了全球化给大学带来的深刻影响的必然性：传播民族文化的责任；信息技术的发展和全球网络文化的形成促进大学标准化教学；动摇了福利国家大学公共财政来源的基础。①

作为一种不可抗拒的历史力量的全球化，是一种新的思维方式和新的精神状态，因此，中国的高等教育不能够故步自封，无论在大学理念、心态还是管理和政策方面，都应该紧紧跟上日益开放的社会节奏。中国在全球经济、政治、军事和文化舞台上的影响日益重要，对全球化的参与呈现出全方位且程度日益加深的趋势。但是，对于全球化的影响程度、作用方式和力量根源以及不同回应，我们还缺乏系统深入的认识和理解。特别是中国正行进在创建高等教育强国的征程中，要充分发挥所拥有的世界上最庞大高等教育体系的优势，理性看待自身发展历程中的曲折与困境，特别是要警惕学术精神传统在这些曲折中所遭受的消磨与侵蚀，深入思考在融入全球化的过程中，如何保有自己的独立和自信，在全球化的契机中，努力做到既增加"学术的原始资本积累"，又能对学术传统进行补课和认同，所以全球视野和本土根基的协同，是一种有学术智慧的行动选择。

高等教育的全球化表现为：全球资本对高等教育和知识产业发生了巨大兴趣，在世界范围内，这是有史以来第一次对教育和培训的大量投资。全球化背景下，出现很多新现象：知识社会的兴起、高等教育作为服务业的出现、社会经济增长对知识产品和各种人才的依赖和需求等。发达国家的高等教育受到国际社会的更多关注。虽然国际化不是一个单向流动的过程，但是大批学生从南方、从发展中国家流向北方的发达国家。不断成长的学术和科学家国际市场，以及课程设置

---

① ［美］简·柯里等：《全球化与大学的回应》，王雷译，北京大学出版社2010年版，第2页。

的国际化都呈现出同样的趋势。① 世界各国创建世界一流大学的全球战略，见证了科学技术突飞猛进的时代。科学技术的进步推动了国民生产总值的快速增长、高等教育成本的不断增加，为家庭接受高等教育增加了财政支出，全球化是中国乃至整个世界面临的一个广泛的政策议题，旨在超越校园的藩篱，以全球高等教育的变革来带动引领本土大学的改革与创新。

二　发展中国家学术职业面临的全球挑战

全球化也是一把双刃剑，"全球化可能产生更大的多样性、更广泛的趋同性，激励更多的社会积极分子和造成社会控制更严格。此外，全球化也激起了很多矛盾：全球文化的兴起会导致本土文化的消亡，经济全球化会导致民主的丧失，福利国家的消亡并且最终有可能导致民族国家无法产生"②。这种观点有过于悲观的倾向，但是，全球化会对本土化产生一定的冲击，本土化在一定程度上也会对全球化作出某种抵制。理性地说，全球化对本土文化的改变并不是对本土文化的破坏与毁灭，各个民族国家在全球化潮流中，都应着力思考和解决如何建构与变革本土文化，如何更好地适应世界文化发展趋势，如何真正引领文化创新等问题。国家可以像制定规则与法律来规范经济行为一样，来规划与规范全球化进程中的高等教育的进路选择。戴利这样评述全球化的作用："通过自由贸易、资本自由流动，以及自由地进行（或者至少是不受控制的）人员流动，逐渐消除国家之间的经济边界从而使经济全球化，会给那些致力于谋取人类共同利益的主要社会组织带来致命的打击。"③ 美国当代社会文化人类学家阿尔君·阿帕杜莱通过贫穷国家在全球化进程中受到的影响，来描述全球化过程，"运动的世界、流动的世界，其中流动着很多观念、意识形

---

① [美] 菲利普·G. 阿特巴赫主编：《世界级大学领导力》，姜有国译，中国人民大学出版社2014年版，第100页。
② [美] 简·柯里等：《全球化与大学的回应》，王雷译，北京大学出版社2010年版，第7页。
③ 同上书，第8页。

态、人员和物资、形象和信息、技术和方法"①。世界的高等教育在应对和把握机遇与挑战中变得举步维艰,但是大学的价值观还要坚守;特别是在这个日益复杂的世界里,巩固和强化大学社会灯塔的引领角色,明确新兴学科的未来,"开辟新的智力通道,以便理解物理、生物、经济和艺术世界"②。

高等教育的全球化表现为学术人员、资本、知识、技术在全世界范围内的流动,这也是世界范围内的社会关系的强化。任何大学和学术组织都无法置身于全球化进程之外,"全球化是一个不断深化的全球各地互相联结和相互影响日益深化的发展过程,也是一种尚未完成的状态。全球化并不是一个同质化的过程,而是一个充满差异甚至张力的过程。全球化最为突出的问题,产生了新的社会分化。新的全球网络的逻辑同时具有'吸纳'与'排斥'两个方面"③。全球化提供了机会,使得学生和学者可以在世界上的任何地方进行学习和工作,但是,在许多方面,全球化也强化和加剧了"现存的不平等,并且形成了新的壁垒"。有学者认为"全球化损害了发展中国家的利益,扩大了国际不平等"④。为回应全球竞争环境,以世界一流的标准创立新的大学成为一些国家的战略选择。发展中国家大学的研究成果时常需要借助国外科研标准来认证,如影响因子、国外权威期刊、科研评奖等,但是即便将西方的标准奉为圭臬,也存在很多问题,因为"虽然第三世界的学者们努力与世界科学保持一致的步伐,但他们处于明显的竞争劣势。科学出版界的组织方式使来自第三世界的新兴国家和地区的科学界望而却步。虽然大学寻求参与国际最高水平的研究和教学是可以理解甚至是必要的,但对这些外部规范的过度依赖扭曲了学术发展并对院校和学术职业带来了不

---

① [美]简·柯里等:《全球化与大学的回应》,王雷译,北京大学出版社2010年版,第9页。
② [美]查尔斯·维斯特:《麻省理工学院如何追求卓越》,蓝劲松主译,北京大学出版社2013年版,第34页。
③ [美]菲利普·G. 阿特巴赫:《高等教育变革的国际趋势》,蒋凯主译,北京大学出版社2009年版,"丛书序言",第1页。
④ 同上书,第23—24页。

切实际的期望"①。

三 高等教育全球化与国际化的区别共建与互鉴

全球化不同于国际化，有人认为全球化是一种文化现象，是"西方化、美国化、现代化以及价值观趋同"。有人从政治角度探讨全球化，是"民主化或者民主实践的扩大"。有观点认为，全球化与遵循国际规则运作的特殊经济组织有关，诸如世界银行、"经合组织"、"世贸组织"和国际货币基金组织，还有从事国际事务的联合国及其所属的联合国教科文组织等，这些组织不仅推动自由贸易和全球商业实践，还从事国际非营利事务。②舒尔特认为全球化与国际化是不同的概念，国际性是地区间关系，全球性是超越地理划界，"全球关系是远距离跨界交流，而国际关系则是无距离的跨国界交流"③。例如，欧盟这样的国际化组织，"代表了想法和人才的积极交流并促使世界变得更宽容。理想状态下的国际化应该是世界不会由单一文化或经济体系主宰，而是一个文化与民族多样性都被接受和重视的多元世界。促进国际化的组织（如联合国及其下属机构等），更倾向于在民族国家中实现平等代表制和人道主义的目标"④。全球化"代表着新自由主义的、以市场为导向的力量，以产生无国界的世界；国际化代表着国家之间能够具有更大的宽容性以及能进行更广泛的思想交流"⑤。在全球化浪潮中，现代大学成为一个全新的民族机构，斯科特认为，现代大学处于这样的国际环境中，"国际主义旧有的新帝国主义概念根本没有消亡，并已经换上了新的全球化的面具。这些进程……不能被简单地视为重复旧的仍由西方错误主宰的国际主义，而是由现代信息技术创造的新的国际主义。全球化不能被简单视为国际化的一种高

---

① ［美］菲利普·G. 阿特巴赫主编：《世界级大学领导力》，姜有国译，中国人民大学出版社 2014 年版，第 199 页。
② ［美］简·柯里等：《全球化与大学的回应》，王雷译，北京大学出版社 2010 年版，第 6—7 页。
③ 同上书，第 11 页。
④ 同上书，第 12 页。
⑤ 同上书，第 13 页。

第四章　角色冲突：现代大学制度模式选择的内外困境

级形式，不应把它们的关系看成是线性的或简单累积的，而是实际辩证的。在某种意义上新的全球化也许是旧的国际化的敌人。如果的确是这样，大学的作用就更具争议性"①。

当下通行的学术文化价值观是以竞争推进高等教育的国际化，欧盟是欧洲各国合作的一种方式选择，通过教师、学生的流动来提高教育教学质量的吸引力与竞争力，"经合组织鼓励大学把国际化当成融入全球经济体系的准备。这表明以前国际化是被视为一种提倡宽容以及国际主义的方式，而现在则将国际化视为全球化"。为适应高等教育的国际化需求，"大学必须在其教学内容、方法和目标上变成更适应行业与市场的需求"。经合组织的全球化特征，"倾向于新自由主义全球化并鼓励在教育服务方面进行跨国合作的机构……经合组织的目标是促进经济增长和自由贸易，使大学在教育方面进行进一步交流"②。国际化是具有区分度的，如今世界许多大学试图通过研究项目的交流提高大学的国际化程度以展示更大的包容性，这与通过招收研究生项目扩大收入的情况不同，（后者）不是国际化，"是大学新自由主义全球化进程的一部分"。但也有一些大学参与的是两种不同类型的项目，从而增加了国际化的复杂性："一种项目是教师/学生交流，以及本着合作与国际化精神向第三世界国家的学生提供奖学金，另一种类型的项目是靠招收留学生来获得收入。"全球化席卷各个国家进入全球市场竞争，各国政府纷纷出台政策鼓励公立大学增强竞争力以企业化的方式进行市场竞争，"教育中体现的社会公共政策在逐渐减少，而日益成为经济政策的一部分……这已经影响了大学的资金来源和它所进行的有关研究种类、学生概况、教师工作量、院际关系等方面的管理"。在全球市场竞争压力之下，政府强调大学的实际功用价值并为国家利益服务，引发的功利结果之一是学生将上大学视为实现其经济价值目标的工具，人们"开始以一种更现实的眼光来看待

---

① ［美］简·柯里等：《全球化与大学的回应》，王雷译，北京大学出版社2010年版，第13—14页。

② 同上书，第13页。

大学",政府鼓励大学与企业合作,高等教育培养的人才和创造的研究成果都可以跨越国界流动,从而"创造出一个无国界的高等教育体系"[①],因此大学具有通过互联网进行网络教育进而超越国界结成联盟的优势条件,泛在大学由此产生。

---

① [美]简·柯里等:《全球化与大学的回应》,王雷译,北京大学出版社2010年版,第14页。

第五章 实践路向：现代大学制度模式建构的中国特色

以中国现代大学独特的组织文化为根本，来参验西方大学制度模式的样态；从对中国大学现实生活世界的终极肯定出发，来求索真正适合中国现代大学制度建构的模式选择：在一定意义上，这应该是中国特色现代大学制度建构的实践路向。中国现代大学制度模式的建构既应是理性的选择，也应是效率和问责的实践。制度是弹性的，大学里的各阶层人员都可以处于选择状态，标准和理性才能够获得用武之地。现代大学制度是现代学术共同体的共同制度，共同制度的遵守在于"针锋相对"的决策规则：善意——合作，理性——共同遵守，宽容——有助于恢复合作，明确——相互理解，从而引导学术共同体长期合作与遵循。虽然有人称囚徒困境是一种游戏，但是在学术组织中，同样存在这种游戏。现代大学制度发展也是一种囚徒困境的博弈。学术组织中的各种稳定的合作规范的出现，都有一个决定性的因素在发挥作用，而且，它在"未来必须有足够大的收益"[①]。研究现代大学制度模式，就要试图解释社会制度、社会模式、社会组织的形式，而不能仅仅关注其他制度或社会整体的更大的功能。现代大学制度创建的依据是："高等教育的目标决定了大学的模式、大学的组织方式，以及在大学工作的人员。一些人认为没有办法协调人们对高等

---

① [美] W. 理查德·斯科特：《制度与组织——思想观念与物质利益》，姚伟、王黎芳译，中国人民大学出版社2010年版，第126页。

教育的不同愿景。"① 但是，人们已经越来越认识到：在未来无论是激烈的竞争还是充满困难的形势下，管理都是任何一所高校寻求生存和保持良好态势发展的关键因素之一，因此，以组织文化为视角进行现代大学制度模式建构，并不是将商业管理模式简单地迁移到大学之中，而是将商业组织规划的理念和方法，融入激励大学发展进步的价值追求和工作方式之中。因此，现代大学制度模式建构首先应当考量的是：组织文化是大学最好的组织方式和学术发展的最佳途径可供选择路径之一。

场域是皮埃尔·布迪厄提出的概念，是指"一个社会或文化再生产领域中的各种行动者总和、各种组织总和以及它们之间的动态关系"。从关系维度来解释场域，它"并不是一种和谐、安宁和固定不变的社会空间，而是充满冲突的场所，在其中所有博弈者为了实现和扩大自己的利益而相互争斗；某些博弈者能够在或长或短的时间内，向其他博弈者施加'博弈的规则'"②。大学就是学术共同体的场域，现代大学制度模式的建立就是要从各种关系的视角来思考。探索和理解现代大学的性质对政策的制定者和执行者的价值体现在为他们的选择提供一种综合的视角。现在，西方许多国家的大学都引起了公众的诸多关注："拨款、社会准入或机构的分层和级别等问题通常吸引着报纸的大字标题……大学体制及其管理方式对于媒体和政府来说有一种特色，近几年来这一特色比以前更加突出。"③ 英国的大学已经开启无边界高等教育调查作为案例研究，考察大学和社会各界的广泛联系。

全球高等教育发展共同的大众化趋向是：规模扩张，政府公共投入紧缩，需要更多更昂贵的基础设施，专业人才和研究人员的流动，

---

① [美] 凯文·凯里：《大学的终结：泛在大学与高等教育革命》，朱志勇、韩倩等译，人民邮电出版社2017年版，第31页。
② [美] W.理查德·斯科特：《制度与组织——思想观念与物质利益》，姚伟、王黎芳译，中国人民大学出版社2010年版，第191页。
③ [英] 罗杰·金等：《全球化时代的大学》，赵卫平主译，浙江大学出版社2008年版，"导言"，第1页。

第五章　实践路向：现代大学制度模式建构的中国特色

对声誉、资金、学生和教师的全球竞争等。各国对高等教育目的和成就的期待也变得越来越复杂：社会发展的动力站、社会稳定的基础、职业准备（职业培训）、继续教育中心、专业训练场所、奠定古典知识的坚实基础，等等。在日益知识化的社会中，在高等教育方面的投资对国家的利益日益重要。本书将当代高等教育置于一个大的世界背景之下加以全面考察，是因为我们所生存的世界越来越带有全球化的特征。因此，我们不禁要问：是什么构成了高等教育的"最好的实践"[①]，如何来保障这个"最好的实践"？社会结构理论为了支持学术人与学术组织发挥更大的能动作用，认为各种制度过程是相互影响和相互支持的，学术行为是由什么支配的？行为是由规则导向支配的，规则是选择和指定的，因此也是可以理解和解释的。这种理解和解释产生于学术行动之中。全球化给高等教育带来的负面影响在于大学引入商业化管理模式给大学传统价值观带来威胁与挑战，"大学管理者正在借鉴公司管理的'最佳实践'，包括不同形式的责任机制以及灵活聘用的政策，而这些正导致教师士气下降以及人们对传统大学未来的深切忧虑"[②]。

第一节　学术自由与大学自治：现代大学制度的价值追求

在一个学术文化传统运行良好的大学，大学自治与学术自由经常是同向而行的，但二者也有很大不同。大学自治与大学管理有关，是指大学按照普遍的学术价值不受外部干扰的自治的权利；大学可以自由地进行学术探索和进行行政事务的管理，制定政策不受外部干涉与审核。自治是相对的，自由与国家政策、共同利益的法定监管之间存在一种张力。虽然历经变化与挑战，现代大学特别是著名

[①] ［英］罗杰·金等：《全球化时代的大学》，赵卫平主译，浙江大学出版社2008年版，"丛书编者序言"，第2页。

[②] ［美］简·柯里等：《全球化与大学的回应》，王雷译，北京大学出版社2010年版，第21页。

学府，仍然对全世界的杰出学子充满吸引力。大学的基本单位学院或系是大学文化的传统守卫者，其中，独特魅力的学术环境，学富五车的教授学者，吸引着来自四面八方的莘莘学子，传统与现实共同铸就的大学精神传统代代相传。现代大学和学院在适应内外部变革的过程中，不断调整自身对大学的价值传统的态度、经历和管理的方式。假如没有大学及学人一直坚守的学术自由和大学自治，就没有彪炳大学发展史上的熠熠生辉的世界一流学府，而越是著名的大学越需要雄厚的财力支撑其各方面的正常运营。因此，申请资金的复杂程序让大学备受获得资金的挑战，特别是申请科研资助的学者，因耗费了大量的时间和精力而无法潜心研究。大学学术管理人员发现，金钱竟然也是学术界频繁提及的话题。大学资金来源渠道的日益多样化，"谁的资金"，"为谁研究"？势必要不同程度地侵蚀学术自由和大学自治的价值传统。

一　学术自由的价值流变

洪堡的自由研究传统，通过社会学家赫尔穆特·谢尔斯基的《孤独与自由》再次得到肯定。雅斯贝尔斯通过哲学在自然、人文和社会科学的不同结构中发现了科学联合体。联合体在科学知识和学位获得的"孤独与自由"中出现。雅斯贝尔斯认为，自由大学的职责是成为文化和自我修养的守门人。伽达默尔在1947—1957年担任莱比锡大学校长，继洪堡之后，伽达默尔也用"孤独与自由"来描述大学，主要是针对曾经纳粹政权的审查制度、法西斯专政造成的整体顺从和沉默，使学术自治举步维艰的境遇，为保存和复兴受损的人文主义传统而抗争。在许多论文和演讲中，伽达默尔认同洪堡的教学与科研相结合的核心观点并认为，"在一个专业化、差别化、理性化的世界中，大学属于为数不多的几个仍可能存在联合的'自由空间'"。伽达默尔提出这一理念："知识的联合体、学习与研究的联合体可以出现在一种特定的空间中，这种空间就是大学的开放空间。这种联合体并不是建立在潜在的理念或结构的基础上，而是产

第五章 实践路向：现代大学制度模式建构的中国特色

生于开放的实践中。"①

新人文主义在德国占统治地位，自由的教育理想主张学术自由、追求真理和真理本身即为目的；现代大学的理想是科学与人文的融合。20世纪70年代，"大学作为知识堡垒的理念逐渐弱化直至消失"。但也存在不同的声音，帕森斯认为美国大学具有松散性特征；而学者罗伯特·纳斯比特在其著作《学术信条的堕落》中提出，美国大学学术共同体理念已经转变为职业主义，大学由一个学者团体蜕变为利益集团，学者共同体将追求知识作为目的的传统理念受到前所未有的冲击和挑战。②高等教育领域"管理主义"增长，这与院校治理中的教授权威明显不同。其中，"学术自由与学术自治相互关联，这些治理趋势削弱了教授的自治和权力。这一趋势危及教授决定学校方向、发展课程，以及保持对课堂和研究课题选择和实施的完全控制的权威。似乎只有极少数人怀疑，权力和权威从教授向职业管理者和外部管理机构转移，将会极大地影响学者的传统角色并压制学术自由"③。

20世纪80年代，新自由主义和管理主义开始渗透进大学，大学成为文化多样性的场所，这是政治上象征性的进步。虽然大学进行持续政治批判的空间受到限制，但是，"如果没有大学提供的民主空间，这些进步就不会取得发展的契机。大学应该被当做孵化器，而不仅仅是文化变革的主要创造者。大学对文化类型的变革做出反应的方式将促使这些文化模式在认知方面更大的发展"④。因此，大学的精神文化气质，在整个20世纪相当长的时间是社会文化类型，并保留了19世纪的印迹。一直发展到20世纪的最后30年之前，大学的职能是将已被接受的、相对完整的传统传递给下一代，而不是对现有文化和道

---

① [英]杰勒德·德兰迪：《知识社会中的大学》，黄建如译，北京大学出版社2010年版，第81页。

② 同上书，第66页。

③ [美]菲利普·G. 阿特巴赫：《高等教育变革的国际趋势》，蒋凯主译，北京大学出版社2009年版，第52页。

④ [英]杰勒德·德兰迪：《知识社会中的大学》，黄建如译，北京大学出版社2010年版，第77页。

德的批判或变革。诸如文艺复兴、宗教改革、启蒙运动这些激进的思想都来自大学之外,因此,大学的精神特质仍然是自由教育的传统的、自律的、个人主义的气质。学者的研究都是以探究为目的或者为从事专门职业做准备。①

大学自由教育的文化框架为 20 世纪 60 年代开始的西方文化革命所打碎,大学从文化传播者发展为文化创造者。伴随着高等教育向社会更广泛的范围扩展,大学给人们带来一种希望,大学的学术开始面向和回应来自政治和社会的批判,大学开始成为平衡工业文化危机的代表,即工业文化将因"新科技人文主义"而获得新生,它更具人性化,而大学对此作出了贡献。② 因此,研究的自由、学习的自由与开放社会中的自由发生了历史联系。

二 学术自由对大学发展的意义

学术自由与学术活力之间的微妙平衡是现代大学发展的动力。学术自由是"世界上任何一个地方高等教育和各类高等院校的核心价值观,对研究型大学尤为重要。在 21 世纪,对学术自由的挑战不仅来自外部的强制权威,还来自高等教育中的新商业主义"③。商业资助项目开始渗入大学,这势必要对短期内无法产生经济价值的基础研究产生冲击,会产生基础研究项目"无人问津"、人文学科学者不受重视与不被关心、人文学科被"忽视、贬低乃至被迫缩减"等问题,因为市场模式引入大学,使得那些"赚钱、研究钱或者能搞来钱"的学科更受青睐和重视,大学管理主义倾向使得大学公共属性和批判功能被消解,侵蚀了大学塑造社会价值理想的学术责任信念。④

大学商业化的直接结果是引发一系列问题:大学的资源紧张、教

---

① [英] 杰勒德·德兰迪:《知识社会中的大学》,黄建如译,北京大学出版社 2010 年版,第 71—72 页。
② 同上书,第 74—75 页。
③ [美] 菲利普·G. 阿特巴赫:《高等教育变革的国际趋势》,蒋凯主译,北京大学出版社 2009 年版,第 86 页。
④ [美] 简·柯里等:《全球化与大学的回应》,王雷译,北京大学出版社 2010 年版,第 16 页。

师工作量递增、教师工作与发展压力剧增、工作条件未能得到有效改善、教师教学科研士气低落等。由于通过与企业合作，全球化让一部分教师及其研究领域获得更多的资助并从中获益，而另一部分教师仅靠教学谋生，因此，教师之间产生分层与分化。美国大学那些与市场规则同向而行的教师，他们"被奉为能人，而没有进入市场的人还在为生计奔波，从而导致学者的分化并弱化了所谓的社会契约关系"[①]。学术界与企业以研究来联姻的后果之一，是科研成果与公众分享受到一定程度的限制，"当教师试图公开对企业合作不利的结果时，大学管理者不会支持科研人员，并让他们保持缄默。如果教师挑战这些非强制性的保密政策并发表他们的发现，就会遭到解雇或停职。企业合作方试图在与大学的合同中增加保密协议，延迟公开研究结果，直到他们获得专利或保证获得其他除知识产权以外的权利"[②]。这都不同程度地造成对学术自由的侵蚀。

　　学术自由赋予大学学术职业人以自由的权利，但同时他们也要承担相应的学术责任。大学教师受国家的委托从事教学和科研活动，同时也要承担其特殊的义务：在学术研究中以追求真理为己任，以教书育人为天职。网络课程有时开发成本很高，主办者一般为投资方，网络课程的设计和课程的传播，授课教师是否存在自由？互联网知识产品的产权由谁拥有？这些都是高等教育模式和学术自由传统受到的挑战，都将不同程度地影响大学的传统地位：价值无涉地研究和教学。大学学者与研究人员也感觉到，"学术传统正在被市场因素取代……诸如诚信、学术文明、注重思想内涵以及对真理理想的奉献精神等学术道德"都受到了威胁。特别是为了获取利益回报与科研资助，研究者会倾向选择与企业合作，从而放弃或搁置了个人的学术研究旨趣。也有学者担心大学与企业的联姻有可能带来质的变化，"包括大学文化、运作方式、资助体系、奖励机制等等"。加拿大学者图蒂弗对大

---

　　① ［美］简·柯里等：《全球化与大学的回应》，王雷译，北京大学出版社2010年版，第18页。
　　② 同上书，第17页。

学商业化提出批判,"像公司般经营大学改变了大学的本质。依赖市场意味着重新定义相关性。高等教育塑造的社会价值被经济条件所取代。研究与教学被狭隘的市场观念所评价,利润成了决定提供何种服务和产品的指导原则……大学要求其教职员工扩大销售而不是追求真理,倾向选择具有很强市场潜力而非有理论或基础研究价值的项目,工作的内在价值与其创造利益的潜力相比变得无关紧要"①。

三 学术自由与大学自治在全世界的保障问题

高等教育要优先考虑学术自由,因为学术自由是一所大学的逻辑前提,也是学术的核心价值。学术自由在世界范围内的安全保障存在问题,有必要对学术自由进行全球重估。世界上的大多数院校都认可学术自由的意义与价值,但是,对学术自由的保护还远远不够。学术自由作为大学使命的核心,是教学和科研最根本的东西,高等教育系统的完善不能脱离学术自由而存在,在科学技术和社会文明高度发展的今天,尽管学术自由还没有达到完全、充分的自由,但是学术职业人有理由对学术自由充满信心。当然,学术自由也面临着重视不够的威胁:"学术自由在国际议事日程中并未得到相应的重视。这一议题很少在学术会议中得到讨论,也不会出现在联合国教科文组织或者世界银行这类机构的宣言和工作报告中。那些负责领导和资助高等教育的人士考虑的多是财政和管理问题。我们需要更多地关注大学的使命和价值,因为没有学术自由,大学就不能实现它们的潜能,也不能对新兴的知识社会做出应有的贡献。"②学术自由从中世纪以来就是指"教授有在专门领域不受外部控制的教的自由,也包含着学生学的自由"。洪堡及洪堡大学的至上理念,包括学习自由、教学自由以及学术自由,学术自由给"教授在其专门知识领域的课堂内以特殊的保护"。大学自产生之初就被认为是一个特

---

① [美]简·柯里等:《全球化与大学的回应》,王雷译,北京大学出版社2010年版,第16页。
② [美]菲利普·G. 阿特巴赫:《高等教育变革的国际趋势》,蒋凯主译,北京大学出版社2009年版,第42页。

殊的、"专注于对知识的追求和传播"的地方。"学术界要求特殊的权力，因为它要致力于追求真理。人们期待权威，不论是世俗的或者宗教的权威，给大学一种特殊的自由度。然而，学术自由从来都不是绝对的"。中世纪时的大学，政府和教会都曾对大学的教学内容施加控制；教学上与罗马天主教教会教义有冲突的教授时常要受到制裁；市政当局需要大学对其效忠。当然，相比社会其他地方，"大学拥有更大的表达自由"①。

学术自由内涵外延的不断延伸得益于大学使命的延伸，广泛的学术自由为学术共同体所认可："19世纪初的德国大学，当研究变成学术使命的一部分时，学术自由的概念扩大了。在教室和实验室里，教授被赋予了几乎是绝对的研究和表达的自由。但是，学术自由不必延伸到对更广泛的政治或者社会问题所做表达的保护。"19世纪末，一批留德的美国学者将德国的研究观念和学术自由的观念带回美国大学，并将其进一步发展。美国学术自由是大学教授协会（AAUP）在20世纪初定义的，其学术自由是指"在教室和实验室内的各个方面自由，而不仅仅是在学术知识领域"②。而学者在大学之外的言论也在保护范围之内。现代大学的历史也就是专家们为自身的合法化而斗争的历史，1915年美国大学教授协会（the American Association of University Professors）的成立就是为了保护大学和他们的教授，为了免受州政府的控制。同一时期的许多国家的教授都得到了公务员的地位，为了有效保障学术自由，在德国俾斯麦政府时期，将教授群体视为国家主要的同胞，教授的职责之一就是通过其获得自治权使大学强大起来，以最终保护学术自由和学术自治制度。德国大学教授们获得终身职位的权利，同时也成为永久的和不用选举的上议院（the upper house）议员的权利。日本宪法第23条明确规定要保护学术自由。很多西欧国家也通过法律赋予教授以终身职位。虽然并不是所有国家都

---

① ［美］菲利普·G. 阿特巴赫：《高等教育变革的国际趋势》，蒋凯主译，北京大学出版社2009年版，第43页。
② 同上。

通过宪法保障大学学术自由,但是,凡是为国家的建立奋斗过的机构都被赋予一定的自治权。可以说,"教育与政治之间的公平交易已经在很大程度上保障了大学的学术自由不受国家干涉,如在20世纪两次世界大战期间为保障大学免受学术审查起了重要的作用,从而使大学受益"①。因此,大学的学术自由和大学自治都是不同的历史时期,大学、学者、学生与政府、各种政治力量之间博弈的结果,其中,大学及学人对学术自由和大学自治这一价值传统的真正坚持和不懈抗争,一直以来都是至关重要的。

第二节　服务国家与人民满意:现代大学制度的社会责任

在一定意义上,大学制度建构的是大学的一种规范结构,一种责任框架。默顿认为规范结构是社会结构的核心,它分为三个等级。价值观和规范是第一个等级。价值观被认为是规定的、预期的、合法的行动目标,是"社会全体成员或处于不同位置的成员的目标……'值得为之奋斗'的东西"。价值观具有共享性和具体化。规范是社会互动中,被期望的行为规定,遵守意味着责任。一般情况下,"规范被理解为规定的、预期的、合法的行动过程,表明了达成既定目标的正确方式"。默顿认为规范是"服从于某一制度的人们普遍持有的对适当行为的道德约束性的期望",规范"是表明了什么是规定的、赞许的、许可的或被禁止的,在技术上和道德上认可的行为模式"②。第二个等级是角色与制度。"从社会学的矛盾选择角度看,我们将社会角色视为一个规范与反规范的动态组织。"社会角色是"文化上被限定的期望"。制度是默顿以规范术语提出来的,"它指的是把社会生活的主要社会功能或领域整合起来的一系列规范和价值观"。默顿

---

① [英]杰勒德·德兰迪:《知识社会中的大学》,黄建如译,北京大学出版社2010年版,第62页。

② [波]彼得·什托姆普卡:《默顿学术思想评传》,林聚任等译,北京大学出版社2009年版,第162页。

认为科学的核心规范,"就像其他制度一样,科学是拥有共享的、可传递的观念、价值观和标准的集合,以此来控制那些与此制度相关的人们的行为"。第三等级是最复杂的、富有成果的角色丛含义。"一个具体的社会地位不只是涉及与之相关的一个角色,而是还涉及相关的一系列角色。"这主要是"指人们由于占据一个特定的社会地位而具有的角色关系的总体"①。

吉登斯的"社会结构理论",为研究自由与规约过程之间的相互关系提供了强有力的理论框架:自由与制约过程之间相互联系与协调一致。这一论断源于吉登斯所创造的结构化即社会结构的二重性理论:社会结构包括各种社会活动的模式化和各种关系的模式化,社会结构以模式化的社会活动而存在,并不断整合持续被再生产的规则、关系与资源。这种社会结构既是社会活动的结果,也是社会行动的平台,即社会结构的双重平台——实践的中介与实践的结果,而且这种历史过程循环往复。大学制度实践是具体的现实的实践。因此,"制度架框是指财富的生产和积累的模式,人口、社会关系以及政府的规章制度。制度架构不仅关注组成社会的经济结构和政治结构中的社会实践,而且还关注生活中的社会结构"②。结构决定功能,角色决定责任。

一 大学服务国家的政治责任

以往国家期待大学生毕业后用智慧服务国家,而现代政府则要求学生和老师在校期间就要作出实际贡献。现代大学有责任保证科研投入基金的价值实现,全国的大学特别是国家重点投入的大学,政府主管部门要对其定期开展质量和学科评估行动。各国政府出资支持大量的科研项目,本科生大学教育的巨额贷款,学校资金来源的多样化,都不同程度地削弱了大学的学术自由和自治的传统地位,

---

① [波] 彼得·什托姆普卡:《默顿学术思想评传》,林聚任等译,北京大学出版社2009年版,第163页。
② [英] 杰勒德·德兰迪:《知识社会中的大学》,黄建如译,北京大学出版社2010年版,第23页。

例如，英国"剑桥大学收入有一半以上来自政府，可政府当局依然在精英教育和平均主义信念之间举棋不定。剑桥大学的国际领先地位恐怕会受到这种不确定性的影响，甚至可能会荡然无存"①。世界高等学府剑桥大学成功扮演了通过其独特方式来服务国家的角色，"挑战全国最聪明年轻人的智慧，刺激学者为在剑桥大学谋得一席之地而不断提高水平，用无与伦比的学院制教育体系鼓舞学生争创优异"②。海德堡大学成立600周年之际，哈贝马斯在文章中强调"大学对公共领域的贡献"。他主张大学是一个具有道德意义的组织，大学应保持与生活世界和文化世界的联系，大学是密集交往的场所，大学的特殊之处在于其是一个"受约束的机构"。大学的传统功能仍然植根于生活世界，诸如"研究进程、通识教育、文化的自我理解、公众意见的形成、未来专家的训练等"，大学的传统理念与大学作为学术共同体共生共存，但目前最大的挑战是：大学日益专业化与学术共同体的本意渐行渐远，"大学已经失去了为社会提供整体视角和解放视角的能力"③。

学科是社会性的，学者通过学科建制和研究成就获得学术身份，它既是更大社会的一部分，其自身也是一个社会世界。学术的发展变迁与学术界历史的发展变迁是共生的。20世纪70年代，大学与社会变化之间的关系是："首先，在知识、文化和社会秩序领域，大学正在所有这些领域中获得自己的空间；它不仅仅是一个知识生产者，它对于文化的形成和传播同样负有重要责任，因而逐渐成为社会中重要的参与者。其次，……社会主要的变化是，由于不同的变化速度，大学所受的最重要的影响来自于知识模式的变化和社会秩序的变化。"④ 在荷兰，虽然政府掌控高等教育的方方面面，但是大学具

---

① ［英］柯瑞思：《剑桥：大学与小镇800年》，陶然译，生活·读书·新知三联书店2013年版，第165页。

② 同上书，第337—338页。

③ 转引自［英］杰勒德·德兰迪《知识社会中的大学》，黄建如译，北京大学出版社2010年版，第82页。

④ ［英］杰勒德·德兰迪：《知识社会中的大学》，黄建如译，北京大学出版社2010年版，第69页。

第五章　实践路向：现代大学制度模式建构的中国特色

有较大的自主权，市场规则的运用并不像欧美大学那么普及[①]，国家的参与以及合作伙伴的类型，已经开始促进高等教育之间的交流与联系，但更主要的是在全球范围内去销售高等教育；与此同时，在国际交流中，发达国家处于支配地位，特别是澳大利亚和美国，中国和印度也开始引起更多的兴趣和关注。在近期的跨国教育的国际交流活动中，新的机会和潜在的利益与风险同时存在。[②] 政府资金支持增加的原因：一是高等教育规模扩张，重点大学同步进行，自身资源无力跟上。二是大学肩负着服务国家经济的使命，开展了多项政府需要的科研项目。21世纪，英国政府对剑桥大学的政治干预有可能带来巨变："撇开独立性的损失，制造亏损的本科生教育扩张、某些昂贵的课程设置大可进行压缩。"大量海外留学生的涌入给政府带来巨额学费，外国学者自费或者所在国政府资助的访学，这是举办一流大学对国家高等教育体系、经济发展、科学研究的突破带来的益处；但是有关人士认为，如果政府参与本科生录取标准的厘定，在高等教育系统内平均划拨研究资助，"剑桥大学将会遭受极大损失。它需要继续获取超高比例的资源，才能与世界顶尖大学成功竞争……"[③]。

"二战"后的大学面临与政治联姻和坚持传统大学价值观的两种选择，政府与传统大学之间的美好联系已经走到了尽头，两种趋势开始竞争，而且一个不争的现实是，大学无论情愿与否，都已经以参与公共生活为纽带与政府结缘，大学不再是教授治校，而是向着由专业的、非学术人员管理的官僚体系演变。1967年在柏林自由大学，尤尔根·哈贝马斯作了题为《民主的大学：大学的民主》的讲座，他重申德国大学理念的话题，其观点与早期知识分子的自由、

[①] ［美］简·柯里等：《全球化与大学的回应》，王雷译，北京大学出版社2010年版，第20—21页。

[②] ［美］菲利普·G.阿特巴赫主编：《世界级大学领导力》，姜有国译，中国人民大学出版社2014年版，第111页。

[③] ［英］柯瑞思：《剑桥：大学与小镇800年》，陶然译，生活·读书·新知三联书店2013年版，第342页。

保守立场不同，他反对将大学简化为工具性知识和人文主义知识的场所，在他看来，大学不再受组织化现代性和自由现代性的约束，"大学的任务就是通过在学生中培养政治意识来提供政治教育"，而在很长一段时间内，德国大学重视国家权威，弘扬人文主义文化。面对20世纪60年代后期激进思想膨胀和社会不稳定，他担心"大学会被吸收，去承担仅仅生产和传授技术性知识，同时为社会提供高技能劳动力的职责"。哈贝马斯主张，"大学作为社会自我理解的一个解释者的角色，而不仅仅是直接传递它继承来的东西"，他强调这"属于大学传递、解释并发展社会文化传统这些职责中的一部分"。他认为，"解释也是一种批判性的改革，正是这种促进社会发展自身交往行为的功能，使大学承担了一种重要的社会职责……这一任务最核心的是要求大学批判地反映它自己的预想然后致力于彻底的民主化"。哈贝马斯看到的问题是："大学带着一种特定的对政治的传统理解……进入了民主社会。那些没有改革的，以及那些成为新任务障碍的是一种特定的、来自未经改革的自治的保守主义。这样，对很多教授来说，那些很快就在大学得到推行的改革，就像是大学对科技有条件的投降。"①

二　学者的学术使命与社会责任

在欧美是否取消终身教职是"管理者和立法者在使用其权力改革学术工作"的一个典型案例，20世纪八九十年代，很多美国和英国大学都取消了终身教职，"在美国的大学里获得终身教职后进行定期审核的做法已经相当普遍，这给管理者对其雇员的聘用带来了很大的灵活性"。美国大学管理层不断扩大的权力，"造成了美国从事学术研究行业的人的等级分化"②。知识分子是传播、创造和传承文化思想的社会参与者。古尔德纳在《知识分子的未来和新阶级的崛起》

---

① ［英］杰勒德·德兰迪：《知识社会中的大学》，黄建如译，北京大学出版社2010年版，第79页。

② ［美］简·柯里等：《全球化与大学的回应》，王雷译，北京大学出版社2010年版，第18页。

第五章 实践路向：现代大学制度模式建构的中国特色

一书中提出了这样的理论："知识分子和知识阶层共同形成了一个新的阶级，一种新的精英阶级已经在后工业化社会出现。"这个新阶级是文化资产阶级，但是"文化资产阶级……寻求不同种类的资本的份额，也就是文化资本"①。学者要警觉学术语言的腐化，保持大学作为学术圣地的存在。剧烈变迁的时代，语言会受到极大的冲击和瓦解。"对语言的深度怀疑，以及我们自身与他人之间相互影响所造成的贫乏，正在我们这个时代弥漫。"② W. H. 奥登（W. H. Auden）如此描述正在被腐化的学术语言："身为诗人，只有一项政治责任，那就是保护自己的语言不使其腐化。而现在，这个问题尤为严重。语言快速地腐化。当语言腐化时，人们便对所听到的一切失去信心，而这会导致暴力。"③ 美国存在心理学家和人本主义心理学家罗洛·梅曾这样批判美国的学术生活："大学图书馆的书架上，堆积的都是那些为写而写的书——书的精华部分越写越少，直至写书似乎与追求真理的兴味无关联，而只是为了地位与名声。而在学术圈中，真正有影响的正是地位与名声这两种价值。"④

大学教师要依据科学理论关注学生的成长。维果茨基的最近发展区理论，即阶段性攀升，"用来描述孩子自己学习和她在老师的帮助下学习之间的区别。这和每个个体潜在的学习所得和他或她的特定神经模式有关"。继续发展其理论的人以"脚手架"（scaffolding）来描述他的工作的意义，"每一个新平台的建设都取决于之前平台的进展……人不可能一跃爬上高楼。但使用正确的工具和精心构建支架，他就能够攀上高峰"⑤。皮亚杰留给世人最高贵的财富就是"恰当的发展"，"学生积极与周围的世界互动，学习就会发生通过挑战应用

---

① ［英］杰勒德·德兰迪：《知识社会中的大学》，黄建如译，北京大学出版社2010年版，第97页。
② ［美］罗洛·梅：《权力与无知——寻求暴力的根源》，郭本禹、方红译，中国人民大学出版社2013年版，第51页。
③ 同上书，第49页。
④ 同上书，第52页。
⑤ ［美］凯文·凯里：《大学的终结：泛在大学与高等教育革命》，朱志勇、韩倩等译，人民邮电出版社2017年版，第82页。

模式和经验，人们构建知识和意义"①。大学以"课程设计和习题来推动学习进程并不容易，激励学生持续和坚持更是难上加难。但这正是百科全书和一所大学的区别"。雅克·巴尔赞通过《学术漂移》一书观察到："泛在大学并不利于那些花太多时间想成为好老师的学者。教授给出了强有力的理由来逃避一项艰巨的任务，并借机做自己想做的事。最终导致大学教授和学生之间相互缴械，即不要求努力工作，教授们只要把注意力集中在他们关心的研究上，同时保证学生们都能拿到漂亮的成绩单即可……来自贫困家庭的大学生很少得到具有挑战性的工作机会，积极从事学习活动更无从谈起，最终学习收获更少。"②

教授明白教学比学习要困难的道理，正如海德格尔所说，"为什么教难于学？这并不是因为做教师必须腹笥宏富，常备不懈。教难于学，乃因教所要求的：让学。实际上，称职的教师要求学生去学的东西首先就是学本身，而非别的什么东西……教师必须能够比他的学生更可教。教师对他的材料比那些前来学习的人对他们的材料更加没有把握。如果教者与学者的关系是本真的，那么就永远不会有万事通式的权威或代理人式的权威的一席之地了。所以，做一名教师仍然是件高尚的事，这与成为一名赫赫有名的教授，全不相干"③。因此，教师教学并不是仅仅在学科专业方面比学生占优势，教师在专业方面比学生要有相当深厚的积累、思考与研究，学生的学也并不仅仅是获得一些有用的信息，优秀教师的职责是要学会让学生学，教会学生进一步学习。今天，一切事情都以经济价值来衡量，有志从事教师职业的人数少，或者没人愿意做教师，那是因为教育是一件高尚的事情，需要具备一定的高度。

---

① ［美］凯文·凯里：《大学的终结：泛在大学与高等教育革命》，朱志勇、韩倩等译，人民邮电出版社2017年版，第82页。
② 同上书，第83页。
③ ［德］海德格尔：《人，诗意地安居——海德格尔语要》，郜元宝译，广西师范大学出版社2002年版，第20页。

第五章　实践路向：现代大学制度模式建构的中国特色

三　学生的责任

大学教育不仅是致力培养，也是社会交往的过程。培养目标或培养方式存在的问题在于："聪明学生比过去还多，但是像前辈那样拥有学术和知识经济领域之外其他技能的很少。"剑桥大学的主要捐赠人之一克莱尔夫人曾说："学校的成功从来不能只靠学识增进，还要服务于外部大世界。"她的遗嘱是："补贴学界，撒播宝贵的知识珍珠，更好地服务教会和国家。"① 哈贝马斯认为："……学生已经成了民主化过程中最主要的社会参与者。旧的大学概念过分强调教授作为社会文化和道德价值观保护者的作用，而在工业社会的历史中，学生对道德和政治变化的重要作用提高了很多倍。"②

成本分担的理论基础是需求理论，即不断增加的大学成本和支出需求与有限的税收之间的差异所引发的需要；免费的高等教育更有利于精英人士子女，职业选择和声望为精英人士子女所独享；效率理论倾向成本分担，"根据市场经济原则，支付高等教育成本的至少一部分会使家长和学生成为更有分辨能力的消费者，尤其存在一些竞争条件的情况下，和/或政府会成为一个更有效率和回应能力的提供者"③。学生以缴纳学费分担高等教育成本，其经济理论基础是高等教育给"学生带来的大量的私人利益，包括货币和非货币性的。这些利益通过某些贷款的方式或对当前的收益征收附加费的温和做法为学校收取费用提供了良好的理由……事实上，学费已经为世界各地的高等教育提供了收入，一些公共需要，包括公立高等教育远远超过公共财政的资助能力，也就是说，世界各地的免费高等教育

---

① ［英］柯瑞思：《剑桥：大学与小镇800年》，陶然译，生活·读书·新知三联书店2013年版，第337页。
② ［英］杰勒德·德兰迪：《知识社会中的大学》，黄建如译，北京大学出版社2010年版，第83页。
③ ［美］菲利普·G.阿特巴赫主编：《世界级大学领导力》，姜有国译，中国人民大学出版社2014年版，第54—55页。

正在迅速消失"①。受全球化影响最典型的大学在澳大利亚,澳大利亚政府政策以市场为导向变革了高等教育体系模式,从20世纪80年代开始,澳大利亚通过立法机构和政策,推动高等教育成本私有化进程。1985年澳大利亚劳动党政府鼓励大学对留学生收取全额学费,从而结束给来自第三世界国家留学生提供奖学金的留学项目,对国内大学放宽政策,许可大学自行开辟市场,"招收各国特别是来自相邻亚洲国家的留学生,并且收取自行制定的费用",到90年代以1994年为节点,研究生教育全面收费是澳大利亚高等教育全面走向市场化的标志,为此,英国、美国、新西兰和加拿大等国也基本仿照这一模式。政府对高等教育的资助整体上都下降了。新自由主义在高等教育里的盛行带来一系列改变,"管理层也在方式、结构、理顺行政管理的理念、对开支的进一步控制以及灵活的人事政策等方面发生了变化"②。

高等教育成本的增加是一个从未停止的艰巨工程,在各国适龄受高等教育的人口规模扩张的情况下,不断上涨的教学成本和支出需求导致的压力,无法完全通过税收来解决问题。高等院校要寻求效率,从经济学角度提出的已有的解决问题的方法,如扩大班额,这是相对比较容易落实的解决方案。但是,更困难的问题,如解雇超编制的非教学员工,这个问题更加难以解决。其实,"父母和学生支付的费用只是一种补充,而不是取代政府在支持高等教育的财政中心必须继续扮演的重要角色……把更多的额外资源投入高等教育以满足快速增长的需要是不太可能的,因为公立高等教育体系的需求是如此巨大,同时小学和中学教育、公共卫生、公共基础设施,以及所有其他社会服务对于额外公共财政的需求又存在着很大的竞争"③。

---

① [美]菲利普·G. 阿特巴赫主编:《世界级大学领导力》,姜有国译,中国人民大学出版社2014年版,第55页。

② [美]简·柯里等:《全球化与大学的回应》,王雷译,北京大学出版社2010年版,第15页。

③ [美]菲利普·G. 阿特巴赫主编:《世界级大学领导力》,姜有国译,中国人民大学出版社2014年版,第58页。

第五章　实践路向：现代大学制度模式建构的中国特色

第三节　以学生为本与专注教学：现代大学的教学制度

经合组织的新计划是发展有意义的衡量学习成果的措施，例如，如何评估学习成果的普通技能（推理分析、批判性思维、产生思想的能力、应用理论的能力、写作技巧及领导才能等）、具体学科技能（在一个研究领域的专业知识）、学习环境（硬件和组织特点、师生互动、心理状态、行为和态度的结果）以及帮助学生发展价值观等。① 教师要想获得好的学习效果，学生要想得到优秀的学习成果，作为大学教师就要扮演好自身的角色。对于很多考上大学的大学生来说，其使命不仅仅是学习知识，还有实现社会阶层流动获得社会地位晋升的梦想。大学学位可以使处在社会下层的青年获得命运改善的机会。劳伦斯·克雷明断言，"更富有成果的教育发生在课堂之外"②。因为"教学本身就是一种做学问的方式。如果成果还未正式发表，就需要在课上不断修改更新……在格外好的时候，在讲课或讨论班之前努力去反复思考的一个主题或问题，会在讲课过程中被新萌生的观点所超越。在不佳的时候……多年连续的讲课的风险是使人不胜其烦"③。约翰·霍普金斯大学的创始校长坚决主张，"大学永远不该'仅仅是增进知识或获得学问的地方；它永远都该是一个培养品性的地方'"④。沃尔特·惠特曼在《自我之歌》中说："我混日子，邀请我的灵魂一起，我俯首下视，悠闲地观察一片夏天的草叶。"⑤ 这种俯首下视的沉思，预示着生活的希望。

---

① ［美］菲利普·G. 阿特巴赫主编：《世界级大学领导力》，姜有国译，中国人民大学出版社2014年版，第127页。

② ［波］彼得·什托姆普卡：《默顿学术思想评传》，林聚任等译，北京大学出版社2009年版，第262页。

③ 同上书，第268页。

④ ［美］安德鲁·德尔班科：《大学：过去，现在与未来——迷失的大学教育》，范伟译，中信出版社2014年版，第44页。

⑤ 同上书，第34页。

一 教学对科学研究的引领

真正的大学首先要重视知识的传播并关注教学,因为教学对研究工作具有引领价值,正如罗伯特·默顿曾说的,"我一直喜欢教学……但我肯定,这些年来如果没有获得非常有益的体验,我就不会想持续做下去。在各种事情中,它强迫我去做准备工作,正是这一工作引导我完成了换作在其他情况下我不可能完成的某些事情。但最根本的强化是通过这样的回报获得的……在课堂上的经历。我依赖于这一点……当我回顾数年来发表的那些论文时,那些使我印象最深刻的论文都出自我讲授的课程"。知识教学是大学恒久的不可缺少的使命:"以演讲、研讨会、教学实验室、工作坊和类似这样的形式表现的口头发表,对大学而言都是主要的。"① 学者所扮演的社会角色具有各种各样的形式,默顿采用三个类型。第一,是依据社会角色划分为技术顾问、哲人、学者和探索者三种类型。1941 年默顿评论兹纳涅茨基的《知识人的社会角色》时,赞同兹纳涅茨基在《欧美的波兰农民》一书中所提供的这三种划分类型。第二,是依据默顿与拉扎斯菲尔德合作的文章中描述的"学术生活的风格",作了两点区分:一个区分是介于理论概括者和经验主义者之间,主要关注提出完全超越现有资料的重大理论学说的学者,与那些主要关注扩大现有实证实施范围的学者之间的区分;另一个是提出有关概念和命题的实质理论家,与关注研究逻辑的形式方法论者之间的区分。第三,依据"角色丛"观点,分为教学、研究、行政管理和把关者四种类型。1972 年,默顿和朱克曼合写的论文中,提出了"角色丛"的观点,并指出,"科学家的地位涉及的不是单一角色,而是不同混杂的、补充性的一些角色。它们有四个主要类型:研究、教学、行政管理和把关者的角色"。因此,关注探索的研究者、关注知识传播的教师、关注科学组织的行政管理者、关注设定及运用标准并控制人们进入科学共同体及在其中

---

① [波] 彼得·什托姆普卡:《默顿学术思想评传》,林聚任等译,北京大学出版社 2009 年版,第 17 页。

第五章 实践路向：现代大学制度模式建构的中国特色

流动的把关者。①

全球化给高等教育带来的正面影响体现在：互联网改进了大学及大学间的教学科研合作，新技术改进了高等教育的交流进程，信息的迅捷拉近了全球的距离，学者学生的流动变得广泛而频繁，"整个世界都将获益于国际知识交流，同时在一个多元化的世界里，思想也变得更加开放并更加具有包容性。另外，公立与私立研究机构之间的合作也可以使问题得以迅速解决，找到相应的解决方案。同时，技术的应用也加快了科学发现的速度"②。全球化这柄双刃剑，给大学带来的负面效应包括：大学间激烈地争夺优秀师资与学生，导致对资源配置的深度竞争，院校的整体质量被忽视，而实际上，"院校……对于优秀教师的激烈竞争只能转移教学的注意力，并把资源集中在名望方面"。如果研究型大学聘请的研究学者对教学的注意力发生转移，明星研究学者"个人学术自治"将得到强化，从而"牺牲了个体参与学术方案、规划和协作的整体质量保证活动"③。竞争会对影响院校质量的资源产生弱化甚至忽视教学的恶劣影响。这样遴选出的学者的教学也变得理性化了，因为专业化教学内容正变得碎片化和分割化，师生关系变成了一种理性的、为知识而共处的关系，从而失去了师生之间从灵魂深处的、具有精神启迪意义、影响终生的交流价值。特别是大学中的科层化，更加反映出现代社会中更深层次的分化。例如，"剑桥大学对科研的强调还引起了教研失衡的挑战。集科研创新和课堂教学两种人才于一身的人很少，剑桥大学要想保住杰出教学机构的地位就必须用更丰厚的薪水、对教学艺术更大的尊重来刺激院士花更多时间进行教学。问题是，学校的国际排名（近年来仅次于哈佛大学）、教师的个人荣誉还有未来的科研资金都取决于科研成果。有些

---

① ［波］彼得·什托姆普卡：《默顿学术思想评传》，林聚任等译，北京大学出版社2009年版，第9—10页。
② ［美］简·柯里等：《全球化与大学的回应》，王雷译，北京大学出版社2010年版，第21页。
③ ［美］菲利普·G. 阿特巴赫主编：《世界级大学领导力》，姜有国译，中国人民大学出版社2014年版，第126页。

本科生感觉受了冷落，已经开始有意见，副校长提醒人们关注这个进退两难的困境，澄清问题毕竟是处理问题的第一步"①。

二 优秀教学对学生、学者和管理者的要求

通过对中世纪学生的信件进行研究，可以唤起大家对那时学校里人们日常生活的想象，也为大家展示了那时人们精神状态的理想面貌：对追求新知充满热情、对老师尊敬敬畏、对增长知识的憧憬。大学教师作为智力劳动者，其职业伦理要素包括：求知的艰苦劳动，传授知识的无私奉献，公正无私，不断自我完善，是智慧和精神力量的源泉。大学教师以优质的教学向青年学生讲述和解释真理，让他们在心中牢记并内化到他们的人格气质中，增强其服务人类、国家、家庭和朋友的本领与担当，这应该是大学教学最宏伟而终极的目标。真正的大学教师应该不畏惧重复性工作带来的职业倦怠，对自己的使命始终保持不懈努力的激情。

卓越学者的表征是杰出学者的成就可以由外在的认可来衡量，但在整个学术生涯中都获得认可，稳定的财政支持是大学战略规划制定与实施质量提升的最大现实保障之一。市场或价值导向的薪资对卓越学者的极高回报，即以院校内部的教学和管理为主要成就来组成，以薪资差异来奖励学者和工作人员是最有效的方法之一。绩效薪资的敌人是官僚主义，"系统内的奖励和晋升完全靠论资排辈"，被誉为"自动扶梯系统"②，这种方法对学术职业提供的保障是最不可取的，它销蚀了大学的质量。

大学的管理权力正在加强，并主要被赋予大学的校长和院长等高级行政主管，因此，"学术管理变得日益复杂。随着高等院校规模的不断扩大，以及它们提供更多的服务和专业，需要对院校进行更有效的管理。没有接受过管理培训或对管理工作没有浓厚兴趣的业余人员

---

① [英]柯瑞思：《剑桥：大学与小镇800年》，陶然译，生活·读书·新知三联书店2013年版，第339—340页。

② [美]菲利普·G. 阿特巴赫主编：《世界级大学领导力》，姜有国译，中国人民大学出版社2014年版，第75页。

第五章　实践路向：现代大学制度模式建构的中国特色

不再有可能去管理一所现代大学"①。管理削减了教师与学生在一起的时间，曾以小班讨论教学为显著特色的西方一些大学，现在开始通过限制讨论和小班教学的方式，扩大班额，减少考试的数量等方法来降低每名学生的平均教学成本。为此带来了一系列不良后果：增加了教师的教学负担，严重恶化了教学和学习质量，进一步损害了学术职业的吸引力。大学的良好声誉受益于其所培养的人，教师和毕业生本身就是大学的新型财富来源，随着大学对国家的贡献日益增大，教师对大学贡献的是精神财富，毕业生开始对学校做出物质贡献。高等教育创新包括两方面：学术创新和管理创新。当下高等教育创新的困难在于：校长及管理团队寄希望于教师进行教学和科研的创新，而教授学者本人认为这种创新会影响其学术追求上的专注和投入。克拉克·科尔在哈佛大学的讲座中谈到了多元化巨型大学的创新困境："校长的特性……发生了变化……在任何巨型大学中，创新和权力的途径多种多样，学校存在一种'无法状态'；而且校长的任务就是将这种无法状态控制在一定的限度之内……"② 高层管理人员与教学单位的物理距离应有多远？管理团队中良好的工作关系，与真正的大学院系不充分的高层管理，被学界认为是"缺乏平衡和掌控的官僚运作模式"。高层管理若是"自娱自乐"和"自行其是"，与真正的大学及其愿景将会渐行渐远，结果是领导缺乏敬业精神和对大学的持续关注。大多数高校是刚性的，固有的结构与新结构同时存在，当新结构被融入到旧结构中时，组织迅速反应的行动能力就会受到限制。世界一流大学的标准，包括教师队伍的管理水平高效有力、卓越的声誉、研究成果的领先、招生上的竞争优势、教师的选拔、任命的方式、教授的评聘与晋升规则和绩效要求、工作量的定义和控制、绩效考核、薪酬、对学校事务的参与管理、问责等都具有明确而客观的指标体系。

---

① ［美］菲利普·G. 阿特巴赫：《高等教育变革的国际趋势》，蒋凯主译，北京大学出版社2009年版，第223页。
② ［美］乔治·凯勒：《大学战略与规划：美国高等教育革命》，别敦荣主译，中国海洋大学出版社2005年版，第36页。

三 为学生创造良好的学习环境

在高等教育激励的竞争市场中，非学术性因素对一个青少年的入学选择往往产生重要影响："越来越多的高校都使用豪华宿舍设施比如游泳池、以双人床代替传统的上下铺等来吸引学生。"[①] 这些改变对该所大学的学术成就和学术声望也许没有任何改变，关键的变革应该是：改善教师与学生的比例，改善学校的硬件设施，公共财政更多地用于高等教育规模的扩张及对教师及工作人员的工资投入等方面。高等教育也受到全球大幅度财政缩水的影响，"人满为患的教室，图书馆馆藏不足或书籍过时，互联网连接不畅，硬件设施落后，教师研究的时间与支持不足，教学、学习和研究的质量普遍下降。在国家或整个系统层面，紧缩表现在因学校容量有限而无法满足所有中学毕业生进一步学习的愿望；很多有才华的教师流失到经济问题较少的国家，国家无力应对全球知识经济的竞争"[②]。学生也面临诸多困境：学生生活费用的增长，学生们学习时还要打工赚钱、承担债务。如何降低每位学生的教学成本？如何减少教师工作量并提升薪酬？一般而言，减少招聘教师的数量是一个比较简便易行的方法，但是这种方式会影响大学教学任务的顺利完成与完成的质量。在经合组织中高度工业化的国家，大都给大学更大的管理自主权和灵活性。在中等和低收入国家，这种改革往往意味着将大学从政府机构转变到拥有权威的公共机构，这需要启动一系列的保障与规范机制：建立工资与薪金政策；重新分配按照制度确定的优先事项的支出；将未动用的资金从一个财政年度转到下一个财政年度，从而支持储蓄和院校的投资，以阻止或避免损失或者预算超支；迅速并且具有竞争力地与外部机构和企业签署合同；接收和拥有自己的资产，自行承担债务或租借业务。

---

① ［美］菲利普·G. 阿特巴赫主编：《世界级大学领导力》，姜有国译，中国人民大学出版社 2014 年版，第 126 页。

② 同上书，第 46—47 页。

第四节 一流大学与一流学科：现代大学制度的目标使命

在高端人才培养、突破性科学研究和服务社会全局发展方面，世界一流大学具有举足轻重的地位和作用。特别是世界各国都认识到一流大学对民族国家国际竞争力的意义和价值。因此，世界各国都在着力打造本国的"一流大学"或"精英大学"计划，为谋得进入世界一流大学金字塔顶端的入场券，各国政府竞相增加巨额投资和制定战略发展规划。对于仅有130多年现代高等教育发展史的发展中的中国而言，"一流大学，一流学科"建设的梦想追逐从未停止，无论是"211"工程还是"985"工程，无论是《国家中长期教育改革与发展规划纲要（2010—2020）》还是《中国教育现代化2035》，从政府到大学，从国家最高元首到大学学者，都寄希望于世界一流大学对创新型国家和创新型人才培养的可能贡献，为此，国家层面人、财、物的大量投入和各种保障政策，让世界各国惊叹与羡慕。虽然也曾有学者质疑"我们究竟离一流还有多远"，但是，国家顶层设计实施始终未曾动摇并稳步推进，2017年9月教育部、财政部和国家发展改革委发布通知，公布了42所"双一流"建设高校名单和195所"一流学科"建设高校，特别是引入竞争机制施行动态管理。"学科走在高校前面"的显著特征还表现在：中国世界一流大学建设计划方案的发展框架，是以"高精尖"带动"中低端"大学共同发展的良性环境建构为主线，教育部办公厅于2019年4月4日发布《关于实施一流本科专业建设"双万计划"的通知》，教育部全面实施"六卓越一拔尖"计划、为"做强一流本科、建设一流专业、培养一流人才"而启动一流本科专业建设的"双万计划"，以"面向各类高校、面向全部专业、突出示范领跑、分'赛道建设'"的原则，预计用三年时间建设1万个国家级一流本科专业点和1万个省级一流本科专业点。[①]

---

① http：//www.moe.gov.cn/srcsite/A08/s7056/201904/t20190409_377216.html.

"一流大学,一流学科"建设的时间表和路线图都已经上线,建设的思路方法、框架结构、参考坐标、制度规范成为中国高等教育理论与实践研究的热点与难点问题。

一 世界一流学科与一流大学的评价标准

普遍得到认可与通用的世界一流的评价指标包括四个方面:一是根据学业的完成率、学生的评价、毕业生的就业率以及在就业后雇主的满意度来评估教师的成效。二是根据大学和教授的研究绩效每年在权威和科学信息(ISI)期刊和书籍出版的成果来评估。三是根据引文索引和外部研究的支持(企业、基金会的科研资助与扶持)来评估。四是根据研究并解决当地问题的比例来评估。①

世界一流大学不是自封的,而是根据国际认可并由大学评价系统赋予其地位。有观点认为大学的声誉也是评定一流大学的标准之一,大学的声誉体现在毕业生的质量、就业和薪资、研究成果、技术转让等方面的社会评价。世界一流大学的基本特点体现在:高素质的师资队伍、卓越的研究教学质量、丰富的政府和非政府的资金来源、国际化和才华横溢的学生群体、学术自由、良好的自治结构,以及为教学、研究、管理和学生生活配备精良设施。优秀的科研成果获得承认的方式包括:前沿研究在顶级期刊上的采用率、学术界的引用和影响因子;社会上的转化运用,创造出经济价值和社会效益;培养的毕业生在劳动力市场竞争中占据优势。一流大学在三方面特征显著:优秀师资与优秀生源的精英荟萃;资源丰富的学习和研究环境;鼓励创新与发展的治理结构和重视长远战略的自治传统。具体来看,一是精英荟萃。最优秀的师资和学生,"在科学领域,一所大学拥有最知名的科学家,在设备最先进的研究室取得最尖端的研究成果是非常重要的……这是一个滚雪球的过程,在这个进程中一位杰出的科学家获得资助去做令人兴奋的研究,可以吸引其他教师,以及最好的学生,直

---

① [美]菲利普·G.阿特巴赫主编:《世界级大学领导力》,姜有国译,中国人民大学出版社2014年版,第74页。

到足够多的人才大量会集,并对这一特定领域的任何一个年轻的人都具有不可抗拒的吸引力"。但是,高等教育规模的不断扩张,招生政策的开放使得大学难以保持严格的选拔制度。此外,国际维度也成为衡量一流的指标之一,主要是国际学者在大学任教的比例,"世界上最好的大学在搜寻最优秀的人才时招收和聘请大量的外国学生及教师"。二是资源丰富。国外一流大学的四个经济来源包括:政府为行政和科研提供的财政资助、公共机构和私人公司的合约研究、基金和捐赠的财务增值、学费。① 大学的支出水平也是学术业绩的关键因素之一:完善的资助体系,可使大学获得丰富资源,从而创建一种良性循环,进而吸引更多的一流教授和研究人员。三是卓有成效的治理。世界一流大学建立的内外部两个维度:外部——政府角色,大学地位;内部——大学的综合改革。

一流学科的发展依赖于杰出教师和研究者的工作和创造。默顿认为,"现代理论、范式、思想模式的多元性并不只是存在着,也不能简单地看做是伴随着每一研究领域的发展而出现的现象……它是各学科发展中内在地受社会因素影响的认识过程。随着科学的制度化,科学家的研究行为趋向于有条理的怀疑主义和相互批评,从而导致理论上的多元化"②。这也是学科活力的标志,同一个领域内相互竞争的理论对该领域的知识发展贡献卓著,也便于透彻理解社会结构。优秀的学者成为一个个中心从而支撑起学科,学科的发展会吸引优秀的研究生,这些优秀的学者和学人都会分享和强化学科的发展,丰富学科文化,从而发展自身的特色。关注教学的学者,受众是学生,受地方、生源局限;而从事研究的学者,关注的是从事相同或相近研究的全国的同行,影响和受众是全国性的乃至国际性的,因此,研究成果对系科的发展产生重要的影响。研究结果的发表能够提升个人在所属学科的学术声望和学术地位。学术人以创造

---

① [美]菲利普·G. 阿特巴赫主编:《世界级大学领导力》,姜有国译,中国人民大学出版社2014年版,第217—218页。
② [波]彼得·什托姆普卡:《默顿学术思想评传》,林聚任等译,北京大学出版社2009年版,第109页。

学术成果获得声望和尊重，由于对基础性问题关注，大学实现了专业与跨学科，实用研究与基础研究的协调，学术交流和交流频度的扩展，使得大学的自我再生、自我扩展成为可能，从而进一步强化和改进了学术的秩序。

二 世界一流大学与一流学科建设的价值

"双一流"建设的初衷是伴随着知识经济的出现，期待高水平研究型大学在建设国家核心竞争力方面发挥关键作用。国家希望了解其大学在世界大学中的优势和劣势，大学排名便于获得这方面的信息。不同的大学排名提供了不同国家大学的比较信息，可以提供给各国政府知晓其本国大学的国际地位的信息。这些大学排名给不同的国家和大学带来满足感和危机感，比如，欧洲教育专员向媒体表示："如果你看上海的大学排名，我们在数量和潜力方面是最强大的区域，但是我们在质量和吸引力方面已经转移到次要的地位。"[①] 法国在上海大学排名中名次落后引发法国全国关于高等教育的辩论，并出台相关法律给予高等教育更多的自由。在许多国家，大学全球排名已经成为其全国性高等教育和研究政策辩论的一部分。各国政府不仅用全球大学排名来判断自己国家的大学，同时也以此甄别其他国家的大学资格。许多国家制定规划目标，并寄希望于在一定期限内让其本国的高水平大学和一流大学进入世界一流大学之列。

毋庸置疑，世界顶尖大学成为全球性的、当然的知识交流站，从海外吸引留学生和优秀学者，也向海外传播其价值观和理念。一流大学对国家科技进步发挥了重要作用和作出了巨大贡献。有一则逸事：剑桥大学的冈维尔奇斯学院（斯蒂芬·霍金生前是此学院的高级院士）在其校史上是获得诺贝尔奖人数第二多的学院，但是其学院的谦逊作风却名列第一：其学院网站不愿列举著名毕业生，因为"倘若过

---

① ［美］菲利普·G. 阿特巴赫主编：《世界级大学领导力》，姜有国译，中国人民大学出版社2014年版，第141页。

第五章 实践路向：现代大学制度模式建构的中国特色

分关注'知名人物'，就可能忽略曾经而且继续让学院充满活力的众人"①。一流大学在全世界选拔最优秀的学生，尤其是选拔最优秀的研究生来维持其在全球的学术地位，以不断增强大学与世界知识界的联系。另外，一流大学对于社会阶层流动性的意义和价值同样功勋卓著。

实现建立世界一流大学的目标是发展中国家高等教育的共同愿景，因为高等教育的投资回报具有长远的社会价值。一流大学的卓越不仅在于其学术成就的伟大，也包括在公众中的声誉及其所带来的经济利益的卓越。一流大学的管理责任体现在："大学的校长们肩负着使他们的大学尽可能'伟大'的责任，教授们希望把他们的系办得尽可能的'伟大'。"② 大学的校长和院长大多是因为学术成就杰出而获得行政职位，但是在管理、行政和规划能力等方面都有待提升。大学管理者的共有特征是：具有学术能力和战略眼光、优良的品德和优秀的沟通协调能力、有效化解危机和平等咨询的胸怀态度、果断坚定的决断能力和勇于担当。杰出的大学管理者应该通过保护学术自由，来捍卫学术共同体的利益及其成员的学术权力；在管理中，引入分权和问责制并将其贯彻到底；崇尚卓越的学术标准，并以能力为标准选拔任用人才。卓越的大学管理者还要有能力了解所在大学的发展史，具有清晰可行的发展规划、咨询协商的机构来支撑。由于"战略计划对院校而言是获得政府资助的一个有力的工具，事实上，是以另外的资源来推动原有的资源"③，因此，中国大学在进行战略规划的过程中，需要积极寻求教育部、国家计划办、财政部的支持。世界一流大学处于研究型大学的顶端，一般选择参与治理模式，但是，这不是高等教育系统的全部，对于不同类型的院校，鉴于其教育任务和传统差

---

① [英]柯瑞思：《剑桥：大学与小镇800年》，陶然译，生活·读书·新知三联书店2013年版，第123页。
② [美]爱德华·希尔斯：《学术秩序——当代美国大学论文集》，李家永译，商务印书馆2007年版，第30页。
③ [美]菲利普·G.阿特巴赫主编：《世界级大学领导力》，姜有国译，中国人民大学出版社2014年版，"前言"，第2页。

异，要区别对待和适时调整，进行不同的治理安排，这种治理安排要依据具体院校的情况而定。

三 科学理性看待世界大学排名

政府和大学重视和在意排名是因为："全球排名是一个有效的工具可以用来建立维护它们的名望，同时也可吸引人才和资源，获得公众更多的支持。一些大学已经在它们的校刊、年度报告和宣传手册上援引它们的全球排名。相反，全球排名对表现不佳的大学（至少与期望相比）以及未能进入排名的院校可能产生负面影响。由于全球排名的巨大影响，进入世界大学排名已成为所有大学的共同心愿。"① 很多大学为提高或跻身于世界大学排名前列，已经开始或正在建立正式的内部机制去监测自身的表现和世界的排名变化，采取符合自身发展特点的战略规划、管理或学术上的对策。

参与全球大学排名的院校应切实综合考量这个问题：全球大学排名的名次提升是否真正标志着其全球竞争力的实质改善，这些提升是否与其大学的核心价值观或经济承受能力相一致。能够参与全球流动的学者毕竟数量有限，而且排名靠前的大学的经费开支也不是一般大学所能承受的，因此，对于发展中国家的大学而言，盲目追求大学排名可能是危险而有害的。现有的大学排名是确定质量的指标系统，其排名的方法都不同程度地存在一定的局限：上海交大的世界大学学术排名主要采用测量科研能力的指标；《泰晤士高等教育》排名对生源调查给予很大的考量；其他全球排名则依赖于文献计量学或网络测量或其他特殊的测量。大学排名由于指标不同，导致排名结果有差异。没有任何大学排名可以对大学进行全面综合的比较，而且学生的学习成果几乎未被考虑，大学对经济的贡献也常被忽略。正是由于大学排名存在这些局限性，所以说，大学排名靠前并非意味着这所大学在所有方面都优秀，也许排名低的大学在教学和技术转化等方面更加卓

---

① [美]菲利普·G.阿特巴赫主编：《世界级大学领导力》，姜有国译，中国人民大学出版社2014年版，第142页。

越。例如，在全球教育市场，国际学生的比例可以表明大学成功与否，但是它与大学吸引最优秀的学生或它们的教学质量几乎毫无关系。因此，大学应该"看具体指标，以便更好地了解它们成绩的决定性因素，然后，才有可能有针对性地提高教学、学习和研究的质量"①。

第五节 科学研究与学术职业：现代大学的评价聘任制度

正如麦克斯韦所言，"当人类开始相信，为了理解事物的本质，他们必须开始问的问题不是一件事是好是坏、是有害还是有益，而是去问它们是什么类型以及存在程度如何，这是科学的一大进步"②。大学教师的工作有利于提高其认识与感受。我们要理性看待学者与学科传统的关系，"对科学的过程和历史性质的正确认识唤起了部分学者具有谦逊的态度。因为他们明白，他们的观点既不是绝对新的，也绝不是最终的，他们所知道的一切主要源于前人的工作，并将反过来得到后人的修正"，因此学者和科学家必须具有谦逊的品质。不存在纯粹的原创，因为所有的创新都与以往的存在具有连续性，默顿认为，"在科学中不存在无中生有的创造或绝对的创新性。学者试图去整理、重塑和丰富他们所处时代存在的知识。因此，科学家不会使自己孤立于其学科的学术传统"。他说，"我们任何一个学者或科学家都只是小人物，因为我们依赖于巨大的学术遗产，是它们为我们提供了起点"。而且"各个学术领域中经典作家的著作可以反复不断地去阅读，每次重新阅读时都会有更多的观点和收获"③。这就是所谓的"站在巨人的肩膀上"，无论是自然科学还是社会科学的发展都要遵

---

① ［美］菲利普·G. 阿特巴赫主编：《世界级大学领导力》，姜有国译，中国人民大学出版社2014年版，第145页。
② ［波］彼得·什托姆普卡：《默顿学术思想评传》，林聚任等译，北京大学出版社2009年版，第88页。
③ 同上书，第19—20页。

循这样的规律。

一 从事科学研究与学术职业的态度与精神

学术共同体应是科学研究成果有效交流的系统。科学成果和研究过程原则上应让其他学者看到:"为了促进科学进步,仅提出丰富的思想、开发新的实验、阐述新的问题或创立新的方法是不够的。必须有效地与他人就创新进行交流……为了科学的发展,只有那些能及时被其他科学家有效认同和利用的研究成果才是有意义的。"① 怀特海说:"一门总是无法忘怀其创始人的科学是无希望的。"伽利略认为:"一个人若总是顾虑别人的著作,从不抬起自己的眼睛去注意自然界之杰作,他永远也成不了一名哲学家。"② 对前人研究的科学态度不以前人的结论为最终定论,关键是关注其有见地的见解。"学者依据积累形成的问题及对这些问题的系统研究,对前辈提出的观点作出扩展和深入分析的方式……即从大师的著作中反复引述'定论式'段落的方式"而获得新知。③ 学术职业人的"工具和理性行动是基于目的的合理性,这是指对达成目的可资运用手段的估价,在此基础上去追求一个限定的目标并设法预测其可能的后果"④。在坚持学术理想和学术信念的基础上,学术职业人追求学术价值合理性意味着,以始终不渝的志向去追求既符合本人价值取向又与社会利益一致的责任目标。

阿特巴赫对发展中国家学术职业的未来悲观地预言:"发展中国家的学术职业总体上向人们展示了一幅令人沮丧的图景。尽管改善的希望不是很乐观,但是某些具体的改进也可能会提高学术道德、教师生产率的发展,也许最重要的是,促进大学和其他学术机构的质量改

---

① [波]彼得·什托姆普卡:《默顿学术思想评传》,林聚任等译,北京大学出版社2009年版,第59页。
② 同上书,第20页。
③ 同上。
④ 苏国勋:《理性化及其限制——韦伯思想引论》,上海人民出版社1988年版,第82页。

善。"但是发展中国家的学术职业也呈现出有希望的图景，许多学术职业人以学术为志业，"自愿选择学术人员的生活，在艰苦的环境中辛勤工作……学者们受到普遍的尊重。尽管教授工资较低，但教授是一个具有很高社会地位的职业。学问备受推崇，一个知识渊博的人可以获得崇高敬意……大学生活仍然具有相当大的吸引力。因为大学工作毕竟属于精神生活。那些满怀激情、追求学术真知的人们能够忍受许多艰难困苦，以到达学术生涯的彼岸"①。

二 科学研究的标准与原则

学者所确立的科学研究的标准"来源于更成熟的学科，这些学科处于完全不同的发展阶段：'我们……恰逢这样一个时代，其中一些自然科学在理论和实验上获得相当大的精确度，手段和工具也很丰富，而且有大量的技术副产品'"②。许多社会科学学者将其视为自我评价的标准是一个错误。在大学或学院的科层制度下，创新并不像学术机构工作中那样体现出制度化的过程。"由于大学的改革，并不是要在主要的规划和管理学刊上正式宣布的，也不是要在全世界范围内宣传介绍的，因而其改革并没有受到广泛的监督和检查……在重要的基础科学研究部门，那些发起于民间的创新活动是改革的一种重要形式。"③

在一定意义上，学术发展进程"是科学知识的选择性和不均匀的积累，它的总体方向则最终是进步的"。知识的积累经过了修正和取代，"当研究沿着这些路线进行，它找到了一个理论缺口：这套观念被发现不够具有辨别能力，不能处理它应当在原则上适用的现象中一些方面"④。这时候就需要对准则、规则和原则进行修正，因为

---

① ［美］菲利普·G. 阿特巴赫：《高等教育变革的国际趋势》，蒋凯主译，北京大学出版社2009年版，第131页。
② ［波］彼得·什托姆普卡：《默顿学术思想评传》，林聚任等译，北京大学出版社2009年版，第85页。
③ ［美］罗伯特·波恩鲍姆：《高等教育的管理时尚》，毛亚庆等译，北京师范大学出版社2008年版，第111页。
④ ［波］彼得·什托姆普卡：《默顿学术思想评传》，林聚任等译，北京大学出版社2009年版，第69页。

学术的准则是严谨研究的前提；其中"超然"的研究、寻求规则的研究、解释性的研究，其"理论的力量越大，它能解释现象范围和种类也会越大越多"。由于科学成果具有双重基础，即经验基础和理论基础，科学成果具有潜在的价值或功能，即认知和实践，因此，从事科学研究要建构"双重信念：基础性的科学知识除了自身的价值外，无论如何，它还终将带来各种有用的结果，服务于社会中的各种利益需要"[①]。尊重学术伦理以保证大学注重基础研究和长期项目的可能性，学生可以自由掌控利用数年时间完成博士学位，大学研究重视"新知识应该及时与世界分享"，学术界尊崇其所坚守的"开放和透明的悠久传统"，"不发表即死亡"的紧迫制度强化了这些规则。默顿与韦伯一样反对科学研究过程中的价值渗透，并认为如果研究受到价值干预是违背研究的合理性和合法性的。因此，默顿认为，"道德问题是社会学研究过程中问题形成的固有部分……科学家跟其他人一样也有价值观。当然，这些价值观影响着他们对研究问题的选择。在这种意义上，无论一般性的科学还是专门性的社会学都不是价值无涉的……不管是有意的还是无意的，问题的选择都是'价值相关的'"[②]。获得重大研究发现有许多模式，默顿提及的其中之一是"意外巧获模式……（即）对新发现不是按图索骥，而是有准备的大脑偶有的发现……因此意外巧获模式包含一些未预期的、反常的和事关紧要的事实资料，它们会对研究者寻求能延伸理论的新的研究方向施加压力"[③]。

三 学术研究与学术职业规范制度

大学内部以一种批判性和规范性来对待科学与学术中的奖励系统。学者从事学术研究要遵循学术的标准和方法，"获得一定理想程度的客观性、有效性和应用性，科学标准和方法已经形成了关于这个

---

① [波] 彼得·什托姆普卡：《默顿学术思想评传》，林聚任等译，北京大学出版社2009年版，第89—91页。
② 同上书，第93页。
③ 同上书，第95页。

世界的……知识"①。R. 迪宾对规范结构进行了扩展分析，提出了人们据此调整其行为规范更为细化的区分，他除对价值观，即文化目标进行区分外，又将规范区分为"制度规范"和"制度手段"，这对学术共同体的学术制度而言更为有效，学术制度在大学背景中得到体现。他认为，"制度规范设置了这样的限制，在这些限制之间制度手段被规定了——也就是在特定制度中对合法行为的限制。超越这些规范就属于非法行为"。在一定意义上，创新意味着对以往规范和手段的取代，可分为"规范创新""运作创新"和"制度创新"②。R. L. 科塞认为，现代社会中的个体自主性是由现代社会结构各部分的复杂性、异质性和不一致性而导致的："现代社会的个体所面临的多样性期望，可能是不一致的或相冲突的，或者更准确地说因为它们就是如此，从而可以说跟没有这种多样性相比，它们以更加自我意识的方式，使角色的清晰性变得可能。"在学术共同体中，个体的个性、独创性、反思性、创新性、灵活性、自我导向性、非狭隘性和相对性的观点和态度得到鼓励，"复杂的角色丛与分化的角色并未放松对个性的限制；它们是个性基本的结构前提条件"③。因此，社会结构塑造人格与特征，进而塑造整个社会生活的另一种方式。

国家从中央政府、地方政府、企事业单位和基层组织等层面鼓励创新，激励和支持创新的机构越多，创新就越广泛，也更稳定。因此，"没有创造就没有科学。局限于以往的知识、拒绝沿着新的方向向前发展的科学，是名存实亡的科学"④。对待学术研究，研究者的策略是：第一，学习选择和鉴别的方法，"指不断努力地从过去的大师中吸取他们的核心思想，并对不可避免的无关紧要的贡献、盲点或根本的错误作出甄别。早先的巨人必须得到辨认，这不仅因为他们是古人，而且因为他们是巨人"。第二，不断批判阅读，"要与大师建

---

① ［波］彼得·什托姆普卡：《默顿学术思想评传》，林聚任等译，北京大学出版社2009年版，第242页。
② 同上书，第182页。
③ 同上书，第189页。
④ 同上书，第20页。

立一种批判性的对话关系，通过新的视角和方式、新发现、新经验、新收集的资料去解释自己的思想"。借用默顿的话："从过去的著作中发现的东西，绝对不是固定的、一次性的和完全的。它会随着我们自己的学术敏感性的变化而变化；我们自己懂得越多，我们通过重读从我们新获得的角度中学到的东西就会越多。"第三，对已有成果中的不足进行批判性丰富与补充或拒绝，如果发现过去的观点不完整、不充分或已过时，要求对其进行批评性的丰富、部分的补充或拒绝，因为"创始者的荣誉，不是来自对其早期发现的热心重复，而是来自对他们的一些思想和发现的扩展、修正，并且最常有的是拒绝"①。

  决定学术研究模式的公理和准则是什么？学术组织和大学治理中，哪些方面必须或者可以仿效？韦伯认为，"当行政管理从依赖于传统价值观或魅力型领导的特质，日益转向依赖于理性或法律的基础时，组织合法化的根源就发生了转变。在现代社会中，组织只有遵守理性的（例如科学的）规定和法律或者类似于法律的框架，才有可能被认为是合法的"②。衡量大学治理的标准之一是教授和学生参与治理的程度和保障："一个公平的治理等级制度要求明确和广泛的协商和问责机制。每个人都应该能够向直接主管以上的负责人提出请求。一位教授应该能够寻求一个院长以上的领导以及一个学生应该能够寻求教师以上的管理人员。"因为社会现实与学术研究之间存在差异，因此，问责制包括对上级主管及组织的义务，也包括各层次管理的透明操作。大学的行政管理层应该与政府部门达成一致的明确目标："个人和院校的权利及责任应该足够清楚地去明确失败的责任……综合教学、科研以及学术自由的重要权利很容易造成教授义务的模糊以及自我服务观念。"③

---

  ① ［波］彼得·什托姆普卡：《默顿学术思想评传》，林聚任等译，北京大学出版社2009年版，第21页。
  ② ［美］W.理查德·斯科特：《制度与组织——思想观念与物质利益》，姚伟、王黎芳译，中国人民大学出版社2010年版，第159页。
  ③ ［美］菲利普·G.阿特巴赫主编：《世界级大学领导力》，姜有国译，中国人民大学出版社2014年版，第73页。

四 学术职业聘任制度的变革

学术职业的使命是创造与传播知识，塑造灵魂，培养受过教育的各界领袖，这些都是一个健康和谐发展的社会所不可或缺的。学术职业遴选的原则旨在提高教学与研究的质量。对教师的选拔原则在于学术成就和学术志向，特别是青年教师的学术志向。大学的不同结构会使选择更加复杂，特别是对于发展中国家的高等院校而言，选择和建构一个可操作的、符合本国实际的标准至关重要，因此，"只是单纯地照搬资深和比较富裕的研究型大学的做法并不会产生实质的效果，因而世界一流大学的榜样吸引只会迫使院校走向错误的方向和决定"。从国家战略和社会发展需要的角度看，可以实现最大成效的仍然是大学的使命和目标，"这就需要一种有别于一些'世界一流大学'模式的教学和研究的平衡"①。一般而言，对一流大学模式及其教学与研究主题的选择，更多倾向于国家战略需要的考虑。全世界的学术聘任的性质都在发生变化，传统上，西方大学终身教职的获得者致力于教学与科学研究，并有责任参与学校管理。但是，现在欧美大学中尽管保留了终身教职，但是，新聘教师中专职、终身聘用的越来越少，兼职和临时聘任的越来越多。

具有学术探究能力和倾心教学的教授，对大学知识创造与人才培养最具贡献力。教学与科学研究的并驾齐驱是大学为之奋斗并实践至今的神圣理想。然而，教学与研究之间也存在微妙的制衡张力，幸运的是，在大学史上二者之间还从未发生过偏离，在大学机构的管理中坚持了这一原则。在别国大学或异地大学的学术经历，使得学者和学人之间建立联系，同时激励学者和学人对同一学科的深入探究，并扩大其在公共生活中的影响，这种学术交流经历对学者的学术生涯有重要的、深远的影响。如果一所大学的研究空气非常稀薄，学生无法在课程上发出自己的声音，教师的教学不能分享知识世界的经验，这就

---

① ［美］菲利普·G. 阿特巴赫主编：《世界级大学领导力》，姜有国译，中国人民大学出版社2014年版，第73—74页。

不是一所真正意义上的现代大学。

学科的发展有赖于学科中一个或多个杰出的领军人物,这些支撑学科的杰出人物既是学生的教师,也是可供同行学习和模仿的研究者。在美国,大学教师随着其学术生涯的攀升,会在大学间流动,这不仅不会影响学术秩序,还成功地避免了英国大学传统的近亲繁殖,培育了学术领域内集体身份感的形成,使参与者更深程度地体悟和感受学术秩序和在学术界的经历;学术人员在学术圈内外的流动,是对学术秩序的一种巩固和更新,最终形成的是专业的学术领地。学者个人的学术成就和学术声望对系科发展具有重要的影响。当今的大学排名都依靠强势学科支撑,杰出学者支撑强势学科。一所大学如果能有八到十个系科成为所属学科的学术中心,那么,最直接的结果是研究生蜂拥而至,这些系科就会发展成为杰出学者会聚的重镇。学科的发展成长还要依赖拥有独立体系的学科文献,这些学科文献将巩固学科,加强学术人的身份认同并分享和强化学科文化,从而形成学科的自身特色。学术成果越专业,专业化越势在必行。专业化有其光芒和阴霾,专业化的贡献是在其学术领地增加了有意义的知识体系。因此,专业化加深了对学术工作恪尽职守的道德色彩。

跨学科研究的价值与意义在中世纪大学时代开启,研究者从教育学、社会学、哲学等学科的同行专家的研究成果中获得启示,以综合的方式方法探究问题。这也是由于我们今天面临的教育问题的复杂性与多样性,学术职业人从青春的无畏到对色彩缤纷环境的敏锐觉察,表现出其学术研究中创新的勇气和激情,创新研究的目的是着力探寻大学对社会的功用价值。学者与学人分属于不同的学科,耕耘于不同的学术领地,各种科学和学术学会、学术刊物等组织,不仅赋予各学术领地以正当性和合法性,同时也是提升学科和学者的地位,增强其公共影响力的阵地。学者和学人所付出的努力会让自身体验到学术进步的力量感,从而形成学术共同体,以提升学者学人的整体士气。学者学人的士气可以激发学者和学人相信学术的价值和坚定学术的信念,以追求真理为天职并据此让世界变得更加美好。

第五章　实践路向：现代大学制度模式建构的中国特色

第六节　学术规范与问责激励：现代大学发展创新的保障机制

罗伯特·默顿所主张的学者的方法论自觉就是要坚守最基本的、系统的、严谨的和持续的研究规范。作为学者知道自己在做什么是非常重要的。他反对那种只空谈不观察，或者只观察而不思考，或者只思考而拒绝系统研究检验的学者。在规范结构的每一个内部层面，都有失范、社会学的矛盾选择和角色冲突三个基本类型，而且其规范各不相同。规范缺失或失范的概念来源于涂尔干的原创性著作，"失范指的是社会系统的一种特征……它指的是约束行为的社会标准的崩溃，也意味着缺少社会凝聚力。当一种高度的失范出现后，约束行为的规则就失去了其意义与威力。不再形成一种社会秩序，以使人们能够放心地对其信任。因为社会系统内部或多或少地丧失了广泛共有的意识，即哪些该做，哪些不该做，哪些是被允许的行为方式和哪些是被禁止的方式，所以社会互动过程中哪些是人们合法预期的，大学都不清楚了"。默顿所指的这种失范是"一个特殊情况源自制度秩序内各制度之间的失调"[①]。在教育秩序中，文化目标与制度规范共同起作用，大学倡导创造性的价值观，强调遵从独立解决问题的规范。

学术共同体的评价和奖励系统，是对科学成就进行奖励的、复杂的分配机制，其中最重要的是同行的认同与奖赏。这种认同和奖励可以体现在许多形式之中："参考、引证、奖项、奖章、名誉学位、学术团体的成员资格、诺贝尔奖和以名字命名形式的科学不朽。"[②] 在默顿眼中，奖励的制度化分配是实现遵从规范和价值观的主要机制之一，避免学者对"认可"盲目追逐，这将背离公平的理念和正义的分配，"非常有名望的科学家更有可能被认定取得了特定的科学贡献，

[①] ［波］彼得·什托姆普卡：《默顿学术思想评传》，林聚任等译，北京大学出版社2009年版，第170—171页。

[②] 同上书，第60页。

并且这种可能性会不断增加,而对于那些尚未成名的科学家来说,这种承认则会受到抑制"。马太效应就是名气带来名气,"包括合作情况、多个作者的贡献和多重发现、独立发现。在这两种情况下,有名的学者(例如,诺贝尔奖得主)趋向于得到不成比例的甚至是全部的功劳"。同理,产生了"第四十一席位现象","由于法兰西学院严格限制其成员为四十人,每个学科的金字塔顶端的位子非常有限。奖励的有限意味着实际上一些学者的贡献没有获得应有的奖励"。比如诺贝尔获奖问题,"很多没有得到过也不会得到诺贝尔奖的科学家,对于科学进步的贡献毫不逊色,甚至要超过一些得奖者"①。

一 有效治理的保障激励与问责

学术共同体内部的效率实现,无法回避其内在的冲突的困境本质,如果仅仅借助裁员、分流、降薪等制度规约和惩罚来"逼迫"学术人转变或多出科研成果,则会导致"学术共同体的分崩离析",仅仅基于制度理性的权威是现代企业内部的分配,而学术共同体自有其内在的法则。大学治理是学术管理人员与学术人之间的一场心理革命,其基本精神是通过学术管理人员与学者双方的思想变革,弥合彼此的矛盾,使双方由对立走向共同合作,从合作中获得双方更多的目标的达成。这种精神转变的实质就是实现学术管理者和学者之间的和谐,从而实现学术共同体成员的共同目标。

大学有效治理的原则:一是学术自由。世界级大学的影响力主要得益于学术自由对学术、教学和学习的切实有效保障。学术自由即"学者追求其研究、教学,并且不受院校约束和限制去出版和发表文章的权利",在学术界"新的想法和创新的推动者就如社会经济进步的驱动力量一样充满活力……扼杀思想活力的代价是高昂的"②。学术自由用以保护学术人在专业活动中免受来自政治或其他形式的干涉

---

① [波]彼得·什托姆普卡:《默顿学术思想评传》,林聚任等译,北京大学出版社2009年版,第61页。
② [美]菲利普·G. 阿特巴赫主编:《世界级大学领导力》,姜有国译,中国人民大学出版社2014年版,第69页。

或干扰。但学术自由的权利也不是没有限制的,自由主要适用于"教师和其他学术工作者的专业",专业之外的自由应以法律和规范为限。在西方,学术自由在大学治理中用以保障学术职业,如终身教职。二是共同治理即合作治理。其目的是"确保决策由那些最有资格的人去制定。在制度层面,它需要在制定国家高等教育政策时给予院校或它们的代言人一个应有的角色。在院校层面,它可以确保在制定政策时能够听到教师们的声音"①。特别是在课程设置和教师职务聘任方面的教育政策的制定,教师的声音很重要。在美国"如果一个院校的预算是由国家提供的,那么,政府意志在一定限度内是'作决定者'。即使没有提供资源,公共部门享有规范教育的权力通常是可以理解的"②。管理人员需要有良好的判断力并保有对专业学者的尊敬,管理人员虽然不是大学学术或教学领域的专家,但是,对于大学的管理,需要对商业公司的、不适用于大学的管理方法予以摒弃。在大学里,拥有学术地位和学术权威的人拥有更大的话语权,参与治理也是共享治理,是为了提高大学在教学、科研和服务方面的有效性。参与治理的功能发挥如果受到限制,会使大多数人无法接触到核心任务,创造智力资本就会受到限制或阻碍。"共同治理需要所有参与的人付出代价",学术事务应该由校长和教师管理,以"防止利益冲突将会有助于提高决定的质量"③。

二 学术失范与问责机制的规范

大学科学研究的丑闻和大学组织的复杂性,使民众对大学可能带来的风险表示担忧,大学比以往任何时候都要承担更大的公共责任:接受更多的来自各方的检查和承担所规定的约束责任。政府对高等教育的影响力日益增大,在质量保证、社会参与的广泛性、财政资助等方面加大对高等教育的监管,从而造成受到监管的组织和个体不满。

---

① [美]菲利普·G.阿特巴赫主编:《世界级大学领导力》,姜有国译,中国人民大学出版社2014年版,第69—70页。
② 同上书,第70页。
③ 同上书,第71—72页。

因为大学总是要借助政府力量捍卫自己的地位，因此，大学在政府日渐增强的监管下并不总是俯首称臣。凡是高等教育中新增的机构都要遵循大学的传统，以质量保证和学术研究为基准，政府对大学的管理也要以此为前提："基于回报日益递增的制度化观，强调的是物质激励的作用；基于承诺日益递增的制度化观，强调的是身份的作用。而随着客观化日益增加的制度化的观点，则强调的是思想观念的作用，文化——认知制度理论家们强调，思想观念——信念、图式和各种预设——在制度化过程中发挥着重要的作用。"坎贝尔指出，"各种形式的思想观念都会发挥这种制度化作用。其中最有力的思想观念是存在于讨论背景之中的、被视若当然的各种预设和假定"①。大学制度规范的正向引导和细则明确会产生重要的激励作用，例如，如果学术职业人的报酬与其学术成果产出正相关，那么，这种绩效考核就会发挥积极的导向和激励作用。

学术规范讲究系统和注解的文风，学术人生活在大学生活世界里，是道德的存在。学术人生活于学术共同体之中，获得成长与发展的条件。在学术共同体宽松的氛围中，自由与思想的力量得以迸发，从而获得思想自由的独立力量。学术职业人共同建构也相互依存于学术共同体，这种共生是一种思想解放的共生。学术共同体对学术职业人进行道德上的规约，拒斥并问责学术失范的行为。因此，大学的制度安排应是鞭策学术职业人从事高贵事业、引领风尚、激人向善、奋发有为的激励和保障，这种信念应在学术共同体内生根茁壮。学术职业人应有这样的自信：学术道德规范的实施进程应是人性化的，在制度安排中，要排除任何非人性化的因素对制度的可接受性和可执行性的消解。大学里学术不端与失范产生的原因之一是大学惩戒的匮乏与软弱。学术不端和失范产生的外部原因是社会缺乏施加这种惩戒的社会机制。因此，大学学术道德规范需要重新定位其所处的学术生活背景。西方文明孕育出超乎想象的现代技术，理性化的技能训练制造出

---

① ［美］W. 理查德·斯科特：《制度与组织——思想观念与物质利益》，姚伟、王黎芳译，中国人民大学出版社2010年版，第135页。

纯粹的技术统治和官僚统治。但是，任何人都无法做到遗世独立，人与人之间是相互关联的，在大学的学术共同体中，学术职业人共存共生于学术共同体内，为学术共同体负责，为彼此负责，为自己负责。从整个社会环境来看，现代大工业生产、官僚体系及科学技术等这些强有力的工具取得巨大的成就，但同时也带来弱化、隔离与边际化了人与人之间关系的不良后果。由于道德的内驱力、道德责任的产生与人与人之间的距离成反比，因此，大学作为学术组织，其成员的思想自由与精神独立，在一定程度上削弱了道德的约束力，距离接近，责任增强；距离疏离，责任弱化。在学术共同体内部，学术道德不仅通过教化、社会化的学习来实现，它还是一种良知，是学术人品格的外化。同时，作为理性组织的现代大学，不遵从社会认可的规则也属于不道德的行为。

三 学术规范的目的是保障发展的自由

人如果意识不到自身的存在，就会迷失，这也是现代人的困境之一——自我的迷失。个人责任感的丧失也是人性的丧失。大学及大学人的存在感其实主要不是来自外部而是来自自身，"存在感越强、越深刻，个人自由选择的范围就越广，人的意志和决定就越具有创造性和责任感，人对自己命运的控制能力就越强。反之，当一个人丧失了存在感，意识不到自我的存在价值，就会听命于他人，不能自由地选择和决定自己的未来，就会导致心理疾病"[①]。大学人也处于焦虑之中，对现代社会的深刻洞察、对自己生活的反思，置身于现代社会的情境下，面对日趋恶化的生存环境，大学人更要深刻地面对的还有自己，担当起自身和引导年青一代成长和发展的责任。大学行政权力和学术权力的博弈导致对权力的反抗和对乌托邦的期待。学术权力也来自社会，是由共同体中行动一致的学人所赋予的。大学里学者和学人的自我肯定是肯定自身对学术追求和探索的价值，自我坚持是对探求

---

① ［美］罗洛·梅：《权力与无知：寻求暴力的根源》，郭本禹、方红译，中国人民大学出版社2013年版，"总序"，第14页。

真理的执着。大学人拥有权力才能承担起所应担负的责任。中国大学的综合改革，对学术共同体中"某些人产生明显的压力，使其出现非遵从行为而不是遵从行为"。这是默顿著名且有影响的"失范和越轨理论……某些越轨行为是由结构性压力导致的。有些压力产生于给人们指定了特定目标的规范结构；一些压力产生于阻碍了他们获得实现这些目标的合法手段的机会结构"①。

学术职业人之间与学术组织之间的能动性是有差异的，能动性本身是社会地和制度地建构的。无论是大学还是学术职业人，因为内外部压力而逃避责任，这是大学责任缺失的主要症结所在。相信真理的力量，并坚信真理能够引导人们通往真理的正途，这是大学的教师与学生不能轻言放弃的责任，这是社会对大学及学术职业人的信任与厚望。同时，这也是大学和学术职业人的自由选择与执着追求。

总之，学术职业的专业化虽然降低了学者对其所共有的学术共同体文化的认同，但是学术职业的专业化强化了学术秩序在学术机构中的主导地位。学术职业的专业化使大学拥有了崇高的声望，但是专业化也不是绝对的，专业化是学术道德自律形成和有效做研究的一种方式。与此同时，传统的、视野宽阔的思想依然具有生命力，专业化的学术机构的地位也会因此而遭受影响。面对国际高等教育体系的多元化，发展中国家创建世界一流大学的最大困境，一方面是财力，另一方面是发展中国家从国家战略高度对其重视的程度不同。在一定程度上，世界一流大学的创建与治理难以超越其传统学术决策范式的制约与束缚。

---

① ［波］彼得·什托姆普卡：《默顿学术思想评传》，林聚任等译，北京大学出版社2009年版，第144页。

结　　语

　　全球化背景下中华民族的文化自觉和文化自信需要人的自觉和自信。教师、作家、艺术家、新闻记者，他们是"民族文化和民族思想的专门持有者"[①]。在韦伯看来，"文化的主体内容是人，因为只有人才能够对世界抱有价值态度，才能够找出世界的内在意义。从这个意义上说，文化是一个民族的精神存在……民族的意义通常体现在文化价值的优越性上，或者至少是不可替代性上，这种文化价值只能通过培养团体的特性来保持和发展"[②]。伴随着高等教育的大众化，民众、媒体等对大学发展及其事务给予更多的关注。越来越多的人在接受高等教育，不同层级的大学所培养的毕业生的出路不同，在这些不同的大学里，教师和学生的士气也不同，人们对高等教育所寄予的高期望值开始下降。谁来为高等教育代言？高等教育如何让受教育者安身立命？在精英高等教育阶段，人们对其充满信心。而如今，事关高等教育的公共负面舆论不时见诸媒体报端，高等教育承载了太多的问责压力且被推到公众舆论的风口浪尖，高等教育的未来何在？美国高等教育专家克拉克·科尔对高等教育的未来发展趋势发出悲观的判断。而刚刚踏入大众化之列的中国，在社会变迁和教育改革的浪潮中又会做出怎样的选择？大学为了得到经费支持是愿意接受问责，还是基于研究或者大学建设本身而必须承担责任？这成为大学责任缺失的主要症

---

　　① 转引自冯刚《马克斯·韦伯：文明与精神》，杭州大学出版社1999年版，第186页。
　　② 同上书，第183页。

结所在。现实昭示着未来,教育的未来不仅主要取决于教育制度的内在因素,还取决于外在因素,政治、经济、社会和文化的发展都将影响未来的教育。当下,我们面临的共同使命就是建立世界新秩序和构建人类命运共同体,这都将对未来的教育产生重要的影响。这两项使命也是学者和学人不能轻言放弃的责任。

  对现代人类命运的深切关怀和对人类社会未来出路的探寻成为现代人必须面对的命运。韦伯强调,"真正使后代受益的,不是为后代提供使他们'丰衣足食'的物质条件,而是培养他们具备并发展那种构成我们人性中伟大和高贵的素质"①。谁要是以为全球化就是为各民族提供了一种相互间和平共处、共同追求"人类幸福"的秩序基础,那这显然是一种天真的想法。全球经济竞争也是不同文化价值观念、取向、民族素质之间的竞争。现代社会官僚制的致命危害是消解了个人承担责任的原动力;解构一切超越的精神,却无法从自身确立最新的价值目标。连接合法性和合理性的桥梁是自由价值。科学信仰的无所羁绊,科层制的一统天下,人类的自由、负责任的行动以及有意义的存在都受到了威胁。自由为效率付出了离场的代价,未来是否会是一个前所未有的文明社会?是否还会有人生活在铁笼之中?日趋完备的机械化正以奴役形式形成对人的桎梏,从而迫使人们的生活方式与古典自由理想渐行渐远。

  制度模式具有可借鉴性。在现代大学制度发展史上,有许多我们可以学习借鉴的经典制度样态,制度借鉴与应用具有三方面的重要意义:第一,规则和结构的实施程度,标志着制度结构的力量在不断增加指标,即制度化;第二,各种制度要素被运用,就是被组织采纳并被整合进组织之中,进而产生制度影响;第三,新的制度形式或实践的展开,也是一种制度变迁,即趋同性的制度变迁。② 西方的制度性规则,比起东亚社会中的相应规则来,赋予了个人或公司更多的自治

---

  ① 转引自冯刚《马克斯·韦伯:文明与精神》,杭州大学出版社 1999 年版,第 181 页。
  ② [美] W. 理查德·斯科特:《制度与组织——思想观念与物质利益》,姚伟、王黎芳译,中国人民大学出版社 2010 年版,第 140—141 页。

和独立性。因此，尽管在美国"市场结构中存在制度化的竞争个人主义"，并且在欧洲大多数国家中，出现了在某种程度上更具"协同性的"产业结构类型，但是，亚洲的各个经济体是通过"各种（相互依赖和较少自治性的）经济行动者网络而组织起来的，人们十分自然地认为这种网络对于经济发展是重要而适当的"。在西方看来会导致裙带主义或共谋的各种个人之间或公司之间的关系，在东方观察者看来似乎是正常的、不可避免的，也是有益的。① 大学趋同现象即"同构现象"，即"某个领域的各个组织随着时间的推移越来越像彼此"。同构现象分为两种，一种意味着模仿，另一种"同构现象"是"规范化"。这种情况更多地体现在综合性大学之中，因为"综合性大学创建了两类影响力非凡的庞大职业阶层：管理者和教授。这两大阶层都想使自身地位永久化，都想使维系其存在的大学永久化……对于教授而言，职称晋升完全由同辈根据学术成就来评定，有时还要涉及去另一家科研机构完成晋升。但这意味着，所有的大学必须大致结构一致，这样一所大学的教授或院长就能很容易适应另一所大学，即使大学的使命和文化不一致……也需要保持基本一致，以便教授和管理者能自如地调动"②。

马克斯·韦伯为我们提供了一个在批判借鉴中学习的典范。韦伯背离启蒙运动将知识当作理性化的主要媒介的观念，他不认为知识具有天赋解放功能，韦伯主张"世界的理性化也是一个不断增加理智化的过程，这种趋势导致文化觉醒和文化意义的缺失"。同时，韦伯认为科学与政治应该分离，反对将科学应用于政治的主张，他认为"科学、政治、道德及艺术领域存在不可协调的冲突"。面对现代理性与大学教授角色的变化，韦伯看到了德国大学的理智化就是其美国化，他发现德国旧式教授及活动在新人文主义传统中逐渐消逝，教授日益养成了理性化的事功心，这是美国实用主义的发展趋向。韦伯还注意

---

① ［美］W. 理查德·斯科特：《制度与组织——思想观念与物质利益》，姚伟、王黎芳译，中国人民大学出版社2010年版，第84—85页。
② ［美］凯文·凯里：《大学的终结：泛在大学与高等教育革命》，朱志勇、韩倩等译，人民邮电出版社2017年版，第52页。

到当时德国的政治空洞,"科学管理使政治无立足之地,因为科学是缺失个性的理性化世界的产物,而政治仍旧为个性和恢复个人的魅力提供一些机会"。即便如此,韦伯仍不愿意接受美国的模式,他认为美国展现在世人面前的教师教学观念是出售知识和方法以赚取利益,这种出售还包括世界观,"任何一个美国人都无法想象老师会卖给他世界观"①。韦伯也无法接受美国的知识职业化和工业化。他反对为了满足"时代的需求"而将科学专业化作为"智力牺牲"的需要。这与其"价值无涉""学术中立"的承诺并不矛盾,因为他相信"文化价值是无法判断的,假如知识只是进行一些中性的分析,那么它将获得超越自身的力量"。当然韦伯也认识到知识也是有限制的,"离开了那些限制将没有科学自由"②。因此,学术传统是在学术共同体中得以培育、习得并得以维持的。这同时也存在一个悖论:惯例不可能轻易传播到由新的行动者与新的关系构成的新情景中。

学术共同体及成员遵循学术规范的必要与可能。默顿所说的"遵从一个外群体的规范,等同于通常所称非遵从行为,即不遵从于内群体的规范……对一个群体的背叛可能就是对另一群体的皈依"③。为此,默顿讨论了遵从和越轨的相对性和可转化性,"昨天的越轨行为往往会成为今天或明天标榜的行为"。正如默顿所言,"在每个社会历史上……它的一些文化英雄之所以被视为英雄,正是因为他们有勇气和远见去打破当时群体所信守的规范……(他们)往往是今天的文化英雄"④。拉塞尔·雅各比在《最后的知识分子:学术时代的美国文化》一书中抱怨公共知识分子的衰落,雅各比对学术弊病的诊断与艾伦·布卢姆恰好相反,艾伦·布卢姆认为:"公共生活已经真正成为知识分子生活主要问题的来源。"雅各比倾向于自由流动的知识

---

① [英]杰勒德·德兰迪:《知识社会中的大学》,黄建如译,北京大学出版社2010年版,第48页。
② 同上书,第49页。
③ [波]彼得·什托姆普卡:《默顿学术思想评传》,林聚任等译,北京大学出版社2009年版,第247页。
④ 同上。

分子，他认为："大学已经腐化了知识分子的使命，它已经使公共知识分子变成了专家。"特别是"随着学术的职业化，公共知识分子渐趋衰落……大部分知识分子已附属于（制度化的意义上）法人组织，如报社，尤其是大学"。爱德华·萨义德认为知识分子处于边缘化的危险，反对的声音认为"现今的知识分子完全没有被边缘化"；萨义德的边缘化是指"知识分子的特征有可能会在大量的琐事中消失，而且，知识分子仅仅成为另外一种专家，或者是社会潮流中的一个角色"[①]。但是，大学仍然是公共知识分子的主要场所。学术界的学术失范和学术越轨行为还将重复上演，因为"失范的结构条件带来了异常的反应，反过来又在个人层面产生了感情的脆弱性、不确定性和迷失感，致使个人的失常漫延。当这种情况变得非常普遍时，就会产生一种失范的社会环境，从而有助于失范结构的继续存在和加强"[②]。由是观之，由学术界的失范和越轨所引发的社会不良影响，在一定范围内的恶性循环会使得失范、失德和越轨行为相互强化而频繁发生。

现代大学制度的变迁体现在变迁范围、变迁场所、变迁根源几方面。学术共同体内的变迁体现在学术生活、学术人的行为、学术互动、学术组织形成与解体、学术态度和学术价值观的形成、学术人品格塑造等方面的变迁。这些变迁根源于默顿的社会结构变迁理论："社会结构既产生结构内部的变迁也产生结构自身的变迁。"结构范围内的变迁涉及社会功能或运作，结构自身的变迁即社会"转型"，结构自身变迁"包括打破既有的结构并按相应位置形成一个基本上崭新的结构的过程"。对于学术界而言，第一种变迁是旧学术秩序的再生，第二种变迁是新学术秩序的产生。[③]世界的现代图画是人制造的。人不断地对存在有所知，"但这种'知'绝对不可以是算计性的。这种'知'所追求的真理只能够赖于创造性的追问，赖于真正的反思

[①] ［英］杰勒德·德兰迪：《知识社会中的大学》，黄建如译，北京大学出版社2010年版，第103—104页。

[②] ［波］彼得·什托姆普卡：《默顿学术思想评传》，林聚任等译，北京大学出版社2009年版，第248页。

[③] 同上书，第200页。

的力量。反思将把未来的人带到'之间'。在这个'之间',人既属于存在,又仍然是存在事物中间的异乡的……存在的既无蔽又遮蔽的出窍之境"①。

大学治理机制发挥功效的可能与局限。社会变迁与大学、大学制度的变迁,需要大学协调、处理内外部关系,从而产生大学治理及治理机制,在大学治理过程中,"即使当这些机制发挥作用,在某些特定情况下,它们也不能充分保证把期望的冲突降到社会结构最有效地运作所要求的水平之下"。如果治理机制"失效了,结果结构形成的角色丛不能再保持相对的稳定"②;特别是注入了企业价值观的管理方法"决不会有效地占有居住者的心灵和思想"③。作为学者,如何重构现代大学在社会角色中的规范形象?规范性社会角色是一个人为自己确立的一个目标或多个目标,这需要对大学进行法则性理解并提出一套学术秩序,从而加深对大学生活的理解。本书撰写的目的之一就是阐明大学制度模式,严谨而系统地研究现代大学制度模式的经典样态,"追求的首先应是被认为有意义的观点"。本研究应该是持续的,对于建构中国特色现代大学制度模式而言,这应该是一个"无止境的追求"④。从本质上说,大学是社会广阔舞台的一个缩影。我们既不能简单地将其看作权力,也不能将其仅仅简化为科学知识文化或学术知识文化的传承与创造。从某种意义上说,大学是一个开放、包容的场所,权力、文化、知识在此共生碰撞出的火花成为大学特有的学术组织文化。作为知识、思想生产的发动机和最强大的生产基地,大学又成为权力和文化博弈冲突的中心。大学作为一个充满想象力的知识生产基地具有超越社会结构、文化结构和认知结构的力量。

---

① [德]海德格尔:《人,诗意地安居——海德格尔语要》,郜元宝译,广西师范大学出版社2002年版,第140页。
② [波]彼得·什托姆普卡:《默顿学术思想评传》,林聚任等译,北京大学出版社2009年版,第201页。
③ [美]罗伯特·波恩鲍姆:《高等教育的管理时尚》,毛亚庆等译,北京师范大学出版社2008年版,第173—174页。
④ [波]彼得·什托姆普卡:《默顿学术思想评传》,林聚任等译,北京大学出版社2009年版,第12页。

结　语

　　中国"双一流"建设的努力方向。世界各国普遍认识到知识正日益推动全球经济增长和国际竞争力，研究型大学在此方面的贡献日益重要；世界一流大学在基础研究和技术领域高歌猛进地突破，为国家经济发展和综合国力提升提供了巨大的可能潜力，尤其是科学技术与创新知识的成功运用带来高效优质服务和巨大商业价值，供应方式也愈益多样而有效，让更多的人品尝到科技进步带来的便利和实惠，因此，创建世界一流大学成为世界各国的渴望。高水平研究型大学和科研院所"通过培养一支技术精湛、高产和灵活的劳动力队伍，以及创造、应用和传播新思想和新技术帮助各国建立具有全球竞争力的经济体系"[①]。世界一流大学在发挥这一关键作用中占据优势。世界一流大学发展的普遍特点是灵活性、国际性、坚定性、丰富性、多样性。中国的一流大学建设要兼顾到多样和特色。办学方面：多样和特色的办学能够提供各种不同的环境和机会，学生也能够从中选择到既适合自己需要又符合能力发展的学校。师资方面：大学教师是学术共同体中的"角色榜样"，学者坚持自我批判和反思，反对墨守成规和拘泥于一家之言。对大师们的态度不应该是注解式或教条式，而应是自觉的批判式，同时还要重视可能的连续性；对待大师的态度更多的是要借鉴他们的思想并自信地表达，在中国的背景下结合自身的研究和本国的实际，对已有的经典理论加以重塑、完善、系统化和本土化。现代学者要善于将前人的贡献融入到现代的范式中，成为促进后人进步的铺垫并塑造自身的思想，从而为年轻教师提供一个广阔和开放的平台。在现代大学制度框架内，学者能够从事自己热爱并有专长的学术研究，在教学内容上拥有自由选择权，在新聘教师和资深教授之间营建一种平等、民主和合作的伙伴关系，彼此欣赏创新的思想、探索的激情和共享的方法，使学术共同体的活力与士气得以提升并保持。大学里的各学院应由教师、学生和行政人员共同组成的委员会来管理学院事务，"只有当我们能够制度化地应对外界环境的变化时，学院的

　　[①] ［美］菲利普·G. 阿特巴赫主编：《世界级大学领导力》，姜有国译，中国人民大学出版社2014年版，第213页。

将来才能得到保证。……（否则）即使我们提高了现有教学计划的效率，但学院仍可能在5—10年内处于比现在更加危险的境地。……（因此）制度设计本身需要予以考虑"①。教学与科研方面：学术研究应该了解学术或思想的广阔历史背景，而了解历史最有效率的方式就是认识和阅读经典。我们虽不能说经典是学术史或思想史的全部，但是经典常常以最浓缩的方式承载了不同时代历史上人类智慧和思想的沉积和凝练。大学教师要擅长以教学和研究的合作带来其学术生涯的生机、活力和持久的创新，丰富大学校园的学术文化生活，吸引更多的留学生、国际访问学者、外聘知名学者专家来到我们的大学校园，这种不断的学术交流有利于推动我们所追求的世界一流目标的达成。尊重与传承大学的精神传统：学者与学人尊重传统但不能过于囿于传统的束缚，否则就会抑制学者和学人的创造性，这其中包括研究和教学主题的自由选择。大学不仅仅是传说中的象牙塔，更不仅仅是派送社会所需知识和技能的"服务站"，大学应该高扬理性传统与创造精神，不忘时代新人培养的初心，牢记开创性科学研究和提供社会所需服务的使命，在教育强国的伟大征程中，办人民满意的高等教育。高水平研究型大学成为21世纪科学技术和创造、传播知识的中心，是科学全球化和新知识经济发展的关键因素；不仅担负培养发展现代科学技术的时代新人使命，与此同时，研究型大学还承担直接参与科学技术和人才培养的全球交流与合作的责任。面对大学治理与学术治理：学术权力与行政权力的博弈曾引发学界热议和探讨，有学者曾追问，行政权力被抑制就能实现学术自由、就能彰显学术权力吗？答案之一是有效的学术治理也许是更关键的解决途径。因为现代大学与外部环境的关系充满了不确定性，这需要政治智慧。教授职业安全感的获得表明学术职业人与行政管理人员都应当拥有相应的权利与权力，"以履行保护大学利益的使命……但他们不应该孤军作战"。如果大学"教师把自己置于一种不可原谅的境地：既不愿意承担保护大学学

---

① ［美］乔治·凯勒：《大学战略与规划：美国高等教育革命》，别敦荣主译，中国海洋大学出版社2005年版，第126—127页。

术发展的负担,也不愿意将权利转让他人"①,那么,大学教师也就丧失了在大学自治中赢得合法性存在的必然与可能。世界一流大学大多采取分享管理的方式来进行大学治理。"二战"以来,教师个人对大学事务的管理权限得到了加强,但是教师集体权力却遭遇削弱。教育政策制定时,大学教师参与讨论的机遇与可能的确越来越少,"教师倾向于专注于他们个人的和专业的活动,而不是系里的问题和学校层面的重要问题。新的结果……就是人们不再重视许多组织问题,大学的决策成了真空地带"。正如伯顿·克拉克指出的,"教师权威的作用正在从保护整个行会和教师集体的权利转变为保护具体学科的自治和教师个人的自主"②。

世界一流大学需要强大的领导力。目前,由于许多大学"都满足于现状,缺乏一个建立更美好未来的雄心计划、墨守成规、缺乏创意,结果造成与国家或国际竞争对手越来越大的差距"。因此,厘定大学发展使命目标的长远规划成为一种必然和必需,这其中大学校长是关键之一,卓越的大学校长大多兼具如下特质:具有科学的管理技能和一个完整成功的学术生涯,敢于担当,知晓该大学的核心使命,为大学描绘未来发展的长期规划,采取有效的方式协调各方去努力实现,具备超强的运作和协调合作能力,营造学术共同体的一种竞争和紧迫感,尊重大学的学术自由和自治传统,智慧选择和打造能最大限度发挥其优势的研究领域和研究人员。在一定意义上,大学校长是通过教育、说服、激励和强制的方法将大学治理成追求进步、具有国际竞争力的高水平研究型大学和世界一流大学,这需要理性的、有远见的、有条理的计划和管理,进而注重效率、抵制浪费、杜绝懒散。可以说,创建"一所世界一流的研究型大学并没有普遍的方法或者捷径,国家环境和院校模式千差万别,因此,每个国家必须从各种可能的途径中选择一种(能)发挥其优势和资源的(发展)战略"。创建

---

① [美]乔治·凯勒:《大学战略与规划:美国高等教育革命》,别敦荣主译,中国海洋大学出版社2005年版,第45—46页。

② 同上书,第47页。

世界一流大学必须从三个方面考量：国家的整体经济和社会发展战略；更低层次教育系统正在发生的变化和计划的改革；与其他类型的高等教育机构一起去创建一个集教学、科研和技术为导向的高等教育系统的发展框架。①

全球化浪潮加剧了各民族国家间的竞争、大学间的竞争以及学者间的职业竞争。大学在聘任具有高度创新性的教师方面，竞争比以往加剧了。"在我们这个时代，分化是一个必然的趋势，但缺少整合的专业化是危险的。"② 大学若要提高其质量，必须要有创新的和有竞争力的举措，市场化策略虽然为大学所不齿，但却不可或缺，大学需要对消费至上的行为作出调整。正如克拉克·科尔所言："生存之路现在导向了市场。一场新的学术革命已经来临。"③ 在中国，面对95后、00后大学生，他们作为"互联网的原住民"，大学必须要调整其角色及功能，在授课方式、教学设计与安排、招生制度、教学规划等方面都需要进行改革和创新。而在知识经济社会的今天，大学不仅成为学术社区的中心，同时在生活社区中的作用也日益彰显。由于时代的变革和高等教育费用的升高，美国出现了一种情况，"现在越来越少的学生在一所学校连续念完四年的大学，越来越少的学生是全日制的。越来越多的学生在社区学院读两年，然后进一所四年制学校，或者从一所大学转到另一所大学，或者辍学一两年去工作和旅行，或者在两三所学校里念研究生，而不是在一所学校连续念完全部高等教育课程"，在20世纪90年代出现了，"……超过一半的学生是业余学习的，包括一些最优秀的学生"④。

高水平研究型大学在中国"双一流"建设中需要战略规划。合理的规划、有力的内部管理、明确的学术目标成为"双一流"建设高

---

① ［美］菲利普·G.阿特巴赫主编：《世界级大学领导力》，姜有国译，中国人民大学出版社2014年版，第226页。
② ［美］乔治·凯勒：《大学战略与规划：美国高等教育革命》，别敦荣主译，中国海洋大学出版社2005年版，第16页。
③ 同上书，第19页。
④ 同上书，第15—16页。

结 语

校发展规划的重要组成部分。当今世界，高等教育在人才培养、学术研究和社会服务方面的重要性不断凸显，大学需要节俭办学、目标明确、生机勃勃、变革创新、适应管理，自由放任的学校管理时代一去不复返了，普遍制订大学发展战略规划的时代已然来临。当人被压力笼罩时，他（她）所关注的一定是现在而非未来。而"战略意味着在某些目标上达成了共识，而且制定了一个通过有效地利用资源，击败自己的敌人或实现某种目的的计划"①。超大规模大学的发展势必要注意目标一致的发展定位，为在校学生服务，重视培养学生的学术能力和社会适应能力，确立学校重点发展目标和具体目标。学校各项政策的出台都需要政策委员会讨论并通过，政策委员会的成员应由校长、副校长、院长、教务处长、科研处长、教师代表、学生组成，共商学校发展大计，提高委员们的规划意识和执行能力并开阔其视野，寻求大学发展的新机遇。美国明尼苏达大学的副校长罗伯特·史蒂恩认为，"在经济紧缩的时代，大学要提高教育质量，把握未来学术发展的方向，那么，更加系统地认识自己的周边环境、教育计划以及未来形势是至关重要的"②。卓越的领导要充分认识到大学与国家之间的关系、在国际高等教育系统中的位置；大学是具有相对的自主权和相对自治的机构，自治虽是大学的普遍价值诉求，但问责制没有形成稳定的机制。何谓世界一流，阿特巴赫认为，"在使命和区域范畴内做出最卓越的工作。从这个意义上说，如果它们拥有英明的领导人和实现它们使命所需要的资源，那么所有的大学可以成为世界一流"③。

总之，本书是建基于学术组织的结构和文化来建构现代大学制度理论和实践模式，理论建构是学术研究的终极目标，因为"理论是永无止境的；它始终是理论发展链条上一个连续环节……它不仅有独立的价值，还具有产生更深更好理论的工具价值。它有责任——可以

---

① [美]乔治·凯勒：《大学战略与规划：美国高等教育革命》，别敦荣主译，中国海洋大学出版社2005年版，第102页。
② 同上书，第115页。
③ [美]菲利普·G. 阿特巴赫主编：《世界级大学领导力》，姜有国译，中国人民大学出版社2014年版，"引言"，第2页。

说——帮助实现它自身的创造性成果"。而只有实现理论分析和经验研究的双向交流，才会将工具性的研究作用赋予理论，才会有进步。理论服务于知识，提供了理解和解释这个世界的路径之一。① 制度模式的建构选择要考虑到各民族国家的学术文化传统与社会文化的时代背景、学术界内部的分层情况、各不同利益群体的结构。科学成果最终的实用意义何在？默顿完全持保留态度，他认为科学的纯认知目标具有逻辑上的首要性、纯知识范畴的必要性，因此学术研究是认知主义的而非功利主义的，这是具有科学依据和合理实用指导方针或政策的前提条件。② 而现代大学制度一定程度的创新，推动了新的制度模式形成，比旧的制度模式更能促进教育目标达成，伴随着学术共同体的共同遵守、接受，新的制度安排在社会成员中获得广泛支持。对于制度规定和设计的创新实践，人们采取的态度是接受、拒绝还是漠不关心？如何解释与处理学术不端和越轨行为所表征的个体失范状态和社会系统失范状态的正相关关系？现代大学制度模式的创建与创新如何从更多的维度探讨？这些学术主题将有待在后续研究中进一步展开。

---

① ［波］彼得·什托姆普卡：《默顿学术思想评传》，林聚任等译，北京大学出版社2009年版，第102页。
② 同上书，第241页。

参考文献

北京师范大学国际与比较教育研究院组编：《国际教育政策与发展趋势年度报告2015》，北京师范大学出版社2016年版。

邴正：《当代人与文化——人类自我意识与文化批判》，吉林教育出版社1998年版。

常艳芳编著：《教育的责任与使命：现代教育学原理案例库》，吉林大学出版社2016年版。

常艳芳：《大学精神的人文视界》，吉林人民出版社2013年版。

陈洪捷：《德国古典大学观及其对中国大学的影响》，北京大学出版社2002年版。

陈平原、夏晓虹编：《北大旧事》，生活·读书·新知三联书店1998年版。

陈平原：《中国大学十讲》，复旦大学出版社2002年版。

陈学飞主编：《高等教育国际化：跨世纪的大趋势》，福建教育出版社2002年版。

成伯清：《格奥尔格·齐美尔：现代性的诊断》，杭州大学出版社1999年版。

程莹、王琪、刘念才主编：《世界一流大学：对全球高等教育的影响》，上海交通大学出版社2015年版。

单中惠、杨汉麟主编：《西方教育学名著提要》，江西人民出版社2000年版。

丁学良：《什么是世界一流大学》，北京大学出版社2004年版。

冯刚：《马克斯·韦伯：文明与精神》，杭州大学出版社1999年版。

舸昕编著：《从哈佛到斯坦福——美国大学今昔纵横谈》，东方出版社1999年版。

舸昕编著：《漫步美国大学——美国大学今昔纵横谈》（续编），哈尔滨工业大学出版社2000年版。

韩延明：《大学理念论纲》，人民教育出版社2003年版。

何兆武：《西方哲学精神》，清华大学出版社2002年版。

贺来：《现实生活世界——乌托邦精神的真实根基》，吉林教育出版社1998年版。

胡适：《读书与治学》，生活·读书·新知三联书店1999年版。

黄延复：《清华的校长们》，中国经济出版社2003年版。

季羡林：《学问之道》，沈阳出版社2001年版。

教育部社会科学委员会学风建设委员会组编：《高校人文社会科学学术规范指南》，高等教育出版社2009年版。

教育部中外大学校长论坛领导小组：《中外大学校长论坛文集》，高等教育出版社2002年版。

教育研究和改革中心：《OECD展望 高等教育至2030》（第二卷 全球化），杨天平、王宪平译，重庆大学出版社2012年版。

金生：《德性与教化——从苏格拉底到尼采：西方道德教育哲学思想研究》，湖南大学出版社2003年版。

金耀基：《大学之理念》，生活·读书·新知三联书店2001年版。

李曼丽：《通识教育——一种大学教育观》，清华大学出版社1999年版。

联合国教科文组织国际教育发展委员会编著：《学会生存——教育世界的今天和明天》，教育科学出版社1996年版。

联合国教科文组织总部中文科译：《教育——财富蕴藏其中》，教育科学出版社1996年版。

梁吉生：《张伯苓与南开大学》，山西教育出版社1995年版。

柳海民主编：《现代教育学原理》，东北师范大学出版社2003年版。

吕达、周满生主编：《当代外国教育改革著名文献（德国、法国卷）》，人民教育出版社2004年版。

马万华等：《全球化时代的研究型大学——美英日德四国的政策与实践》，教育科学出版社2013年版。

毛正棠：《竺可桢校长——主持浙大校政十三年》，浙江大学出版社1994年版。

孟建伟：《论科学的人文价值》，中国社会科学出版社2000年版。

慕凤丽、［加］金汉驰（James E. Hatch）：《案例教学在中国：机遇与挑战》，北京大学出版社2015年版。

乔锦忠：《学术生态治理——研究型大学教师激励机制探索》，教育科学出版社2008年版。

曲士培：《中国大学教育发展史》，山西教育出版社1993年版。

石中英：《知识转型与教育改革》，教育科学出版社2001年版。

苏国勋：《理性化及其限制——韦伯思想引论》，上海人民出版社1988年版。

苏云峰：《从清华学堂到清华大学（1911—1929）》，生活·读书·新知三联书店2001年版。

苏云峰：《从清华学堂到清华大学（1928—1937）》，生活·读书·新知三联书店2001年版。

眭依凡：《大学校长的教育理念与治校》，人民教育出版社2001年版。

陶爱珠主编：《世界一流大学研究——透视、借鉴、开创》，上海交通大学出版社1993年版。

陶东风：《社会转型与当代知识分子》，上海三联书店1999年版。

王建华：《我们时代的大学转型》，教育科学出版社2012年版。

王坤庆：《精神与教育———一种教育哲学视角的当代教育反思与建构》，上海教育出版社2002年版。

王铭铭：《人类学是什么》，北京大学出版社2002年版。

王天思：《理性之翼——人类认识的哲学方式》，人民出版社2002年版。

吴国盛：《让科学回归人文》，江苏人民出版社2003年版。

吴式颖、任钟印主编：《外国教育思想通史》（第七卷），湖南教育出版社 2002 年版。

项贤明：《泛教育论——广义教育学的初步探索》，山西教育出版社 2001 年版。

肖川：《教育的理想与信念》，岳麓书社 2002 年版。

谢安邦主编：《中国高等教育研究新进展·2000》，华东师范大学出版社 2003 年版。

谢维和：《教育活动的社会学分析———种教育社会学的研究》，教育科学出版社 2000 年版。

阎光才：《识读大学——组织文化的视角》，教育科学出版社 2002 年版。

杨东平编：《大学精神》，辽海出版社 2000 年版。

禹宏、鲁原编著：《哈佛不败：在哈佛理念的彼岸》，民主与建设出版社 1996 年版。

张博树、王桂兰：《重建中国私立大学：理念、现实与前景》，教育科学出版社 2003 年版。

张寄谦编：《中国教育史上的一次创举——西南联合大学湘黔滇旅行团纪实》，北京大学出版社 1999 年版。

张维迎：《大学的逻辑》，北京大学出版社 2004 年版。

张应强：《文化视野中的高等教育》，南京师范大学出版社 1999 年版。

赵宝熙主编：《知识分子与社会发展》，华夏出版社 2003 年版。

赵中建选编：《全球教育发展的研究热点——90 年代来自联合国教科文组织的报告》，教育科学出版社 1999 年版。

浙江大学校史编写组：《浙江大学简史》（第一、二卷），浙江大学出版社 1996 年版。

郑祥福、洪伟：《科学的精神》，上海三联书店 2001 年版。

周宪：《美学是什么》，北京大学出版社 2002 年版。

朱小蔓：《教育的问题与挑战——思想的回应》，南京师范大学出版社 2000 年版。

［巴西］保罗·弗莱雷：《被压迫者教育学》，顾建新等译，华东师范

大学出版社2001年版。

［波］彼得·什托姆普卡:《默顿学术思想评传》,林聚任等译,北京大学出版社2009年版。

［德］U.伯姆:《思想的盛宴——与西方著名思想家伽达默尔等对话》,王彤译,浙江人民出版社2001年版。

［德］彼得·科斯洛夫斯基:《后现代文化——技术发展的社会文化后果》,毛怡红译,中央编译出版社1999年版。

［德］恩斯特·卡西尔:《人论》,甘阳译,上海译文出版社1985年版。

［德］费希特:《论学者的使命 人的使命》,梁志学、沈真译,商务印书馆1984年版。

［德］海德格尔:《人,诗意地安居——海德格尔语要》,郜元宝译,广西师范大学出版社2002年版。

［德］汉斯-格奥尔格·伽达默尔:《哲学生涯》,陈春文译,商务印书馆2004年版。

［德］黑格尔:《精神现象学》(上卷),贺麟、王玖兴译,商务印书馆1979年版。

［德］黑格尔:《小逻辑》,贺麟译,商务印书馆1980年版。

［德］卡尔·雅斯贝尔斯:《大学之理念》,邱立波译,上海世纪出版集团2007年版。

［德］卡尔·雅斯贝斯:《时代的精神状况》,王德峰译,上海译文出版社2003年版。

［德］康德:《论优美感和崇高感》,何兆武译,商务印书馆2001年版。

［德］马克斯·韦伯:《社会科学方法论》,韩水法、莫茜译,中央编译出版社2002年版。

［德］马克斯·韦伯:《韦伯论大学》,孙传钊译,江苏人民出版社2006年版。

［德］马克斯·韦伯:《新教伦理与资本主义精神》,彭强、黄晓京译,陕西师范大学出版社2002年版。

［德］马克斯·韦伯：《学术与政治》，冯克利译，生活·读书·新知三联书店1998年版。

［德］玛丽安妮·韦伯：《马克斯·韦伯传》，简明译，中国人民大学出版社2014年版。

［德］施路赫特：《理性化与官僚化——对韦伯之研究与诠释》，顾忠华译，广西师范大学出版社2004年版。

［德］维尔纳·叔斯勒：《雅斯贝尔斯》，鲁路译，中国人民大学出版社2008年版。

［德］雅斯贝尔斯：《什么是教育》，邹进译，生活·读书·新知三联书店1991年版。

［俄］康定斯基：《艺术中的精神》，李政文等译，中国人民大学出版社2003年版。

［法］埃德加·莫兰：《方法：思想观念》，秦海鹰译，北京大学出版社2002年版。

［法］埃德加·莫兰：《迷失的范式：人性研究》，陈一壮译，北京大学出版社1999年版。

［法］爱弥尔·涂尔干：《教育思想的演进》，李康译，上海人民出版社2003年版。

［法］达尼洛·马尔图切利：《现代性社会学：20世纪的历程》，姜志辉译，译林出版社2007年版。

［法］雷蒙·阿隆：《社会学主要思潮》，葛志强、胡秉诚、王沪宁译，华夏出版社2000年版。

［法］皮埃尔·布迪厄、［美］华康德：《实践与反思——反思社会学导引》，李猛、李康译，中央编译出版社1998年版。

［法］让-弗朗索瓦·利奥塔：《后现代状况——关于知识的报告》，岛子译，湖南美术出版社1996年版。

［法］雅克·勒戈夫：《中世纪的知识分子》，张弘译，商务印书馆1996年版。

［法］雅克·韦尔热：《中世纪大学》，王晓辉译，上海人民出版社2007年版。

[法] 朱利安·班达：《知识分子的背叛》，佘碧平译，上海人民出版社 2005 年版。

[美] Clark Kerr：《大学的功用》，陈学飞译，江西教育出版社 1993 年版。

[美] C. 赖特·米尔斯：《社会学的想象力》，陈强、张永强译，生活·读书·新知三联书店 2001 年版。

[美] M. E. 斯皮罗：《文化与人性》，徐俊等译，社会科学文献出版社 1999 年版。

[美] S. 拉塞克、G. 维迪努：《从现在到 2000 年教育内容发展的全球展望》，马胜利译，教育科学出版社 1996 年版。

[美] W. 理查德·斯科特：《制度与组织——思想观念与物质利益》，姚伟、王黎芳译，中国人民大学出版社 2010 年版。

[美] 阿伦特：《黑暗时代的人们》，王凌云译，江苏教育出版社 2006 年版。

[美] 艾萨克·康德尔：《教育的新时代——比较研究》，王承绪等译，人民教育出版社 2001 年版。

[美] 爱德华·W. 萨义德：《知识分子论》，单德兴译，生活·读书·新知三联书店 2002 年版。

[美] 爱德华·希尔斯：《教师的道与德》，徐弢等译，北京大学出版社 2010 年版。

[美] 爱德华·希尔斯：《学术的秩序——当代美国大学论文集》，李家永译，商务印书馆 2007 年版。

[美] 安德鲁·德尔班科：《大学：过去，现在与未来——迷失的大学教育》，范伟译，中信出版社 2014 年版。

[美] 伯顿·克拉克：《探究的场所——现代大学的科研和研究生教育》，王承绪译，浙江教育出版社 2001 年版。

[美] 伯顿·克拉克主编：《高等教育新论——多学科的研究》，王承绪等译，浙江教育出版社 1998 年版。

[美] 查尔斯·维斯特：《麻省理工学院如何追求卓越》，蓝劲松主译，北京大学出版社 2013 年版。

［美］大卫·雷·格里芬编：《后现代精神》，王成兵译，中央编译出版社 1998 年版。

［美］道格拉斯·凯尔纳、斯蒂文·贝斯特：《后现代理论——批判性质疑》，张志斌译，中央编译出版社 2001 年版。

［美］道格拉斯·凯尔纳、斯蒂文·贝斯特：《后现代转向》，陈刚等译，南京大学出版社 2002 年版。

［美］德里克·博克：《走出象牙塔——现代大学的社会责任》，徐小洲等译，浙江教育出版社 2001 年版。

［美］菲利普·G. 阿特巴赫：《比较高等教育：知识、大学与发展》，人民教育出版社教育室译，人民教育出版社 2001 年版。

［美］菲利普·G. 阿特巴赫：《高等教育变革的国际趋势》，蒋凯主译，北京大学出版社 2009 年版。

［美］菲利普·G. 阿特巴赫主编：《世界级大学领导力》，姜有国译，中国人民大学出版社 2014 年版。

［美］菲利普·库姆斯：《世界教育危机》，赵宝恒等译，人民教育出版社 2001 年版。

美国医学科学院、美国科学三院国家科研委员会撰：《科研道德：倡导负责行为》，苗德岁译，北京大学出版社 2007 年版。

［美］亨利·罗索夫斯基：《美国校园文化——学生·教授·管理》，谢宗仙等译，山东人民出版社 1996 年版。

［美］凯文·凯里：《大学的终结：泛在大学与高等教育革命》，朱志勇、韩倩等译，人民邮电出版社 2017 年版。

［美］克拉克·克尔：《高等教育不能回避历史——21 世纪的问题》，王承绪等译，浙江教育出版社 2001 年版。

［美］克利福德·格尔兹：《文化的解释》，纳日碧力戈等译，上海人民出版社 1999 年版。

［美］莱因哈特·本迪克斯：《马克思·韦伯思想肖像》，刘北城等译，上海人民出版社 2007 年版。

［美］劳伦斯·A. 克雷明：《美国教育史：城市化时期的历程》，朱旭东等译，北京大学出版社 2002 年版。

［美］刘易斯·科塞：《理念人——一项社会学的考察》，郭方等译，中央编译出版社2001年版。

［美］罗伯特·K.默顿：《科学社会学散忆》，鲁旭东译，商务印书馆2004年版。

［美］罗伯特·波恩鲍姆：《高等教育的管理时尚》，毛亚庆等译，北京师范大学出版社2008年版。

［美］罗伯特·赫钦斯：《美国高等教育》，汪利兵译，浙江教育出版社2001年版。

［美］罗洛·梅：《权力与无知：寻求暴力的根源》，郭本禹、方红译，中国人民大学出版社2013年版。

［美］罗纳德·G.埃伦伯格：《美国的大学治理》，沈文钦译，北京大学出版社2010年版。

［美］乔治·凯勒：《大学战略与规划：美国高等教育革命》，别敦荣主译，中国海洋大学出版社2005年版。

［美］唐纳德·肯尼迪：《学术责任》，阎凤桥等译，新华出版社2002年版。

［美］亚伯拉罕·弗莱克斯纳：《现代大学论——美英德大学研究》，徐辉等译，浙江教育出版社2001年版。

［美］约翰·S.布鲁贝克：《高等教育哲学》，王承绪译，浙江教育出版社2002年版。

［日］山崎茂明：《科学家的不端行为——捏造·篡改·剽窃》，杨舰等译，清华大学出版社2005年版。

［西班牙］奥尔托加·加塞特：《大学的使命》，徐小洲等译，浙江教育出版社2001年版。

［意］詹尼·瓦蒂莫：《现代性的终结》，李建盛译，商务印书馆2013年版。

［英］J.D.贝尔纳：《科学的社会功能》，陈体芳译，广西师范大学出版社2003年版。

［英］W.C.丹皮尔：《科学史及其与宗教与哲学的关系》，李珩译，广西师范大学出版社2001年版。

［英］阿伦·布洛克:《西方人文主义传统》,董乐山译,生活·读书·新知三联书店1997年版。

［英］阿什比:《科技发达时代的大学教育》,藤大春、藤大生译,人民教育出版社1983年版。

［英］埃德蒙·柏克:《自由与传统——柏克政治论文选》,蒋庆等译,商务印书馆2001年版。

［英］埃德蒙·金:《别国的学校和我们的学校——今日比较教育》,王承绪等译,人民教育出版社2001年版。

［英］安东尼·吉登斯:《现代性与自我认同》,夏璐译,中国人民大学出版社2016年版。

［英］安东尼·吉登斯:《资本主义与现代社会理论》,郭忠华、潘华凌译,上海译文出版社2013年版。

［英］怀特海:《教育的目的》,徐汝舟译,生活·读书·新知三联书店2002年版。

［英］杰勒德·德兰迪:《知识社会中的大学》,黄建如译,北京大学出版社2010年版。

［英］卡尔·波普尔:《通过知识获得解放》,范景中、李本正译,中国美术学院出版社1996年版。

［英］柯瑞思:《剑桥:大学与小镇800年》,陶然译,生活·读书·新知三联书店2013年版。

［英］拉德克利夫-布朗:《社会人类学方法》,夏建中译,华夏出版社2002年版。

［英］雷蒙德·弗思:《人文类型》,费孝通译,华夏出版社2002年版。

［英］罗杰·金等:《全球化时代的大学》,赵卫平主译,浙江大学出版社2008年版。

［英］齐格蒙·鲍曼:《现代性与大屠杀》,杨渝东、史建华译,译林出版社2011年版。

［英］约翰·亨利·纽曼:《大学的理想》,徐辉等译,浙江教育出版社2001年版。

后　　记

　　作为组织文化和现代大学制度模式"碎片"的整理者，作为一位步入中年的大学教师，完成这部书稿是我的一个郑重"承诺"！这个承诺有两层含义：一是2012年1月我当时获得国家留学基金委的选派作为吉林大学"青年骨干教师国家专项"资助到美国威斯康星大学麦迪逊校区教育学院的课程与教学系做公派访问学者，到威斯康星大学的第三天，租住的公寓可以上网了，因为2011年11月申报了教育部人文社会科学研究项目的一般项目，因此，无论走到哪里都有一份惦记，所以上网后第一个网页打开的就是教育部的网站，忐忑、期待、兴奋、不安……交织在一起，我在滚动翻看项目公示表，终于看到了，吉林大学，《组织文化视角下现代大学制度模式建构研究》，欣喜之情难以用语言和文字表达，当时真的是一种深深的感动和感恩！特别深刻的体会就是，很幸运赶上了国家对科研、教育重视的大好环境和机遇，所以，真的是发自内心地有一个对这项课题的承诺：一定要好好努力来做，哪怕用五年甚至更长的时间，也要做出一个自己研究的课题成果。当最后看到自己撰写的这份专著书稿，沉甸甸的，都是这几年学习和研究的收获，也是对自己承诺的一个交代。当然，学术的永远未完成性让我深知：这只是一个开端，未来的路还很长，修改、提高、深化，相信各位专家、学者和同行也会以发展的眼光来看待这部书稿的。二是在最初的课题研究设计时，我就想让自己有一个新的开始，当初就对自己要求，本书稿的内容绝不用自己已经发表的任何成果。当然，本课题研究并非将自己的以往研究"推翻重来"，而是在以往研究志趣和积累的基础上，进行了进一步的丰富学习，在整个书稿撰写过程中是一次有益的尝试和探索，确切地说是我的学习研究总结。

在课题研究运行的几年中，正值我的儿子"小升初""初中青春叛逆期"和为"分层"而战的"中考"，等到这本书就要进入出版程序时正值儿子高三。课题完成期间儿子与我共同经历了成绩落后、奋起直追、叛逆反抗和不负众望的"扎心"历程，最后儿子以优异的成绩考取重点高中，书稿就要付梓之时儿子正在备战高考，本课题研究和书稿修改历时七年，所有研究资料都是我在陪伴孩子学习的过程中阅读、思考和写作的。教育是一个过程，学术研究和学术职业人的成长又何尝不是?！如果说陪伴是对孩子最长情的告白，那么父母的陪伴学习应该是对自己最好的交代！这份书稿是课题研究的总结梳理，不敢说结论，但绝对是我学术研究的一个新的起点，新的开始，深入的研究、后续的研究也伴随着书稿的完成开始在路上了，因为这一研究主题是我自由探索的未来之路！

书稿撰写的过程还怀着对亲人的深深愧疚和满满感谢！2017 年是我人生中最不平静的一年，我最敬爱的父亲在 1 月 18 日离世了，平生第一次感到我的世界"塌了"，父亲是我人生励志的永恒榜样，父亲勤勉、开明、宽厚且胸怀天下，是我永远的精神依靠！今年暑假，本来想从老家接来 82 岁的母亲好好陪伴的，可是母亲来后看到我每天写书稿那么忙，仅仅停留了十天就回老家了……我给自己的评价是"顾小家太多，顾父母太少了"，对父母是永远的"相欠"！感谢丈夫，理解我的努力，容忍家里的"大乱"和不时的"断炊"，还经常和儿子安排活动让我放松，当时虽然"百般不愿"，但现在想来都是美好的回忆！感谢儿子，虽然让我也承受了中考和高考等诸多压力，但正是儿子的不完美和不优秀，才让我感受到"教育的力量"，感谢儿子初高中的学校优秀的师资、科学的教育理念，没有放弃这个

后　记

"弱生"，给孩子成长的机会与优秀的可能！

最后，非常感谢吉林大学中国特色社会主义理论体系研究中心和吉林大学马克思主义学院对本书的资助出版！

常艳芳

2017 年 7 月 15 日写于家中"小二楼"